Ägypten
Rotes Meer & Sinai

Michel Rauch

Reise-Taschenbuch

Inhalt

Schnellüberblick	6
Ägyptens Sonnenseiten	8
Lieblingsorte	10

Reiseinfos, Adressen, Websites

Informationsquellen	14
Wetter und Reisezeit	17
Rundreisen planen	19
Anreise und Verkehrsmittel	22
Unterkunft	27
Essen und Trinken	29
Aktivurlaub, Sport und Wellness	35
Tauchen und Schnorcheln	40
Feste und Unterhaltung	49
Reiseinfos von A bis Z	52

Panorama – Daten, Essays, Hintergründe

Steckbrief Ägypten – Rotes Meer und Sinai	68
Geschichte im Überblick	70
Islam – eine Religion bestimmt den Alltag	74
Sinai und Rotes Meer als biblische Schauplätze	78
Christliche ›Urbevölkerung‹ – die Kopten und ihre Liturgie	84
Der Codex Siniaticus – gestohlen oder verschenkt?	88
Zankapfel Sinai – die Friedenstruppe MFO	90
Brot und die Welt – Ägypten und die Globalisierung	92
Der Suezkanal – Ägyptens großer Devisenbringer	95
Die Beja – der ›vergessene‹ Stamm	98
Die Sinai-Beduinen – auf der Suche nach einer besseren Zukunft	100

Inhalt

Planet Sharm – Gastarbeiter im eigenen Land	103
Mal Lastesel, mal Renntier –	
Meilenweit mit dem Kamel	106
Tourismus versus Ökologie –	
Umweltschutz am Roten Meer	108
Korallenärzte – Erste Hilfe	
für die Unterwasserwelt	110

Unterwegs am Roten Meer und auf dem Sinai

Rotes Meer – Nördliche Küste	116
Von Suez nach El Gouna	118
Zafarana	119
Antoniuskloster	119
Pauluskloster	123
Entlang der Küste nach El Gouna	126
El Gouna	126
Mons Porphyrites	134
Rotes Meer – Südliche Küste	136
Von Hurghada nach Berenice	138
Hurghada	139
Küste südlich von Hurghada	158
Makadi Bay	158
Mons Claudianus	159
Soma Bay	160
Safaga	161
Auf dem Weg nach Quseir	164
Quseir	165
Marsa Alam	167
Berenice	170
Sinai – Süden und Ostküste	172
Von Sharm el Sheikh nach Taba und Eilat	174
Sharm el Sheikh und Naama Bay	174
Nationalpark Ras Mohammed	192
Von Sharm el Sheikh nach Dahab	193
Nabq Bay	193
Nationalpark Wadi Nabq	194
Wadi Mandar	194
Wadi Kid	195

Inhalt

Wadi Connection und Wadi Qnai	195
Dahab	195
Von Dahab nach Nuweiba	203
Nationalpark Ras Abu Galum	203
Gebel Sukhn	203
Oase Ain Khudra	204
Nuweiba	204
Coloured Canyon	209
Oase Ain Umm Ahmed	209
Taba und Umgebung	209
The Fjord	212
Pharaoneninsel (Gezira el Fara'un)	212
Taba	212
Ausflug nach Eilat (Israel)	216

Zentralsinai — 220
Auf heiligem Boden — 222
Katharinenkloster — 222
Der Mosesberg — 233
Katrien (St. Katherina/Migla) — 237
Blaue Wüste (Blue Desert) — 242

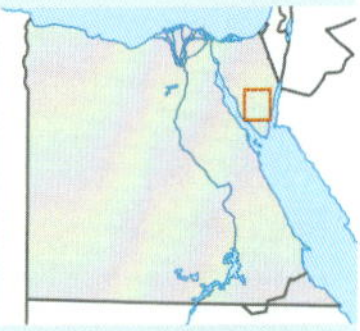

Sinai – Westküste — 244
Auszug aus Ägypten – Auf den Spuren des Moses 246
Oase Ain Musa — 246
Ras Sudr — 247
Hamamet Fara'un und Abu Zenima — 248
Richtung Wadi Feiran — 249
Wadi Mukattab — 253
Wadi Maghara — 254
Wadi Feiran — 254
El Tur — 256

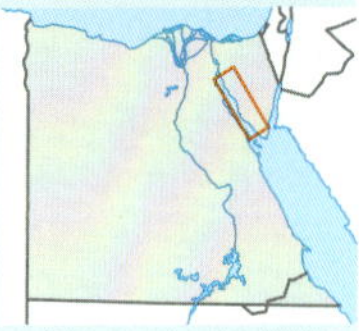

Suezkanal und Mittelmeerregion — 258
Von Suez nach El Arish — 260
Suez und Port Tawfiq — 260
Suezkanal — 264
Fayed und die Bitterseen — 265
Ismailiya — 266
El Qantara — 268
Port Said und Port Fuad — 269
Entlang der Mittelmeerküste — 273
Tell el Farama (Pelusium) — 273
Bardawilsee — 273
El Arish — 273
Rafah — 279

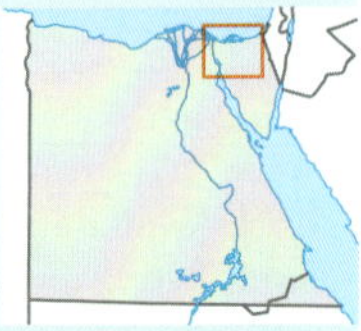

Inhalt

Sprachführer	280
Kulinarisches Lexikon	282
Register	284
Abbildungsnachweis/Impressum	288

Auf Entdeckungstour

Ain Sukhna – Relaxen an Kairos Hausstrand	120
Ausflug ins Paradies – Giftun Island	150
Zu Göttern, Gräbern und Tempeln – Ausflug nach Luxor und Theben	154
Schiffsgräber auf dem Meeresgrund – Wracktauchen	162
Minarette und Pyramiden – Kurztrip nach Kairo	186
Besuch beim Feldherrn Saladin – Geziret al Fara'un	214
Wanderungen auf den Moses- und Katharinenberg	234
Gebirgstrekking im Zentralsinai	238
Serabit el Khadem und der Forest of Pillars	250
Fischreiher und Kormorane – Bird Watching am Bardawilsee	274

Karten und Pläne

Zonenaufteilung Sinai	91
Hurghada (Dahar)	140
Hurghada (Übersichtskarte und Sigala)	147
Quseir	165
Sharm el Sheikh und Naama Bay	177
Dahab	197
Nuweiba	205
Port Said	269

▶ Dieses Symbol im Buch verweist auf die Extra-Reisekarte Ägypten – Rotes Meer & Sinai

Schnellüberblick

Suezkanal und Mittelmeerregion
Mehr Wirtschafts- als Touristenregion: Der Suezkanal, wichtige Schifffahrtsstraße, verbindet das Mittelmeer mit dem Roten Meer bzw. dem Indischen Ozean. Port Said und Suez sind die großen Kanal-Hafenstädte. An der Mittelmeerküste, die im Osten bis an den Gazastreifen/Israel reicht, locken das Vogelparadies Bardawil und das freundliche Städtchen El-Arish.
S. 258

Sinai – Westküste
Touristisch weitgehend unberührte Küste am Golf von Suez, streckenweise – ein Nebeneffekt der Ölförderung – gehörig verschmutzt; dennoch spannend: Um Ras Sudr z. B. erfreuen Dauerwinde die standhafte Surfergemeinde, in den Bergen locken eine pharaonische Türkismine, ein versteinerter Lavawald sowie grüne Wadis.
S. 244

Rotes Meer – Nördliche Küste
Im Meer erheben sich die Ölplattformen, lang gestreckt ist die Küste mit ihren wenigen erschlossenen Stränden und Ain Sukhna als neuem Touristenort. Westlich beginnt die Arabische Wüste; in ihren Bergen versteckt liegen das Paulus- und das Antoniuskloster, beide von Mönchen betrieben: bezaubernd lebendige Erinnerungen an frühe christliche Eremiten.
S. 116

Sinai – Süden und Ostküste
Die Küste am Golf von Aqaba liegt vor einer grandiosen Bergkulisse; Sharm el Sheikh an der Südspitze feiert sich vor allem nachts als prickelnde Kapitale des Sinai-Badetourismus. Weiter nördlich findet man das charmante Dahab, danach Nuweiba und Taba – Namen, die für den etwas freakigeren Urlaub in Hütten statt (Hotel-) Palästen stehen.
S. 172

Zentralsinai
Das Herz des Sinai, eine zerklüftete Bergwelt mit dem Mosesberg als markanter Erhebung, dem Schauplatz der alttestamentarischen Übergabe der Zehn Gebote an Moses; im Talkessel ein Kleinod, das orthodoxe Katharinenkloster, erbaut um den brennenden Dornbusch. Das Gebiet ist heute Start und Ziel für Trekkingtouren durch Wüste und Bergwelt.
S. 220

Rotes Meer – Südliche Küste
Meer und Strände sind beliebt bei Touristen aus aller Welt, die windreiche Lage am Wüstenrand ist ideal für (Kite-) Surfer; die Korallenriffe zwischen Hurghada, Quseir, Marsa Alam und Berenice zählen zu den schönsten Tauch- und Schnorchelrevieren der Welt. Mehr und mehr Ecolodges locken neuerdings besonders umweltbewusste und naturverbundene Reisende an.
S. 136

Der Autor

Mit Michel Rauch unterwegs
Michel Rauch, Jahrgang 1960, arbeitete knapp zehn Jahre lang in Kairo als Nahostkorrespondent für deutsche Zeitschriften, Zeitungen und Fernsehsender; er gründete 1994 das Büro »Yalla! Cairo« (www.yalla-cairo.com). Im Laufe zahlloser Reisen durch die Region zwischen Libanon und den Emiraten entstanden Reiseführer über Ägypten, Israel, Libanon und die meisten Länder Arabiens. Ägyptens Charme erlag Michel Rauch auch privat. Er heiratete in Kairo eine Ägypterin; die beiden Kinder kamen natürlich dort zur Welt. Rauchs persönliches Highlight: Das Katharinenkloster; seine Familie zieht Dahab vor.

Ägyptens Sonnenseiten

Rotes Meer und Sinai waren für die Abergläubischen seit pharaonischen Zeiten das Heim der Dschinne, der Geister und Teufel. Unwirtliche Wüste, gespenstisch und geheimnisvoll. Das Meer, so tief wie unergründlich. Die Pharaonen entsandten als Herrscher über Ober- und Unterägypten allenfalls Expeditionen in diese obskuren Gegenden, ließen Türkise abbauen und wickelten über Häfen am Roten Meer ihren Handel mit Ostafrika und Südwestasien ab.

Wirtschaftskraft Tourismus
Der heutige Tourismusbetrieb würde die Pharaonen erstaunen. Und die Mehrheit der Ägypter pflegte bis vor wenigen Jahren – im Einklang mit den Vorfahren – große Gleichgültigkeit gegenüber diesem Gebiet. Da wunderte man sich als in Ägypten lebender Ausländer schon ein wenig.

Doch dann tauchten handfeste Gründe auf, die auch bei den Einheimischen Interesse weckten: Geld und schwarzes Gold! Erdölfunde bringen jährlich Devisen in Milliarden-Dollar-Höhe. Und die Natur schenkt mit (fast) 365 Tagen Sonne, warmem Meer und wunderbaren Stränden die Basis für einen ganzjährigen Tourismus, der als Einnahmequelle inzwischen bedeutender geworden ist als das Erdöl. Der Werbename steht für die hohen Erwartungen: ›Red Sea Riviera‹. Dabei ist das Rote Meer viel schöner – oder hat man je von tollen Riffen vor San Remo, Cannes und Nizza gehört?

Wassersport, Natur und Beduinen
Das Rote Meer steht mit seiner boomenden Hauptstadt Hurghada für Badespaß, Sonne tanken, Wassersport und die wundervollen Tauchgründe. All das bietet zwischen Sharm el Sheikh, Dahab, Nuweiba und Taba auch die Halbinsel Sinai, die darüber hinaus ein grandioses Naturerlebnis verspricht. Der südliche Teil besteht aus Granit in Grau- und Rottönen, der, von schwarzen Lavabändern überzogen,

Wüste und Berge prägen die Landschaft des Sinai, so auch am El Makhrom Mountain

kunstvoll anmutet. Oasen und Wüsten führen auf beeindruckende Weise den Kontrast zwischen Kargheit und üppiger Vegetation vor Augen. Eine Wüstentour, noch dazu mit dem Kamel, verbindet optimal Naturkundeunterricht und Abenteuer.

In diesem über weite Strecken unwirtlichen Landstrich sind seit jeher die Beduinen beheimatet. Nur wenige Tausend von ihnen leben heute noch nomadisch und wehren sich gegen die erdrückende Umarmung aus Kairo, das den letzten nicht sesshaften Beduinen ihr Nomadisieren mit fast allen Mitteln austreiben will.

Krisenherd Suezkanal

Zuletzt macht den gefühlten Reiz des Sinai auch aus, dass man sich hier fast immer auf historischem Gelände bewegt. Was sich hier ereignete, wirkte bis Europa. Andauernde geopolitische Bedeutung erlangte der Sinai ab 1869 mit der Eröffnung des Suezkanals. Drei Kriege fanden hier seit dem israelisch-arabischen Krieg 1948/49 statt. Der Yom-Kippur-Krieg 1973, nach dem der Sinai an Ägypten zurückfiel, trug den Europäern das Ölembargo der arabischen Staaten ein.

Schnittpunkt dreier Religionen

Für die drei großen Offenbarungsreligionen – Judentum, Christentum, Islam – stellt der Sinai einen der wichtigen Schnittpunkte gemeinsamer Glaubensgeschichte dar. Auf dem Sinai verkauften Jakobs Söhne ihren Bruder Josef. Gott verkündete hier Moses und den Israeliten, die über den Sinai aus Ägypten geflohen waren, die Zehn Gebote; Christen versteckten sich vor ihren Verfolgern, Eremiten lebten hier in Askese und Abgeschiedenheit. Die Kreuzritter erlebten hier eines ihrer vielen Debakel: Der Weg nach Mekka, höchster islamischer Wallfahrtsort im heutigen Saudi-Arabien, wurde ihnen von den Muslimen unter Salah el Din erfolgreich abgeschnitten.

Gott, heißt es in der Bibel, hat hier gesprochen. Das kann man glauben oder auch nicht. Wenn er aber hier gesprochen hat, dann hat er sich dafür eine besonders schöne Gegend ausgesucht. Mit Bergen, Wüsten und Meer – großartig!

Dahab – Trödel und Pizza im Café Lakhbatita, S. 200

El Gouna – Klein-Venedig am Roten Meer, S. 128

Lieblingsorte!

Sharm el Sheikh – Tanz und Techno im Pacha, S. 182

Einfahrt zum Suezkanal – Schiffskonvois gucken, S. 262

Pauluskloster – Fresken, Mönche und Ikonen, S. 124

Oase Ain Umm Ahmed – Im Paradies der Beduinen, S. 206

Am Morgen andächtiges Staunen im Katharinenkloster, dann zum Kamelritt in eine Oase; nach dem Schnorcheln ins Café Lakhbatita in Dahab – und nach Sonnenuntergang tanzen bis tief in die Nacht. All das kann man in 24 Stunden auf dem Sinai erleben. Oder – leicht abgewandelt – an der Küste des Roten Meeres: Erst ein Besuch bei den Mönchen des Pauluskloster und dann entspanntes Schwimmen oder Golfen in El Gouna.
Aber keine Angst vor zu viel Aktionismus: Unser Autor ist auch glücklich, wenn er an der Suezkanaleinfahrt die Konvois der Ozeanriesen beobachten oder vom Strand des herrlichen Oberoi Sahl Hasheesh Hotels in Hurghada aus einfach aufs weite Meers schauen kann ...

Katharinenkloster – christliche Festung am Mosesberg, S. 224

Oberoi Sahl Hasheesh Hurghada – Hotel-Oase für Genießer, S. 144

Reiseinfos, Adressen, Websites

Belebte Wüste – junge Beduinen bei Nuweiba

Informationsquellen

Infos im Internet

Websites in Deutsch

www.qantara.de
Das hervorragende Portal für den ›Dialog mit der islamischen Welt‹ (Kultur, Politik, Gesellschaft etc.) ist ein Gemeinschaftsprojekt der Bundeszentrale für politische Bildung, der Deutschen Welle, des Goethe-Instituts und des Instituts für Auslandsbeziehungen.

www.discovery-aegypten.de
Private Homepage mit tollen Infos zum Einstieg ins Thema Ägypten.

www.blinde-kuh.de/egypten
Ägyptenseite für Kinder mit Infos über Tutanchamun, Mumien, Hieroglyphen.

www.sinai-bedouin.com
Sehr guter Einstieg, wenn man mehr über Beduinen wissen will, u. a. gestaltet von einer deutschen Ethnologin.

Websites in Englisch

www.touregypt.net
Website mit zahllosen Infos zu Ägypten heute und gestern.

www.sis.gov.eg
Offizielle Website der ägyptischen Regierung (Tourismus, Kultur, Gesundheitswesen etc.).

Nicht wundern
Es kommt häufig vor, dass ägyptische Websites vorübergehend nicht erreichbar sind; später nochmals probieren.

http://weekly.ahram.org.eg
Internetausgabe der regierungsamtlichen, englischsprachigen Wochenzeitung Al Ahram Weekly.

www.red-sea.com
Infos u. a. zu Tauchen, Surfen, Hotels, Shopping, Wetter.

www.yallabina.com
Szenetipps und viele Freizeitinfos.

Fremdenverkehrsämter

… im Internet
www.egypt.travel

… in Deutschland
Ägyptisches Fremdenverkehrsamt
Kaiserstr. 64 a,
60329 Frankfurt am Main
Tel. 069 25 23 19 oder 25 21 53
Fax 069 23 98 76

… in Österreich
Ägyptisches Fremdenverkehrsamt
Elisabethstr. 4
1010 Wien
Tel. 01 587 66 33, Fax 01 587 66 34

… in der Schweiz
Ägyptisches Fremdenverkehrsbüro
Stampfenbachstr. 42
8006 Zürich
Tel. 044 350 20 40, Fax 044 350 20 41

Lesetipps

Wer sich für die Strandlektüre weniger an den Bestsellerlisten als an seinem Urlaubsland orientieren will, findet wunderbare Bücher, auch Klassiker der Literatur, womit nicht nur die teilweise

Reiseinfos

in Ägypten verbotenen Werke des ägyptischen Literatur-Nobelpreisträgers Nagib Mahfuz gemeint sind.

al-Aswani, Alaa: Der Jakubijan-Bau. Basel 2007. Schonungsloses Sittengemälde der ägyptischen Gesellschaft, das auch als Verfilmung alle Rekorde sprengte.

Bey, Essad: Mohammed. Berlin 2002. Essad Bey, der zum Islam konvertierte Jude Leo Noussimbaum, schildert fasziniert und faszinierend das Leben des Propheten Mohammed; eine beeindruckende Einführung in die Anfänge des Islam.

Carter, Howard: Das Grab des Tutanchamun. Wiesbaden 1997. Archäologieklassiker, in dem der britische Archäologe seinen Sensationsfund 1922 im Tal der Könige lebendig schildert.

Ceram, C. W.: Götter, Gräber und Gelehrte. Reinbek 2000. Spannender und mitreißender archäologisch-pharaonischer Tatsachenkrimi.

Durrell, Lawrence: Das Alexandria-Quartett – Justine, Balthazar, Mountolive, Clea. Reinbek 1988. Alexandrias schillernde Gesellschaftsbeschreibung machte Durrell weltberühmt.

Flaubert, Gustave: Reisetagebuch aus Ägypten, Zürich 2003. 1849 reiste der damals 28 Jahre junge Flaubert durch das gerade wiederentdeckte Ägypten. Frech, amüsant und tiefgründig sind seine literarischen Aufzeichnungen.

Ghitani, Gamal: Seini Barakat, Diener des Sultans, Freund des Volkes. Zürich 1996. Im Ton wechselnd zwischen Ernst und Parodie begleitet der Leser einen fiktiven venezianischen Reisenden durch das Jahr 1517, als die Türkenherrschaft in Ägypten beginnt; ein Meisterwerk der arabischen Moderne, und eine Parabel auf Unterdrückung und Folter unter Präsident Nasser.

al-Hakim, Tawfik: Diary of a Country Prosecutor. London/San Francisco/Beirut 2005. Taufiq al Hakim gilt als einer der bedeutendsten Erneuerer der arabischen Literatur und als Vater des arabischen Theaters. In der Komödie über einen aufs Land versetzten Staatsanwalt muss der Mord an Kamar al-Dawla Alwan aufgeklärt werden, und der Anwalt hat's nicht leicht.

Hussein, Taha: Jugendjahre in Kairo. Berlin 1986. Mohammed Taha Hussein gehört zu den herausragenden Autoren der ägyptischen Moderne, die die politischen und sozialen Entwicklungen Ägyptens thematisieren. In dem autobiografischen Roman erzählt er die Geschichte eines Studenten, der vom Land kommend mit der Großstadt Kairo konfrontiert wird.

Jacq, Christian: Ramses – Sohn des Lichts. Reinbek 1999. Der französische Ägyptologe nähert sich in Band 1 (des fünfteiligen Werkes) Ramses II. mit dem Mittel des populärwissenschaftlichen Romans. Lehrjahre eines Pharaonen, könnte man dieses Buch zusammenfassen. Jacqs Welterfolg beruht auf der Nähe, die er herzustellen vermag. Der Leser hat den Eindruck, ein Zeitgenosse und Vertrauter Ramses' lege diese Biografie vor und habe den Hebräer Moses und all die anderen Protagonisten hautnah erlebt.

Mahfuz, Nagib: Die Kinder unseres Viertels. Zürich 2006. Ein fiktiver Wüstenort: Banden schikanieren die mal rebellierenden, mal sich unterwerfenden Bewohner; u. a. diese Parabel, bis heute in Ägypten verboten, bescherte Mahfus den Nobelpreis.

Ders.: Das Hausboot am Nil. Frankfurt am Main 2006. Auf einem Hausboot verschanzen sich Ägypter mit reichlich Drogen vor der Wirklichkeit – und schlittern unfreiwillig konfrontiert mit der Realität in die Katastrophe.

Saadawi, Nawal: Gott stirbt am Nil. München 1994. In einprägsamen Bildern wird die Unterdrückung der Frau im islamischen Patriarchat thematisiert.

Reiseinfos

Sadat, Jehan: Ich bin eine Frau aus Ägypten. München 1997. Lebensbeschreibung der Gattin des ermordeten Präsidenten Anwar el Sadat.

Tahawi, Miral: Die blaue Aubergine. Zürich 2004. Tahawi, Jahrgang 1968, gelang mit der Geschichte von Nada, die wegen ihres bei der Geburt blau angelaufenen Gesichtes den Spitznamen ›Blaue Aubergine‹ bekommt, ein flott geschriebener (Selbstfindungs-) Roman über weibliche Identität und Sexualität in einer muslimischen Gesellschaft. Sie bekam dafür als erste Autorin überhaupt den Ägyptischen Förderpreis für Literatur.

Uderzo, Albert & Goscinny, René: Asterix und Kleopatra. Berlin 2004. Ein Klassiker, der in vielen Details die Ägypter genau so beschreibt, wie man sie oft erlebt; ein wirklicher Lesespaß.

Zikri, Mustafa: Viel Lärm um ein goti-sches Labyrinth. Basel 2004. Radikale l'art pour l'art statt engagierter Literatur ist das Sujet des 1966 geborenen Enfant terrible der jungen ägyptischen Literatur- und Filmszene. In diesem Buch kommen vor: ein Schuh, der mit dem Seifenwasser durchs Krankenhaus getragen wird, eine rätselhafte moderne Damentasche, eine Vision der badenden Nofretete, alles zusammen ein Irrgarten der Fantasie, laut Klappentext eine »arabische Entsprechung für Alice in Wonderland«.

Sachbücher

Abdel-Samad, Hamad: Der Untergang der islamischen Welt. München 2010. Der in München lebende Politologe glaubt, dass der Islam als politische, gesellschaftliche und kulturelle Idee ohne Reformen keine Überlebenschance hat.

Belzoni, G.: Entdeckungsreisen in Ägypten, Ostfildern 1990: 1815–1819 reist Belzoni durch Ägypten und legt u. a. Abu Simbel frei; sein Bericht führt zurück in die abenteuerlichste Zeit der Ägyptologie.

Brunner-Traut, E.: So lebten die Alten Ägypter. Freiburg 1998: Die Namen der großen Pharaonen kennt jeder; aber wie lebten deren Untertanen, Bauern, Beamte, Bürger? Das spannende Buch gibt Einblick in Alltag und Kultur.

Germer, Renate: Die Heilpflanzen der alten Ägypter. Düsseldorf 2002. Die Kräutermedizin der alten Ägypter ist gerade dabei, auf breiter Basis neu entdeckt zu werden. Das Buch stellt die altägyptische Medizin und deren Vorstellung über das Funktionieren des menschlichen Körpers vor, beschreibt darüber hinaus aber auch heutige Anwendungsmöglichkeiten.

Semsek, Hans-Günter: DuMont Kunstreiseführer Ägypten und Sinai, Ostfildern 2008. Ausgezeichnetes Reisebuch zu Architektur, Kunst, Wissenschaft und Religion im Land am Nil.

Karten

Ägyptenkarten sind in vielen Variationen erhältlich. Im Land selbst bekommt man sie in Buchhandlungen und oft auch an den Zeitungskiosken der größeren Hotels. Wenig anfangen kann man mit den kostenlosen Tourist Maps, die Hotels ab und an verteilen.

RV World-Länderkarte Ägypten: 1:1 Mio., RV Verlag, Ostfildern: Gute Karte für die Reisevorbereitung.

Marco Polo Kontinentalkarte Ägypten: 1:1 000 000, Citypläne und Ortsregister, mit landschaftlich schönen Strecken und Sehenswürdigkeiten.

Sinai Map of Attractions South Sinai: 1:250 000, Survey of Israel Tzofit Ltd./ Osiris Office Cairo. Sehr gute Karte für den südlichen Sinai.

Für **El Gouna, Hurghada, Safaga** und **Marsa Alam** gibt es in Ägypten eine brauchbare Karte mit ›City Maps‹ von **Geodia** (ISBN 978-88-87177-01-5).

Wetter und Reisezeit

Reisezeit

Rotes Meer und Sinai können ganzjährig bereist werden – je nach Hitzeverträglichkeit. Von mediterran bis subtropisch reicht das Klima vom Mittelmeer und dem nördlichen Sinai bis zum südlichen Rotem Meer mit der Grenzregion zum Sudan.

Die Sommermonate Mai bis September sind am Mittelmeer und auf dem Sinai warm bis heiß, um Hurghada und an der südlich davon gelegenen Küste des Roten Meeres oft unerträglich. Die Temperaturen betragen bis über 30 °C im Nordsinai, bis weit über 40 °C im Südsinai und am Roten Meer. Spitzentemperaturen können hier bis knapp unter 50 °C und Wassertemperaturen bis zu 33 °C erreichen. Auch nachts wird es nur unmerklich kühler.

In den übrigen Monaten liegen die Temperaturen am Tag immer noch zwischen 20 und 30 °C; nachts wird es merklich kühler. Aber: Von Dezember bis Februar muss man auf dem Nordsinai und am Roten Meer gelegentlich mit heftigem Regen und kühlen Winden rechnen.

Nachttemperaturen bis weit unter 10 °C sind dann keine Seltenheit. Doch man kann im Roten Meer das ganze Jahr über schwimmen, tauchen und surfen, auch wenn sich der allgemeine Klimawandel in dieser Ecke der Erde wohl mit manchmal recht kühlen Winden bemerkbar macht.

Im Winter bedeckt gelegentlich Schnee den Gipfel des Katharinenbergs, die Temperaturen fallen dort im Dezember und Januar schon mal auf weit unter 0 °C.

Auf dem südlichen Sinai ist es um diese Jahreszeit warm und gelegentlich frühlingshaft, an der Mittelmeerküste aber sehr frisch, hier kann man nur im langen Sommer baden.

Im März/April weht der Chamsin, ein etwa 50 (arabisch: *chamsin*) Tage anhaltender kräftiger Wüstenwind, der meist trockene heiße Luft und viel feinen Sandstaub mit sich bringt, gelegentlich aber auch so kalt über die Küste des Roten Meeres herabfällt, dass man am Strand allenfalls mit Pullover und als Windschutz aufgestellten Liegen in der Sonne baden kann.

Reisen im Ramadan

Während des vierwöchigen Fastenmonats Ramadan, dessen Termine sich jedes Jahr verschieben (s. S. 49), dauert alles im Land noch länger als sonst, sind die Muslime tagsüber angespannt, weil sie nicht essen oder trinken dürfen, kurzum: In dieser Zeit wird die Nacht zum Tag und der Tag schleppt sich wie gelähmt dahin.

Klimadiagramm Hurghada

Reiseinfos

Das Rote Meer bietet herrliche, unendlich weite Sandstrände

Kleidung

Mit sommerlicher Kleidung kommt man in Ägypten meist gut durch alle Jahreszeiten. Zusätzlich sollte man für die Wintermonate am Roten Meer und auf dem Sinai warme Pullover und eine Regenjacke im Gepäck haben. Für Sinai-Wanderer sind feste, den Knöchel umschließende Wanderschuhe mit gutem Profil unerlässlich, auf Bergtouren sollte man zudem einen winddichten Anorak dabei haben.

Wer auf einem Berg übernachten will, benötigt einen guten Schlafsack, für Wanderungen, die teils im Dunkeln zurückgelegt werden, eine leuchtstarke Taschenlampe pro Person. Leichte Pullover genügen für die Nächte im südlichen Oberägypten und am Roten Meer. Für die Besichtigung von Tempeln im übrigen Ägypten und dem Tal der Könige genügen feste Sportschuhe.

Ein nötiges Wort: ›Oben ohne‹ ist eigentlich strikt verboten, auch an den hoteleigenen Stränden, dennoch haben in den letzten Jahren an den Stränden in Sharm el Sheikh und Hurghada einige Touristinnen das Oberteil abgelegt. Um die Gäste mit ihren Eigenarten nicht zu verprellen, wird das meist zähneknirschend toleriert. Aufs Nachmachen sollte man aber verzichten.

Reiseausrüstung für Individualisten

Individualreisende müssen bereits vor der Reise genau planen, was sie brauchen. Generell gilt: In Ägypten ist vom Bunsenbrenner bis zur Wurstkonserve (teurer als in Europa) alles zu bekommen. Aber schon die Suche nach einem Moskitonetz wird zur vollen Tagesbeschäftigung. Wer auf einer längeren Tour Gelüste nach deutscher Leberwurst und Vollkornbrot (aus der Dose) bekommt, der muss auch das mitbringen.

Für Rucksackreisende ist das Wichtigste der Schlafsack; von Frühjahr bis Herbst genügt auch in der Wüste ein leichter Leinenschlafsack; in den Wintermonaten kommt man allerdings nicht ohne Daunenschlafsack aus, schon gar nicht etwa bei einer Übernachtung auf dem Mosesberg am Ka-

Reiseinfos

tharinenkloster. Ein Zelt hingegen ist nur hinderlich. Die wenigen Camps, die es gibt, vermieten ihre eigenen (bereits aufgestellten) Zelte. Gewicht kann man auch an der Wäsche sparen, die man an jedem Ort innerhalb weniger Stunden für wenig Geld waschen (lassen) kann.

Rundreisen planen

Es gibt sie noch, die Ägyptenreisenden, die mit dem eigenen Auto ins Land kommen. Und es gibt mehr und mehr die Ägyptenreisenden, die ihren Pauschalurlaub am Steuer eines Mietwagens mit individuellen Ausflügen erweitern. Für die allermeisten Straßen genügt ein Kleinwagen. Abstecher von den Hauptstraßen, vor allem auf dem Sinai, erfordern meist einen Vierradantrieb.

Tour 1: Entlang der Küste am Roten Meer

Die Strecke entlang der Küste am Roten Meer nach Süden verspricht Abwechslung. Mit **Suez** (s. S. 260) lässt man eine der wirtschaftlich wichtigsten Regionen des Landes hinter sich, deren riesige Öllager anfangs die Strecke prägen. Dann drängt sich nahe der **Red Sea Coastal Road** aber das Meer ins Auge: in Blau und Türkis leuchtend, mit flimmerndem Horizont.

Für die gesamte Strecke von Suez über Hurghada nach Berenice darf man, gemächliches Urlaubstempo vorausgesetzt, ruhig 10 bis 14 Tage veranschlagen. Von Juni bis September wird diese Tour – insbesondere im Abschnitt südlich von Safaga – nur Reisenden empfohlen, die Hitze gut vertragen. Doch am Anfang der Reise stehen der noch von Ägyptern dominierte Badeort **Ain Sukhna** (s. S. 120), und die bezaubernden **Klöster der Heiligen Antonius und Paulus** (s. S. 119).

Von dort geht es die Küste entlang Richtung Süden. Man stoppt im skurrilmalerischen **El Gouna** (s. S. 126) erlebt das quirlige **Hurghada** (s. S. 139), schnorchelt oder taucht in den recht neu erschlossenen Tourismuszentren **Safaga** (s. S. 161), **Quseir** (s. S. 165) oder **Marsa Alam** (s. S. 167) und erreicht schließlich **Berenice** an der Grenze zum Sudan (s. S. 170).

Suez, Ain Sukhna, El Gouna, Hurghada und Safaga sind die Orte, wo man sich mit allem eindecken kann, was man braucht, seien es Medikamente oder Proviant. Dank der wachsenden Bettenkapazitäten in der gesamten Region ist es allenfalls in absoluten Hochsaisonzeiten (ägyptische Feier- und Brückentage beachten!) nötig, Hotels vorab zu reservieren. In der Regel kann man aufs Geratewohl los-

19

Reiseinfos

fahren, sofern für Überlandfahrten nicht Polizei-Konvois vorgeschrieben sind (s. S. 26 und 138).

Tour 2: Sinai-Ostküste und Zentralsinai

Die Tour entlang der Sinai-Ostküste und in den Zentralsinai (Dauer mindestens 3 bis 4 Tage) kombiniert Wasserspaß und Kultur. Den Weg von **Sharm el Sheikh** (s. S. 174) nach Dahab unterbricht man mit einem Abstecher zum größten Mangrovenwald des Sinai im **Nationalpark Wadi Nabq** (s. S. 194). Von etlichen Stellen entlang der Hauptstraße Richtung Dahab kann man mit Beduinen, die dort am Straßenrand warten, kurze Kamelausflüge in die Wüste unternehmen. Vor Dahab weist ein Schild Richtung »**Wadi Connection** – Rest Valley Mountain – 5 km« (s. S. 195). Für diesen lohnenswerten Kurzabstecher benötig man allerdings einen Extra-Tag.

Dahab (s. S. 195), das ist der Ort, um gut zu essen, zu tauchen und zu surfen – oder sich einfach nur im Meer zu erfrischen. Für das Bad im Golf von Aqaba empfehlen sich auch die Buchten zwischen Dahab und Nuweiba sowie, an der Küste gelegen, der **Naturpark Ras Abu Galum** (s. S. 203) mit seinen schönen Stränden. Eine Piste führt zu diesem Ausflugsziel außerhalb von Nuweiba (10 km nach der Kreuzung der Straßen Richtung Dahab/Katharinenkloster).

Spektakulär ist der **Coloured Canyon** (s. S. 209). Von Nuweiba aus fährt man dorthin auf der Straße zum Ahmed-Hamdi-Tunnel Richtung Nakhl. 15 km nach der Gabelung liegt rechts ein Palmenhain mit Beduinenhütten. Über die Oase Ain Furtaga, und das Wadi Nekheil (wunderbarer Ausblick) geht es hoch in den Coloured Canyon.

Für den kulturellen Höhepunkt fährt man in den Zentralsinai zum **Katharinenkloster** (s. S. 222) und besteigt **Moses-** oder **Katharinenberg** (s. S. 234). Die Anfahrt durch die Berge ist so spektakulär wie die Weiterfahrt vom Kloster ins **Wadi Feiran** (s. S. 249). Gärten, Palmenhaine und Tamarisken säumen das gesamte Wadi. Von hier fährt man dann nach Nuweiba zurück.

Nördlich von Nuweiba laden Buchten zum Baden ein. Nach einem kurzen Abstecher zur **Pharaoneninsel/Gezira el Fara'un** (s. S. 214) kann man in **Taba** (s. S. 212) übernachten und von dort – zu Fuß – einen Abstecher ins israelische **Eilat** (s. S. 216) unternehmen.

Tour 3: Entlang dem Suezkanal nach Port Said

Die Strecke am Suezkanal, eine zügig befahrbare Fernstraße, lässt sich in zwei Tagen bewältigen, wenn man die einzelnen Orte besichtigt. In der Hafenstadt **Suez** (s. S. 260) bekommt man den atmosphärischen Vorgeschmack darauf, dass man sich nun an den Ufern einer der wichtigsten Wasser-

Reiseinfos

straßen der Welt, sich in Ägyptens größtem Wirtschaftsraum für internationalen Handel und Ölförderung bewegt.

15 km nördlich von Suez beginnen sich **Kleiner und Großer Bittersee** (s. S. 265) über 37 km Richtung Ismailiya zu erstrecken. **Ismailiya** (s. S. 266) verdient aus doppeltem Grund einen Stopp. Es ist zum einen die grünste Stadt Ägyptens. Zum anderen sollte man von hier, da die Autostrecke direkt am Suezka-

nal militärisches Sperrgebiet ist, am Nachmittag den Zug Richtung Port Said (und – falls Sie dort nicht übernachten möchten – auch gleich wieder zurück) nehmen. Näher kommt man den imposanten Schiffskonvois im Kanal nirgends.

Übernachten kann man in Ismailiya genauso wie in **Port Said** (s. S. 269), wo ab dem Nachmittag die Schiffe im Mittelmeer auf die abendliche Kanalpassage warten.

Reisen – pauschal oder individuell?

Für Pauschaltouristen ist eine Reise nach Ägypten billiger als für Individualreisende, kalkulierbarer – und weniger beschwerlich. Auf eigene Faust zu reisen, kann viel Zeit kosten, eröffnet einem dafür aber das Land eindringlicher.

In den Badeorten am Roten Meer und im Sinai ist gemessen am sonstigen Landesstandard alles überteuert, angefangen von der Postkarte bis zu Parfümessenzen und Schmuck. Wer feilschen will, hat kaum eine Chance. In vielen Geschäften gibt es zwei Preise – für Einheimische und Touristen. All-inclusive, das die Urlaubskosten kalkulierbar hält, bieten heute viele Hotels.

Reiseveranstalter

Neben den Reiseriesen TUI, DER, Meyers Weltreisen, IST etc. zeichnen sich einige Anbieter durch besonders guten Service aus.

Oft-Reisen: Siemensstr. 6, 71254 Ditzingen, Tel. 071 56 16 11-0, Fax 071 56 16 11-50, www.oftreisen.de. Einer der ältesten und erfahrensten Ägypten-Reiseveranstalter mit breitem Angebot, gutem Preis-Leistungs-Verhältnis. Große Palette an Kombinationsmöglichkeiten durch Baukastensystem.

Studiosus-Reisen: Riesstr. 25, 80992 München, Tel. 089 500 60-0, Fax 089 500 60-100, www.studiosus.com. Studienreisen, Städtereisen, Singlereisen, Sprachreisen, Young Line Travel – Studiosus bietet seit Jahrzehnten hochwertige Reisen mit kompetenter Reisebegleitung.

Nomad-Reisen: Julietta Baums Travel, Albertinumweg 5, 54568 Gerolstein, Tel. 065 91 949 98-0, Fax 065 91 949 98-19, www.nomad-reisen.de. Der Arabienspezialist bietet in Ägypten ausgesuchte Touren an, darunter eine 15-tägige Trekkingreise (6 Tage mit Reit- und 4 Tage mit Lastkamelen) durch den Sinai. Man sitzt täglich mehrere Stunden im Sattel; Strecke und Rastplätze hängen davon ab, wo es Wasser gibt.

Star of Egypt: 41, Corniche el Nil, Kairo-Maadi, Tel. 02 25 24 06 86; 25 24 02 21; Fax 02 25 24 61 49, www.starofegypt.com. Falls Sie vor Ort buchen wollen: Star of Egypt ist nicht das größte Reisebüro Kairos, aber sicher eines der effektiven, u. a. spezialisiert auf Golfurlaub. Buchungen werden kompetent und zügig erledigt; die Unterlagen im Stadtgebiet per Boten zugestellt.

Spezielle Angebote für Reisende mit Handicap: s. S. 63.

Anreise und Verkehrsmittel

Einreise- und Zollbestimmungen

Bürger aus Deutschland, Österreich und der Schweiz benötigen ein Visum, das an den ägyptischen Flughäfen und Häfen erhältlich ist. An den Bankschaltern vor der Passkontrolle gibt es für ca. 15 € bzw. 20 US-$ die erforderliche Visum-Stempelmarke, die Sie auf eine leere Seite Ihres mindestens noch drei Monate gültigen Passes kleben. Die übrigen Abstempel- und Registrierungsformalitäten erledigt der Grenzbeamte zusammen mit dem Visum- und dem Zollblatt, das Sie im Flugzeug bekommen und ausfüllen müssen.

Mit dem Visum dürfen Sie vier Wochen im Land bleiben (eine Woche zu überziehen, bleibt folgenlos); für ein bis zu sechs Monate gültiges Visum müssen Sie einen Antrag stellen und ein Foto beilegen. Das Wiedereinreisevisum (Re-Entry-Visa) muss bei Passämtern (*maktab al jawazad*) beantragt werden.

Die Einreise mit dem Personalausweis ist möglich, wenn Sie zugleich zwei Passbilder vorlegen. Die früher übliche Registrierung des Passes wurde für Deutsche, Österreicher und Schweizer aufgehoben. Bei der Ausreise in andere arabische Länder (außer Jordanien) darf der Pass keine israelischen Stempel enthalten, auch nicht die Stempel von arabischen Grenzorten, von denen man einzig und allein nach Israel reisen kann (z. B. Taba, Rafah, Allenby-Bridge).

Ein- und Ausfuhr von Devisen

Restbestände von Ägyptischen Pfund aus früheren Urlauben können Sie problemlos mitbringen (der Umtausch in Europa würde wegen des Wechselkurses in jedem Fall unrentabel sein). An den Flughäfen gibt es noch vor Zoll und Passkontrolle Bankschalter mit 24-Stunden-Service. Zählen Sie Ihr Geld sorgfältig nach, vergleichen Sie den ausgeschriebenen Kurs mit dem Umtauschbeleg. Auch ägyptische Bankangestellte sind sehr schlecht bezahlt.

Restliche ägyptische Pfund werden bei der Ausreise gegen Vorlage der Umtauschbelege in US-Dollar oder Euro zurückgetauscht – zumindest theoretisch. In der Praxis werden Sie nur in Ausnahmefällen Bankschalter finden, die harte Devisen zum Rücktausch herausrücken. Die Ein- oder Ausfuhr größerer Devisensummen muss beim Zoll angemeldet werden.

Einfuhrbestimmungen

Die Deklarierung von Videokameras, teuren Digitalkameras, Handys und Laptops ist nicht mehr nötig.

Zollfrei sind: 400 Zigaretten, 3 l Spirituosen, Gegenstände des persönlichen Gebrauchs (Medikamente, Parfüms, MP3-Player etc.) in ›normalen‹ Mengen. Auch kleinere Gastgeschenke müssen nicht verzollt werden. Innerhalb von 24 Stunden nach Einreise darf man, bis zu zweimal pro Jahr, jeweils drei Flaschen Spirituosen in den Egypt Duty Free Shops kaufen. Der Kauf wird dann mit einem Stempel im Pass vermerkt.

Einfuhr in die EU

Mitbringsel und Waren aus Ägypten dürfen bis zu einem Wert von 430 € (See- und Flugreisende) bzw. 300 € (Reisende mit anderen Verkehrsträgern) eingeführt werden. Für Reisende unter 15 Jahren wird die Freimenge auf 175 € festgesetzt. Bei Genussmitteln gelten folgende Mengenbegrenzungen: Reisende über 17 Jahren dür-

Reiseinfos

fen einführen: 1 l Spirituosen über 22 % Alkoholgehalt und 2 l Bier. Reisende über 15 Jahren dürfen zollfrei mitbringen: 200 Zigaretten oder 100 Zigarillos oder 50 Zigarren oder 250 g Tabak, dazu 500 g Kaffee und 100 g Tee. Außerdem dürfen eingeführt werden: 50 g Parfüm, 0,25 l Eau de Toilette, Arzneien für den persönlichen Gebrauch während der Reise (Weitere Infos im Internet unter: www.zoll.de, www.bmf.gv.at).

Einreise in die Schweiz

Sie dürfen bei der Einreise in die Schweiz – sofern Sie über 17 Jahre alt sind – abgabenfrei einführen: 2 l Alkohol bis 15 % Vol. und 2 l Alkohol über 15% Vol. Zollfrei sind auch 200 Zigaretten oder 50 Zigarren oder 250 g Pfeifentabak. Andere Privatwaren sind bis zu einem Gesamtwert von 300 CHF pro Person abgabenfrei. Übersteigt der Gesamtwert der mitgeführten Waren 300 CHF, so sind alle Waren abgabenpflichtig (weitere Infos im Internet unter: www.zoll.ch).

Anreise

Flugzeug

Die Badeorte Sharm el Sheikh und Hurghada verfügen über die beiden großen Flughäfen für Charterreisende aus Europa. Dazu werden – allerdings in kleinerem Umfang – auch über die Airports Taba (Sinai) und Marsa Alam (südliche Küste am Roten Meer) Charter abgewickelt. Wer seinen Sinaibesuch mit einem Israel- oder Jordanienaufenthalt verbinden will, kann auch Eilat in Israel (den Grenzort zu Taba) oder Aqaba in Jordanien anfliegen.

Sharm el Sheikh und Hurghada werden von Kairo aus mehrmals täglich angeflogen, zweimal wöchentlich (Mo, Fr) auch von Alexandria aus sowie dreimal wöchentlich (Mi, Do, Sa) von Luxor aus, wo ebenfalls viele Charterflüge aus Europa landen.

Egypt Air, die nationale ägyptische Fluggesellschaft und Mitglied der Star Alliance, setzt im Charter-Tourismus eine Reihe neuer Airbusse ein. Der Service und das Personal sind in Ordnung; es wird kein Alkohol serviert.

Bus

Sämtliche Orte auf dem Sinai und am Roten Meer sind von Alexandria, Kairo und Luxor aus mehrmals täglich per Bus erreichbar – und umgekehrt (Auskunft in Sharm el Sheikh: Tel. 069 360 16 22).

Mehrmals täglich verkehrt ein relativ bequemer Super-Jet-Bus zwischen Kairo und Sharm el Sheikh, Fahrtdauer 6–9 Std., Auskunft in Sharm el Sheikh unter Tel. 069 360 16 22.

Von Israel kommend gibt es tgl. außer am Sabbath (von Freitag ab Sonnenuntergang bis Samstag bis Sonnenuntergang) mehrere Busse, die Tel Aviv, Haifa, Jerusalem und andere israelische Orte mit dem Grenzort Eilat verbinden; tgl. Busverbindungen gibt es auch in Jordanien von Amman aus über Petra Richtung Aqaba. Von Aqaba und Eilat aus muss man sich dann mit Taxi und zu Fuß über die Grenzen bewegen.

Pkw oder Motorrad

Es gibt zwei Wege für Leute, die mit eigenem Gefährt anreisen wollen – beide beschwerlich und nicht ungefährlich: der eine führt – nach Anreise per Fähre von Italien und Malta – über Tunesien und Libyen. Die andere Strecke, reiner Landweg, führt über die Türkei, Syrien und Jordanien. Details über die zahllosen nötigen und sich ständig ändernden Formalitäten und Formulare bekommen Interessenten bei den großen Automobilclubs.

Reiseinfos

Die Sinaiküstenstraßen sind gut befahrbar, abseits davon braucht man Allradantrieb

Bahn

Das Schienennetz Ägyptens ist nicht sehr dicht. Von Kairo gibt es in Richtung Sinai eine Verbindung nach Port Said (von dort verkehren Anschlusszüge nach Ismailiya und Suez).

Die Züge fahren ab Ramses-Bahnhof, Mahatet Ramses, mehrmals täglich; Auskunft unter Tel. 02 25 75 35 55.

Verkehrsmittel am Roten Meer und auf dem Sinai

Flugzeug

Zwischen Hurghada und Sharm el Sheikh bestehen dreimal wöchentlich (Mo, Mi, Fr) Flugverbindungen. An den kleineren Flughäfen Taba/Ras el Nabq und Marsa Alam regelt die Nachfrage das Flugangebot. Flüge sollte man rechtzeitig buchen. Wer online auf der Website von Egypt Air (www.egypt air.com.eg) bucht, zahlt für Inlandsflüge die niedrigen ägyptischen Preise. Auskünfte erteilt Egypt Air: Kairo Tel. 02 244 14 60; Sharm el Sheikh Tel. 069 360 10 56; Hurghada Tel. 065 344 75 03; Taba Tel. 062 353 00 10; Landesweites Call Center Tel. 09 007 00 00.

Bus

Mehrmals täglich bedienen u. a. Super-Jet-Busse die Strecke Sharm el Sheikh–Dahab–Nuweiba–Taba und zurück. Da die Abfahrtszeiten stark variieren, sollte man sich beim Ticketkauf die Abfahrtszeiten bestätigen lassen oder am Vortag der Abreise anrufen, Tel. 069 360 06 00. Beschwerlich ist die Busverbindung Sinai–Rotmeerküste: Umsteigen und Warten in Ismailiya oder Suez! Alternative: die ›Speed boat‹-Fähre zwischen Hurghada und Sharm (s. u.).

Reiseinfos

Wer mit dem eigenen Fahrzeug, sei es ein Wagen mit Vierradantrieb oder ein VW-Bus, unterwegs ist, muss auf alle Eventualitäten vorbereitet sein. So sehr die Ägypter, gerade was Autoreparaturen angeht, auch Meister im Improvisieren sind, man sollte unbedingt einen Satz der wichtigsten und empfindlichen Ersatzteile (z. B. Sicherungen) und ungebräuchlichere Werkzeuge dabei haben. Getrennt von den Originalen sollten Sie Kopien Ihrer Papiere im Gepäck verstauen, dazu die Nummer der Botschaft in Kairo, die Ihnen bei Unfällen und gravierenden Problemen mit Polizei oder Militär am ehesten helfen kann.

Stellen Sie sicher, dass Ihre Hupe auch gut und laut funktioniert – sonst betrachtet man Sie als Luft im ägyptischen Verkehrschaos. Hupen bedeutet, andere auf Überholmanöver aufmerksam zu machen, gefährliche Situationen zu retten, den Verkehrspolizisten an der Kreuzung daran zu erinnern, dass es an der Zeit ist, die Spur freizugeben, Radfahrer aus dem Weg zu treiben, Fußgänger zu stoppen, welche die Straße überqueren wollen – ein geplantes Hupverbot der Regierung ist längst gescheitert.

Vermeiden Sie nächtliche Überlandfahrten. Die Straßen sind selten beleuchtet; Autos fahren ohne Licht oder nur mit Standlicht und blenden erst vor der Begegnung mit dem Gegenverkehr kurz auf.

Verkehrsregeln: Offiziell gelten dieselben Verkehrsregeln wie in Europa, zum Beispiel die Geschwindigkeitsbeschränkung von 50 km/h in Ortschaften (an die sich keiner richtig hält), außerhalb der Orte 100 km/h. Die Polizei führt regelmäßige Radarkontrollen durch. Ausländer benötigen offiziell einen internationalen Führerschein; in vielen Fällen genügt der EU-Führerschein.

Minibus und Servicetaxi
Für Überlandstrecken oder Touren zwischen Dörfern, wo Busse nur gelegentlich fahrplanmäßig halten, eignen sich Sammeltaxis oder Minibusse. Der Fahrer fährt erst los, wenn der Wagen bis auf den letzten Platz besetzt ist. Deshalb sind die Fahrten sehr günstig. Wenn Sie ein Sammeltaxi alleine mieten wollen, zahlen Sie einfach alle Plätze.

Eigener Pkw
Die Straßen entlang der Sinai-Küsten sind für jeden Wagen befahrbar; ebenso die West-Ost-Verbindungen, die die Sinai-Halbinsel an Festland-Ägypten anbinden. Wüsten- und Bergtouren sowie Ausflüge, die von den gut ausgebauten Hauptstraßen wegführen, erfordern allerdings ausnahmslos Vierradantrieb.

Reiseinfos

Eingeschränkte Bewegungsfreiheit

Auf etlichen Überlandstrecken (z. B. Hurghada – Luxor) können Touristen nur im Konvoi der Polizei fahren. Man muss sich über die Reisemöglichkeiten mit dem (Miet-) Auto rechtzeitig vor Ort bei Hotels oder Polizei erkundigen.

Leihwagen

In Nuweiba, Taba, Sharm el Sheikh, Hurghada, Safaga und in anderen Urlaubsorten gibt es eine Reihe von Leihwagen-Firmen. In der Regel muss der Wagen am Ort der Anmietung zurückgegeben werden, da sonst Transferkosten von 150 US-$ und mehr anfallen. Billiger sind Leihwagen in Kairo, wo es Kleinwagen bereits für 400 US-$ pro Woche inklusive Kilometer und Vollkaskoversicherungen gibt. Tipp: Smartlimo, 151 Corniche El Nil, Kairo-Maadi, Tel. 02 25 24 30 06, 010 530 50 70, Fax 02 25 24 30 09.

Fähre

Ein Schnellkatamaran verbindet Hurghada mit Sharm el Sheikh (Reisepass erforderlich), braucht bei 45 Knoten 90 Min. für die 56 Seemeilen. Die Red Sea Jets der International Fast Ferries (IFF) verkehren So, Mo, Di, Do; Tel. Hurghada 065 344 94 81-2, 065 344 75 72, Mobil 012 190 10 00, Sharm el Sheikh Tel. 069 360 09 36, Mobil 012 791 01 20, 012 740 35 52, Kairo Tel. 02 27 49 89 27, Fax: 02 27 49 89 03, www. internationalferries.com; Einfachticket 275 LE (Kinder 150 LE), Rückfahrtticket 475 LE (Kinder 285 LE), Autos ab 245 LE, Motorrad 125 LE, Fahrrad 50 LE. Tickets müssen mindestens zwei Tage vor Reiseantritt reserviert werden; Resttickets werden direkt am Boot verkauft. Von Dahab aus fährt ein Red Sea Jet nach Duba/Saudi-Arabien.

Nahverkehr

Taxi

Taxifahrer ist einer der häufigsten Zweitjobs von Beamten und Lehrern. Mit einem Wink hält man an der Straße Taxis an. Sie sollten über den Preis vor der Abfahrt feilschen, erkundigen Sie sich aber vorher nach den gängigen ortsüblichen Preisen, falls das Taxi keinen Taxameter hat. Lassen Sie sich danach auf keine Diskussionen mehr ein, sondern gehen Sie einfach Ihres Weges. Taxis, die vor Hotels, Bars usw. parken, verlangen überhöhte Tarife.

Tuktuk

Man kennt den dreirädrigen Kabinenroller aus Asien und Südamerika. Langsam wird das Tuktuk auch in Ägypten als Verkehrsmittel beliebt; man findet es in den kleineren Städten, da es nur für kurze Strecken taugt. El Gouna ist ohne Tuktuk nicht mehr denkbar.

Weiterreise nach Israel

Rafah, der Grenzübergang in den Gazastreifen (Palästina), ist seit dem Konflikt 2006/07 geschlossen, der Übergang Taba nach Israel dafür regulär geöffnet. Die Ausreise ist relativ unkompliziert; hat man aber ein Auto dabei, dann kann es Stunden dauern, bis alle Formalitäten erledigt sind.

Weiterreise nach Jordanien

Zweimal täglich läuft eine Fähre von Nuweiba nach Aqaba (Jordanien) aus. Tickets kauft man am Tag vor der Abreise an der Anlegestelle im Hafen oder bei Travco, Tel. 069 366 07 64. Die Princess, gebaut in Italien, bringt zweimal pro Woche in 3 Std. maximal 656 Passagiere und 58 Fahrzeuge von/nach Aqaba. Zur Zeit der Pilgerfahrt nach Mekka (Saudi-Arabien) sind die Fähren meist Wochen vorher ausgebucht.

Unterkunft

Hotels

Die rund 1250 ägyptischen Hotels (inkl. der 290 Nilschiffe; weitere Hotels im Bau) mit über 180 000 Betten sind in fünf (in Zukunft sechs) Kategorien nach Sternen eingeteilt. Die Bewertung der Egyptian Hotel Association (www.eha.org.eg), die alljährlich den Egyptian Hotel Guide herausgibt, ist allerdings zu relativieren: Im Vergleich zu europäischem Standard kann man so gut wie jedem Hotel ein bis eineinhalb Sterne abziehen. 5-Sterne-Häuser im Sinne von perfekter und makelloser Luxusklasse findet man in Ägypten kaum. Der Schwachpunkt: Die Hotels investieren zu wenig in die Ausbildung ihres Personals.

Es gibt zwar stets viel mehr Personal als in europäischen Hotels, die Leute sind aber selten entsprechend ausgebildet und geschult, worunter der Service in allen Bereichen stark leidet. Die mangelnde Ausbildung hält die Lohnkosten für diese Arbeitskräfte niedrig, was mit ein Grund für die generell nicht sehr hohen Hotelpreise in Ägypten ist.

Die im Buch genannten **Preise** gelten für zwei Personen im Doppelzimmer inkl. Frühstück und 19 % Steuern. Die meisten Hotels müssen in harter Währung (Dollar, Euro, Kreditkarte) beglichen werden. Wenn man in Ägyptischen Pfund (LE) bezahlen will, muss man möglicherweise einen Umtauschbeleg der Bank vorlegen.

Am ehesten noch kann man im Sommer bei Hotelpreisen handeln. Das gilt allerdings nicht für Mitte Juni bis Ende August. Da quartieren sich unzählige Araber aus den reichen Golfstaaten in Ägypten ein, um mit ihren Familien ausgiebig Urlaub vom strengen Islam und der dort unerträglichen Hitze zu machen, die daheim sogar das Atmen erschwert.

Nach Ermäßigungen und Sondertarifen (den sogenannten *packages*) – für drei oder vier Nächte müssen Sie immer selbst fragen – am besten natürlich einige Tage vorab. Bedenken Sie: Jedes Hotel wird versuchen, Ihnen als Individualreisendem so viel wie möglich zu berechnen, zumal in Krisenzeiten, wenn die Pauschaltouristen ausbleiben.

Günstige Hotels findet man auf **www.expedia.de** und **www.hrs.de.** Auch auf den Seiten von www.dertour.de, www.tui.de und www.fti.de kommt man zu günstigen Hotelzimmern. Ist man bereits in Ägypten und will buchen, dann kann sich der Weg zu einem der großen Reisebüros als lohnend erweisen. In aller Regel können diese bessere Preise machen, als sie Ihnen direkt im Hotel angeboten werden.

Hotels der gehobenen Klasse legen Wert auf eine gehobene Küche. Sie bieten meist europäische und orientalische Spezialitäten in verschiedenen Restaurants mit unterschiedlichem Ambiente an. Qualität und hoher Preis stehen dabei aber leider nicht immer im Einklang.

Jugendherbergen, Camping

Im gesamten Land gibt es fünf sogenannte Youth Hostels, u. a. in Hurghada, Ismailiya, Port Said, Sharm el Sheikh und Suez. Infos bei der Egyptian **Youth Hostel Association,** 1 El-Ibrahimy Street, Garden City, Kairo, Tel. 02 27 96 14 48, Fax 02 27 95 03 29,

Reiseinfos

info@egyptyha.com, www.egyptyha.com.

Organisierte **Campingplätze** werden von den Tourismusmanagern eher boykottiert als gefördert. Sofern es Plätze gibt, befinden sie sich oft in armseligem Zustand. Dafür sind die Übernachtungen billig. Grundsätzlich ist Zelten in Ägypten, egal wo, verboten. In besiedelten Gegenden, v. a. in Gebieten mit hoher Militärpräsenz wie auf dem Sinai und am Roten Meer, bezahlt man wildes Campieren sehr wahrscheinlich mit einem mittellangen Aufenthalt bei der Polizei. Da aber auch das Militär nicht omnipräsent sein kann und man die friedlichen Absichten der Camper erkannt hat, ist es an vielen (vorzugsweise abgelegenen) Stränden und Buchten kein Problem mehr zu übernachten.

Ferienwohnungen

Ferienwohnungen und -häuser gibt es allmählich auch in Ägypten; das Internet hat den idealen Marktplatz dafür geschaffen. Fündig wird man in Luxor, Kairo, Alexandria, Hurghada, Sharm el Sheikh und Dahab. Von verbindlichen Anmietungen, ohne die Wohnung gesehen zu haben, muss man aber abraten, will man böse Überraschungen, was Ausstattung und Zustand angeht, vermeiden. In Hurghada und Gouna boomt der Markt mit Kaufwohnungen (im Internet u. a. unter **www.homelidays.com** und **www.ferienwohnungen-4you.de**).

Ecolodges

Urlaub machen im Einklang mit der Natur und nicht auf deren Kosten – der sanfte Tourismus findet am Roten Meer immer mehr Anhänger, die sich für Ökologie interessieren. Sogenannte ›Ecolodges‹ locken dieses Publikum. Wörtlich übersetzt handelt es sich um ein ›Öko-Häuschen‹, soll heißen: Eine Unterkunft, die im Sinne eines ökologischen Tourismus naturschonend gebaut und betrieben wird. Vorbild sind Lodges, wie sie beispielsweise in Südafrika zu finden sind. ›Ecolodge‹ ist aber kein Ökosiegel, sondern ein ungeschütztes Etikett für inzwischen auch sehr komfortable Unterkünfte.

Der Missbrauch des Begriffs führt andererseits ab und an auch dazu, dass sich der Besucher in einer Ecolodge wieder findet, die man sonst als schlichtes Hüttencamp oder Matratzenlager bezeichnet würde.

Ein Pionier des Ökotourismus, bevor es den Begriff gab, ist der ägyptische Ingenieur Sherif Ghamrawy, Absolvent der Deutschen Evangelischen Schule Kairo. Nördlich von Nuweiba gründete er in den 1980er-Jahren das **Basata Camp** (s. S. 208), eine Urlaubsoase an einer bezaubernden Bucht.

Hier wohnt man direkt am Strand, sauber und ruhig, in komplett aus Naturmaterialien gebauten Hütten und Lehmbungalows. Kein TV und keine Disco trüben die stille Wüstenromantik. Alkohol wird nicht ausgeschenkt, ist aber auch nicht verboten. Zu essen gibt es frischen Fisch und vegetarische Gerichte; in der durchgehend geöffneten Küche kann man auch selbst kochen. Die Gäste trennen ihren Müll selbst; die Anlage dafür hat Sherif selbst gebaut.

Basata ist ein Camp mit WG-Gefühl. Doch auch dem gehobenen Touristen bieten sich Möglichkeiten zu umweltschonendem Urlaub an. Die Idee Basatas griff als eines der ersten Top-Hotels in den 1990er-Jahren das **Mövenpick Quseir Sirena Hotel** (s. S. 166) auf, ein Luxusidyll für Ruhesuchende. Ein besonderes Anliegen des Managements war von Anbeginn der Schutz der Umwelt, besonders der Korallen und des Meeres. Nur in stark begrenzter Zahl (maximal 120 Taucher gleichzeitig, 20 Tauchgänge pro Tag) sind Diver an der Qadima-Bucht zugelassen. An den Riffen wacht man unermüdlich darüber, dass keine Korallen zerstört oder geplündert werden.

Vorbildliche Ecolodges sind auch die Tauchercamps von **Red Sea Diving Safari** (Shagra Village, Nakari Village, Wadi Lahami) nahe **Marsa Alam** (s. S. 167). Alles ist schlicht: Das Wasser für

das abendliche Duschen wird morgens zum Erwärmen an die Sonne gestellt; die Hütten und Bungalows sind einfach. Willkommen ist der aktive Tauchgast, der bei Gelegenheit auch wissenschaftlich angehauchte Exkursionen und Umwelt-Workshops mitzumachen eingeladen ist. »Mein Ziel ist es«, sagt Hossam Helmi, Besitzer von Red Sea Diving Safari, Rechtsanwalt und Umweltaktivist, „»dass unsere Ecolodges Vorbildfunktion haben und das Bewusstsein nicht nur unserer Touristen, sondern auch das von Tourismusplanern ändern.«

Essen und Trinken

Die ägyptische Küche

Üppig zu essen gehört zu den Lieblingsbeschäftigungen der Ägypter, zumindest derjenigen, die es sich leisten können. Viele Speisen, von denen hier die Rede sein wird, zählen für den Großteil der ägyptischen Bevölkerung zu den unerschwinglichen Köstlichkeiten, die man sich allenfalls zu hohen islamischen Festen gönnen kann.

In Ägypten hat sich eine Küche entwickelt, bei der man Fleisch nicht selten vergisst. Viele dieser vegetarischen Gerichte auf Gemüse- und Getreidebasis serviert man in Restaurants als *mezze*, kleine orientalische Vorspeisen. Zu den gerne verwendeten Gewürzen zählen Sesam, Safran und Kreuzkümmel (Kumin), der ganz anders schmeckt als der uns bekannte europäische Kümmel.

Vorspeisen (mezze)

Die *mezze*, auf kleinen Tellern servierte Vorspeisen, erinnern an die spanischen Tapas – es handelt sich um variantenreiche, meist kalte oder nur laue

warme Salate, Schmorgerichte oder Pasten, die bei traditionellen Festessen in großer Vielfalt aufgetragen und gemeinsam verspeist werden. Nach Landessitte dürfen Sie sie mit dem *aish baladi*, dem Fladenbrot, auftunken. Wenn Ihnen die Portionen klein vorkommen mögen – sie enthalten reichlich sättigendes Öl. Oft wird eine Auswahl dieser Vorspeisen den Hauptgang völlig überflüssig machen.

Beliebte Standardgerichte unter den Mezze sind *ful* (Bohnenbrei) und *ta'amiya* (Gemüsefrikadellen), die für einen Großteil der armen Ägypter das tägliche Frühstück und wichtigste Hauptmahlzeit darstellen. Günstig, schmackhaft und sättigend sind auch das Auberginenmus *baba ghanugh*, die Sesamcreme *tehina* oder *hummus*, ein Kichererbsenmus. Manches erinnert an die griechische Küche, z. B. *wara enab*, mit Reis gefüllte Weinblätter, oder an die türkische, z. B. *tabulah*, ein Bauernsalat aus Tomaten, Gurken und Petersilie. Der *salatet zabadi* aus dickem Joghurt und Gurken schließlich hat gemeinsame Wurzeln mit Zaziki.

Reiseinfos

Vegetarische Hauptspeisen

Der Gaumenschmaus setzt sich bei den vegetarischen Hauptgerichten fort: Besondere Köstlichkeiten sind *bamya*, Okraschoten mit Tomatensauce und Knoblauch, dazu Reis, oder *kushari*, ein Reis-Linsen-Nudel-Gericht, serviert mit gebratenen Zwiebeln und auf Wunsch mit einer scharfen, knoblauchhaltigen Chilisauce *(shatta)* abgerundet. Vielgeliebt und vielgehasst ist *moluchiya*, eine Suppe mit schleimigem, spinatartigem Gemüse. Eine Art Gemüseeintopf – teils mit Fleischstückchen – ist *lahma bi khudar*.

Hauptspeisen mit Fleisch

Fleisch von Rind, Huhn und Lamm kommt meist gegrillt auf den Teller, und es ist sicher frischer, als der Reisende das von zu Hause gewohnt ist. Zwischen Schlachtung und Verarbeitung vergehen meist nur Stunden.

Die Fleischküche ist nicht sehr fantasievoll, das meiste wird nur auf dem offenen Feuer oder im Ofenrohr gebrutzelt, z. B. *kebab*, am Spieß gegrilltes Lamm (*lahma dani*; Tier: *kharuf*) oder Rind (*lahma kanduz*; Tier: *gamus*) oder die allgemein beliebten *kufta*, gegrillte Hackfleischbällchen. Delikatessen sind, gegrillt oder gefüllt, Täubchen *(hamama)* und Wachtel *(semman)*; auch Ente *(batta)* findet man häufiger. Ausgezeichnet schmeckt *shawerma*, das ägyptische Gyros aus Rind, Huhn oder Lamm, das man als Tellergericht, meist aber mit *tehina*-Sauce in Fladenbrot gerollt bekommt.

Tabu ist Schweinefleisch. Muslimen gelten Schweine als unrein, weil sie Abfall fressen. Nicht gegessen wird blutiges Fleisch sowie das Fleisch von Tieren, die nicht durch Schächtung starben (weshalb es in islamischen Ländern auch keine Freibanken gibt). Den christlichen Kopten ist Schweinefleisch erlaubt. Da es aber nicht auf Trichinen und ähnliche Fleischparasiten untersucht wird, verzichtet man besser darauf. Muss man also zwar auf Schinken verzichten, gibt es doch mit *basterma* eine Art Rauchfleisch im Gewürzmantel aus luftgetrocknetem Rind- oder Kamelfleisch.

Fisch und Meeresfrüchte

Mehr kulinarische Freuden bietet die Fischküche des Mittelmeeres und des Roten Meeres, die Barrakudas, Tintenfische, Krabben, Garnelen und Hummer kennt und je nach Küstenregion verschieden zubereitet wird. Eine Spezialität findet man an der Mittelmeerküste: den stark gepökelten *fesich*, einen Fisch, der entsetzlich riechen mag, auf der Zunge aber zergeht wie Anchovis. Da das Rote Meer völlig überfischt ist, sind Hummer, Thunfisch und Hai von der Speisekarte so gut wie verschwunden.

Kamelfleisch

Eine typische Arme-Leute-Speise stellt Kamelfleisch (*lahm gamali*; *gamal*: Kamel) dar. Junge Bullen, wie sie in den Golfstaaten verzehrt werden, mögen zwar wie Hirschmedaillons schmecken, aber das Fleisch der in Ägypten geschlachteten alten Arbeitskamele ist zäh und so geruchs- und geschmacksintensiv, dass es nur mit vielen Nudeln oder viel Reis und stark mit Knoblauch gewürzt genießbar wird. Die Ausnahme folgt gleich hier: Dass es auch geschmacklich fein und wohl zubereitet geht, beweist der deutsche Koch Thomas Bordiehn in seinem Lokal in Hurghada, wo es z. B. Kamelfleisch mit Spätzle gibt (s. S. 146).

Dessert

Kalorien hin, Kalorien her, die Nachspeisen sollten Sie unbedingt probieren: *bakhlava*, in Blätterteig gefüllte gemahlene Nüsse mit Honigsirup ge-

Reiseinfos

Gemüse, Fisch und Fleisch: Die ägyptische Küche ist viefältig und schmackhaft

tränkt, oder *basbusa,* ein Honigkuchen mit Nüssen, oder auch *mehalabeya,* Reispudding mit Rosenöl, sind die Klassiker. Lecker ist auch *ruz bil laban,* Milchreis mit einem Schuss Rosenöl. Wer mit seinem Hunger nicht schon bei der Hauptspeise auf der Strecke blieb, sollte auch *umm Ali* probieren, übersetzt ›Alis Mutter‹. Das ist ein warm serviertes, überbackenes Milch-Brot-Gemisch mit Nüssen und Rosinen.

Getränke

Wasser und Softdrinks

Verzichten Sie in Ägypten darauf, Leitungswasser – auch gechlortes – zu trinken. Stilles und auch kohlensäurehaltiges Mineralwasser einheimischer wie ausländischer Marken (u. a. Safi, Baraka, Siwa, Oasis) und die internationalen Softdrinks bekommt man überall.

Eine Besonderheit gibt es zum *Iftar* im Ramadan, der ersten Mahlzeit des Tages nach Sonnenuntergang. Es beginnt traditionell mit *amaredin,* einem sirupdicken Aprikosensaft. Frische Fruchtsäfte gibt es an jeder Straßenecke, je nach Saison Mango, Karotte, Zuckerrohr, Orange, Banane oder Guave. Eigenwillig schmecken *tamr hendi,* ein süßsäuerlicher Saft aus Tamarinden, der lakritzeähnliche *erq sus* sowie Zuckerrohrsaft *assier assab.* Sie werden von fliegenden Händlern und Saftbars angeboten. Häufig findet man auch *sahlab,* einen warm servierten Milchmix mit Nüssen.

Kaffee und Tee

An jeder Ecke bekommt man Tee und Kaffee. Jedes Amt, jedes Büro, jede Firma hat in Ägypten mindestens einen Mann, der einzig und alleine für die Tee- und Kaffeezubreitung verantwortlich ist. Nationalgetränke sind *shai* (Tee), der besonders bekömmlich mit einem Zweig frischer Minze *(shai bel nea'na)* schmeckt, und *ahwa* (Kaffee), der dem europäischen Gaumen als *ahwa mazbut,* als mittelsüßer ›türkischer‹ Kaffee mundet. Er wird, so verlangt es die Tradition, heiß wie die Hölle und schwarz wie die Sünde serviert – und schmeckt himmlisch. Als Teesorten sind auch beliebt Süßholz-

Reiseinfos

wurzeltee, Tamarinde, Bockshornklee und Dompalme.

Wein

Trotz des islamischen Alkoholverbots ist die Weinbautradition aus pharaonischen Zeiten erhalten. Im Nildelta mühen sich Winzer um brauchbare Produkte. In der Tat sind Fortschritte in Geschmack und Qualität festzustellen. Um die 50 LE zahlt man in Restaurants für die Flasche roten *Omar Khayam*, den Rosé *Rubis d'Égypt* und die Weißweine *Cru des Ptolemées* und *Gianaclis*. Besser bedient ist man mit dem neuen Wein *Obélisque* (rot, weiß und rosé). Der Preis pro Flasche variiert, in den Restaurants liegt er zwischen 40–80 LE. Für den *Obélisque* wird, um die Alkoholsteuer zu vermeiden, unvergorener Most aus Italien und/oder Frankreich importiert und dann in der Kellerei von El Gouna vergoren.

Bier und Hochprozentiges

Für Freunde von Bier gibt es – jedenfalls dort, wo Alkohol überhaupt ausgeschenkt wird – die ägyptischen Biere Stella Local, Meister, Stella Premium und Sakkara Gold, neuerdings auch ein »Luxor Weizen«. Viele Hotels führen auch europäische Importbiere, meist Heineken, Carlsberg, manche Bitburger und australisches Foster's.

Shisharauchen im oder vor dem Kaffeehaus – auch für Touristinnen ein Genuss

Reiseinfos

Gin, Whisky, Rum und Wodka gibt es jeweils in importierter und billigerer heimischer Abfüllung, die geschmacklich weit hinter den teureren Importmarken zurückbleiben. Probieren sollten Sie den Anisschnaps Arak, wenn er aus Jordanien, Syrien oder dem Libanon stammt.

Wasserpfeife

In der arabischen Sprache wird die Wasserpfeife (shisha) nicht geraucht, sondern getrunken. Beliebt ist parfümierter Tabak mit u. a. Apfel-, Honig-, Erdbeer- oder Himbeergeschmack. Die shisha rundet ein gutes ägyptisches Essen ab. Sogar ansonsten überzeugte Nichtraucher sind häufig Freunde der shisha, deren Duft passives Rauchen zum Vergnügen macht. Man sagt ihr anregende und verdauungsfördernde Wirkung nach. Wichtig für Anfänger: Rauchen Sie nicht auf Lunge, ziehen Sie vorsichtig und wundern Sie sich nicht, wenn der Kellner die shisha mit einem eigenen Mundstück für Sie am Tisch zum Glimmen bringt.

Ägyptische Lokale

Die klassische Bar- und Kneipenkultur, wie man sie insbesondere aus Europa gewöhnt ist, ist aufgrund des Alkoholverbots für Muslime in Ägypten nicht sehr ausgeprägt und beschränkt sich zum großen Teil auf die Bars in den einzelnen Hotels. Von einer nennenswerten Szene kann man in Kairo, in kleinem Umfang in Alexandria, und in ausgeprägter Form in Sharm el Sheikh, El Gouna und Hurghada sprechen.

Kaffeehäuser

Eine besondere Institution der Männerwelt sind im gesamten arabischen Raum die Kaffeehäuser. Während sie für einheimische Frauen tabu sind, sind Touristinnen hingegen akzeptiert bis willkommen. Im Kaffeehaus sieht man die Männer tratschen oder versunken Backgammon spielen, das in Ägypten taula heißt, dazu Tee mit Minze (shai bel nea'na) oder süßen türkischen Kaffee (ahwa mazbut) trinken und genüsslich an der Wasserpfeife mit Apfelgeschmack (shisha tofa'a) ziehen.

Das klassische Kaffeehaus um die Ecke, früher ein nach Zünften getrennter Treffpunkt, ist bis heute Dreh- und Angelpunkt des sozialen Lebens der Männer. Das Café ist Nachrichten- und Gerüchtebörse – arabische Regenten platzierten seit jeher Spitzel in Cafés, um des Volkes wahre Meinung zu erfahren. In abgelegenen Dörfern fungiert das Café heute als gemeinsames Auge in die weite Welt, seit es Satellitenschüsseln gibt. In vielen Dörfern mag es selten Strom und keinen Fernseher geben, aber wenn, dann steht dieser sicher in einem Kaffeehaus, und für einen Zuschlag von 1 LE wird hier geschaut.

In den vornehmeren Cafés – wie in Kairos Café Riche oder Alexandrias Pastroudis – gilt dagegen eher das Gebot der Ruhe. Intellektuelle trifft man hier und viele Touristen, die gerne ägyptische Intellektuelle beim Denken und Diskutieren sehen würden – weswegen viele Intellektuelle kleine versteckte Kaffeehäuser vorziehen. Davon gibt es in Kairo Zehntausende.

Kaffee ist im Orient ein besonderes Gebräu. Die Legende sagt, dem todkranken Propheten Mohammed sei der Engel Gabriel mit einer Schale dampfender, dunkler Flüssigkeit erschienen, durch die der Prophet rasch gesundete und den Aufbau des islamischen Reiches beginnen konnte. Und der Heilkundige Ibn Sina erwähnte im 11. Jh. erstmals ein Heilmittel namens Bunchum, woraus sich die Bezeichnung Bunc für Kaffeeanbau und

Reiseinfos

Kaffeebohne ableiten soll. 1517 übernahmen die Türken die Herrschaft und sorgten für die Verbreitung des Kaffeegetränkes und der osmanischen Kaffeekultur.

Ägypter trinken einen starken schwarzen, dem Espresso ähnlichen Kaffee; seltener den nach Art der Arabischen Halbinsel. Dort wird die geröstete Bohne in Wasser aufgekocht und mit Kardamom und oft Rosenwasser aromatisiert. Weit verbreitet ist in Ägypten auch der als irgendwie schick angesehene Nescafé – vor allem als Frappé, kalt aufgeschüttet und mit Eis serviert, ist er bei der Jugend beliebt.

Restaurants

Gute Restaurants, die nicht zu einem Hotel gehören, sind vor allem in den Touristenregionen eher selten zu finden. Wo es sie aber gibt, wird internationale Küche in einem breiten Spektrum von Sushi bis zur gerillten Haxe serviert. In vielen dieser höherklassigen Gasthäuser wird auch Alkohol serviert. In Schnellimbissen oder einfachen Lokalen sind alkoholische Getränke, selbst Bier, in der Regel tabu. Allenfalls wird mal heimlich Arakschnaps aus der Teekanne in Tassen serviert.

Weit verbreitet und beliebt sind in Ägypten die Fast-Food-Ketten von Kentucky Fried Chicken, McDonald's, Pizza Hut, Subway etc. In diesen Lokalen muss man ebenso wenig wie in den höherklassigen Restaurants Bedenken wegen der Hygiene haben.

Anders verhält es sich auf der Straße und auf Märkten. Bei mobilen Imbisswagen und kleinen Garküchen, die etwa Sandwiches mit grünem Salat verkaufen, *ta'amiya* (Gemüsefrikadellen) in Öl ausbacken oder *kushari* verkaufen, sollte man sich zurückhalten. Wer nicht mit einem strapazierbaren Magen gesegnet ist oder einfach nur vorsichtig sein will, unterlässt es dort auch, Getränke aus Gläsern zu nehmen, die oft nur oberflächlich abgewaschen werden. Grundsätzlich sollte man die Globetrotter-Weisheit »Peel it, cook it or forget it« beachten – wobei aber auch vorgekochte Speisen durch langes Warmhalten hygienisch problematisch werden können.

Hotelgastronomie

Die großen Hotels bieten ihren Pauschalurlaubern mehr und mehr ›all inclusive‹ an, wobei man nur noch Import-Drinks bezahlen muss. Diese Versorgung bedeutet allerdings oft, stets und ständig in der Schlange anstehen zu müssen. Speisen gibt es fast ausnahmslos von täglich wechselnden Dinnerbüfetts, die von chinesisch über orientalisch bis zum ›Catch of the day‹ (Fisch) reichen können und dabei meist versuchen, den europäischen Durchschnittsgeschmack zu treffen. Wer aber z. B. wirkliche Fischspezialitäten aus dem Roten Meer nach heimischen Rezepten kosten will, dem sei angeraten, ab und an in einem Restaurant außerhalb des Hotels zu essen.

Beachten Sie den Dresscode. In Hotelrestaurants und auf Nilschiffen wird häufig darauf geachtet – abends zum Dinner meist mehr als mittags zum Lunch –, dass Sie in angemessener Kleidung erscheinen. Flipflops, Jeans, ärmellose Shirts, kurze Hosen können dazu führen, dass Sie abgewiesen werden – man informiere sich also bei der Buchung über die Kleiderordnung.

Essenzeiten

In Ägypten essen viele Familien wegen der Mittagshitze erst gegen 15 oder 16 Uhr zu Mittag; erst am späten Abend nach 21 Uhr folgt dann das Nachtmahl. Restaurants in und außerhalb von Hotels passen sich teils den europäischen Sitten an.

Aktivurlaub, Sport und Wellness

Angeln

Ein Relief in der Unas-Pyramide von Saqqara zeigt einen pharaonischen Fischmarkt samt Händlern mit unverkaufter Ware. Fisch war im alten Ägypten eine wichtigere und leichter zu bekommende Speise als Fleisch – anders als heute. Angelscheine, Sportfischerausbildung und ähnliche Anforderungen zum Zweck der simplen Nahrungsbeschaffung aus dem Meer kennt man in Ägypten nicht.

Golf

In Sharm el Sheikh und Tabe Heights gibt es landschaftlich sehr reizvolle 18-Loch-Golfplätze, die nach Voranmeldung für jedermann zugänglich sind. Exzellent ist auch der Golfplatz bei Safaga (Soma Bay); vorrangig buchbar für Gäste des Sheraton Soma Bay. Eines der schönsten Golf-Hotels ist das Steigenberger Golf Resort El Gouna.
Sharm el Sheikh: Jolie Ville Mövenpick Golf & Resort, Tel. 069 360 32 00.
Taba Heights: Taba Heights Golf Resort, Tel. 069 358 00 73, www.tabaheights.com.
Soma Bay: The Cascades, Tel. 065 354 98 96, Mobil 012 746 95 93.
El Gouna: Steigenberger Golf Resort, Tel. 065 358 01 40, Fax 358 01 49.
Golf- und Fitness-Club: El Gouna, Tel. 065 358 00 07.
Ain Sukhna: The Links, neben Golfhotel Stella di Mare, Tel. 062 325 03 00.
Spezialveranstalter in Ägypten: Star of Egypt, s. S. 21.

Mountainbiking

Früher guckten die Einheimischen verdutzt, wenn sie einen reichen Touristen auf dem Fahrrad, Fortbewegungsmittel der Armen, durch die Bergwelt

Hier wird das Grün aufs Beste gepflegt: im Golfresort in El Gouna

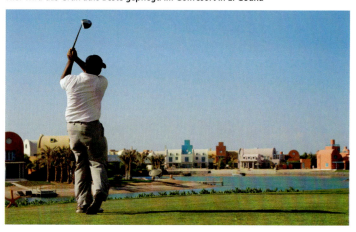

Reiseinfos

des Sinai oder entlang der Rotmeer-Küste strampeln sahen. Heute vermieten fast alle Hotels und viele Privatleute Mountainbikes (ab 10 LE/Std.). Einige Reiseveranstalter bieten auch spezielle Radurlaube auf dem Sinai an.

In 15 Tagen kann man so den Sinai erkunden, unter ökologisch geschulter Leitung. Es gibt Touren für Biker jeden Alters und erfahrene, trainierte Biker. Infos unter www.centre4sinai.com.eg und www.bike-adventure-tours.ch.

Reiten

Als Reiter hat man die Qual der Wahl: Kamel oder Pferd? Mit beiden kann man sich im Sinai zu Touren in die Wüste aufmachen, wobei das beschaulichere und der Landschaft angemessenere Transporttier mit Sicherheit das Kamel ist. Kleine Kameltouren lassen sich auf dem Sinai sogar spontan organisieren, man braucht nur entlang der Straßen eines der Beduinencamps anzusteuern. Ausflüge zu Pferd organisieren Hotels, aber auch Beduinen.

Segeltörns

Das Rote Meer ist eines der ruhigen Reviere. Ungestört und unbeobachtet kann man hier vom Boot aus angeln, an Korallenriffen und Schiffswracks tauchen, an Deck sonnenbaden und die Stille genießen.

Etliche Agenturen vermieten Jachten ab 21 m Länge. Die meisten Schiffe sind sehr luxuriös und mit TV, Videorekorder, Satellitennavigation und moderner Küche ausgestattet. Die All-inclusive-Preise rangieren zwi-

Für Mountainbiker hält der Sinai einige spannende Strecken bereit

Reiseinfos

schen 120 und 400 US-$ pro Person und Nacht.

Informationen in **Kairo** bei Nautilus, Mohamed Safei, 4 Sh. Omar Shaaban, Ard el Golf, Heliopolis, Tel. 02 24 17 65 15; in **Sharm el Sheikh** bei Camel Dive Club, Tel. 069 360 07 00 und in **Hurghada** bei Subex Branch Egypt, Tel. 065 354 75 93.

El Gouna hat zwei Häfen. Mit einer Kapazität von 40 Booten bietet der Abydos-Hafen Wartungsdienstleistungen an. Der Hafen Abu Tig Marina ist der erste Segelhafen am Roten Meer mit Liegeplätzen für 126 Boote, Info: Tel. 065 358 00 73, Fax 358 00 40, info@abutig-marina.com.

Wandern und Trekking

Das heiße Klima in Ägypten regt nicht gerade zu ausgiebigen Wandertouren an – möchte man meinen. Doch der Sinai lockt mit einer bezaubernden Wüsten- und Bergwelt, die man in verschiedenen mehrtägigen Ausflügen erkunden kann. Allerdings darf man hier keine ausgeschilderten und gesicherten Wege erwarten wie in den Alpen. Unternehmen sollte man diese Wanderungen nie ohne beduinische Begleitung, die auch garantiert, dass man die schönsten Touren erlebt.

Auch mit dem Jeep oder auf dem Kamel kann man ein- oder mehrtägige Touren über den Sinai unternehmen. Einige Reiseveranstalter bieten kombinierte Biking- und Trekkingtouren an. Zu neueren Trends gehören Fastenausflüge in die Wüste um das Katharinenkloster (s. S. 241).

Am Roten Meer bieten sich nur wenige Wandertouren an, darunter eine vom Antonius- zum Pauluskloster, die jedoch ohne ortskundigen Führer nicht erlaubt ist.

Wer den Katharinenberg besteigen will oder sonst eine Trekking- oder Mountainbike-Tour in die Wüste unternimmt, muss sich beim **Mountain Tours Office,** Tel. 069 347 04 54, anmelden und einen obligatorischen örtlichen Führer über **Sheikh Mousa,** mobil 010 641 35 75, mitnehmen.

Veranstalter eines umfangreichen **Safari-Programms** (Wüsten- und Oasentouren, Trekking, Biking) bietet u.a. **Adventure Egypt,** Hafez Ibrahim St, Nasr City, Tel. 02 24 15 89 30, mobil 010 668 68 55, Fax 02 415 89 30, www.adventure-egypt.com. Klettertouren in den Bergen, Safaris durch die Wüste (Jeep und Kamel, auch kombiniert) und Wüstenwanderungen, z. B. nahe dem Katharinenkloster, organisiert **Spirit of Sinai,** Tel. 01 05 40 03 22, www.spiritofsinai.de, info@spiritofsinai.de. Reisen sind auch über **diverse Veranstalter** (Wikinger, T'aichi-Reisen, Frauen unterwegs) buchbar, wie auch **Merhaba Wüsten- und Oasenreisen** Andrea Nuss, Utenhof 1, 61279 Grevenwiesbach, Tel./Fax 06083 95 85 34, Mobil 0177 538 74 57, www.wuestenreisen. net.

Wassersport

Wasserski, Ritt auf dem Bananenboot, Jetski, Paragliding, Kitesurfen – jede Art von Vergnügen auf, im und über dem Wasser wird am Roten Meer angeboten. Um mitzumachen, muss man einfach nur an die Stege gehen, von denen aus die diversen Wassersportaktivitäten starten.

(Kite-) Surfen

Hurghada und Dahab sind die Hotspots für die Surfergemeinde. Es weht ein ständig ablandiger Wind, der teilweise so heftig ist, dass Anfänger nicht aufs Meer hinaus dürfen. Surfbretter

Reiseinfos

ab 150 € pro Woche; Anfängerkurse ab 140 €. Wohl eines der schönsten Surfreviere, schwören eingefleischte Surfer, findet sich in unmittelbarer Nähe vor dem **Jasmine Village** im südlichen Hurghada. Auch die breite Bucht von Safaga empfiehlt sich als perfektes Surfrevier.

Kitesurfing ist *die* Trendsportart in Ägypten. El Gouna, nördlich von Hurghada, ist besonders für Anfänger attraktiv, im seichten Wasser kann man stehen, stets weht Wind. Der **Kiteboarding Club** in Mangroovy Beach wird u. a. von einer Österreicherin betrieben. Der Basiskurs (8 Std.) kostet umgerecht ca. 200 €, Brett- und Kiteverleih ca. 70 €/Tag, mehr Infos unter www.kiteboarding-club.de oder Thomas Beckmann, thomas@kiteboardingclub.de.

Am Roten Meer gibt es fast überall hervorragende Surfreviere

Reiseinfos

Wellness

Wellness, wenn man sich und seinem Körper also Gutes tut, ist ein weiter Begriff. Manche Hotels verstehen darunter – nahe am Etikettenschwindel – schon Pool, Sauna und Fitnessraum. Etliche Hotels aber bieten ein echtes Angebot, das körperliches, geistiges und seelisches Wohlbefinden steigert; mit Spas, professionellen Massagen, fundierten Therapien.

In diesem Sinne bietet z. B. in Sharm el Sheikh das **Ritz Carlton** (s. S. 178) Kuren mit Ölbädern à la Kleopatra. Vor der Buchung von Wellness-Hotels gibt sichere Auskunft nur die Hotelbeschreibung in Katalog oder Internet. In El Gouna zu empfehlen: die **Angsana-Spas** (s. S. 132).

Tauchen und Schnorcheln

Die überwältigend schöne Unterwasserwelt des Sinai, soweit sie noch intakt ist, kann man schnorchelnd oder tauchend erkunden; täglich starten von den Hotels in Sharm el Sheikh, Hurghada und Safaga unzählige Boote mit Tausenden Urlaubern zu Tagestouren auf die vorgelagerten Riffe. Da das Rote Meer und die Küsten des Sinai ein beliebtes Tauchgebiet sind, bietet dieses Buch eine Übersicht über die Tauchgründe am Roten Meer und im Golf von Aqaba. Außerdem finden Sie auf S. 48 Informationen zum Wracktauchen, ab S. 43 die ägyptischen Tauchparadiese.

Taucherparadies Rotes Meer

Unter Tauchern ist es eine immerwährende Diskussion: Ist Australiens Great Barrier Reef nun schöner oder sind es die Korallenriffe der Küste des Roten Meeres? Die Tauchreviere zwischen Hurghada, Safaga, den Regionen um Quseir und Marsa Alam gehören mit den Spots des Sinai zu den berühmtesten und schönsten der Welt: The Canyon, Blue Hole, The Tower, Giftun oder Shedwan – viele liegen nahe der Küste. Auch für Wracktaucher haben das Rote Meer, der Golf von Suez und der Golf von Aqaba einiges zu bieten.

Wie auch immer der Streit ›Australien oder Ägypten‹ entschieden wird, falls überhaupt – die Tauchgründe im Roten Meer sind vergleichsweise mühelos erreichbar und zugänglich, während man zum Great Barrier Reef erst einmal eine Stunde ab Küste fliegen muss. Im Roten Meer steigt man vom Strand einfach ins Wasser und taucht

los oder fährt mit dem Boot aufs Meer hinaus, lässt sich Rolle rückwärts vom Schiff ins Meer fallen und sinkt in die farbenprächtige Korallenwelt.

Taucher, die die Karibik und andere tropische Meere kennen, aber das Rote Meer noch nicht, werden sich über die relativ ›kühlen‹ Wassertemperaturen wundern. Im Winter sind 20 °C nicht ungewöhnlich, und selbst im Frühjahr kann ein kühler Wind, der das Wasser nur leicht kräuselt, den Neoprenanzug unentbehrlich machen. Im Sommer dagegen lindert die Brise die an Land schier unerträgliche Hitze.

Zwischen Dahab und Sharm el Sheikh, mit Ras Mohammed als Höhepunkt, liegen die interessantesten Tauchreviere des Sinai. Am Roten Meer gilt Hurghada als überlaufen; relativ neu ist die Region um Marsa Alam und Berenice/Hamata – früher kaum zugänglich, heute mit Clubs und Hotels aller Güte- und Preisklassen.

Die Westküste des Sinai, der Golf von Suez, lohnt im Vergleich dazu keinen Tauchgang, der Küstenstreifen hat sehr unter den Auswirkungen der Ölindustrie gelitten – allerdings liegen in der Straße von Gubal einige lohnende Wracks auf Grund (s. S. 48). Wenig interessant ist auch die Ostküste von Dahab bis Taba; zum Schnorcheln findet man aber genug Riffe und eine vielfältige Fauna.

Gesetzliche Regelungen für Taucher

Dass heute viele Riffe in erbärmlichem Zustand oder zerstört sind, mag zwar an den lange Zeit fehlenden gesetzlichen Vorschriften liegen. Aber das alleine hätte noch keinen Schaden angerichtet, wenn da nicht zahlreiche rücksichtslose Taucher gewesen wären, die ihren Dive damit krönten, Korallenbänke zu plündern; wenn da nicht viele (internationale) Tauchschulen gewesen wären, die bar jeden Umweltbewusstseins um des schnellen Profits willen ihren Schülern und Kunden nicht einmal die Minimalanforderungen ökologischen Bewusstseins beibrachten – Hauptsache, möglichst viele Taucher buchten möglichst viele Bootsexkursionen. Oft wurde nicht einmal nach Tauchscheinen gefragt und Ausrüstung an jeden vermietet, der kam.

Das war einmal. Ohne Tauchschein bekommt man heute nirgends mehr eine Ausrüstung geliehen. Ohne Check Dive geht ebenfalls so gut wie nichts. Jede gute Tauchschule lehrt heute ökologisch richtiges Verhalten, was noch lange nicht heißt, dass sich nicht noch immer zu viele Vandalen in Neopren am Roten Meer tummeln.

Ägypten hat mit dem Gesetz 102 einige Tauchvorschriften erlassen, für deren Einhaltung bei organisierten Trips die Tauchschulen und die Kapitäne der Boote verantwortlich sind:
• Harpunen dürfen weder mitgeführt noch benutzt werden.
• Das Berühren von Korallen, Muscheln und sonstigen Meeresorganismen ist verboten.
• Aus dem Meer darf nichts mitgenommen werden, weder Korallen, Muscheln, Pflanzen noch Fossilien oder tote Fische.
• Essensreste u. ä. dürfen nicht ins Meer geworfen werden; auch das Füttern von Fischen ist untersagt.
• Wer mutwillig Korallenbänke beschädigt, kann für den Schaden in unbegrenzter Höhe haftbar gemacht werden; bei schweren Verstößen drohen zudem hohe Geldstrafen. Mehr und mehr sind es auch die Taucher

selbst, die unter Wasser für Ordnung sorgen und Korallenräuber mit einem kräftigen Zug an der Tauchermaske zum umweltfreundlichen Aufstieg zwingen.

Gefahren im Wasser

Über Hai-Attacken auf Schwimmer und Schnorchler wird ab und an berichtet, Angriffe auf Taucher sind seltener. Die gefährlichen Tiger-, Mako- und Weißspitzen-Haie kommen in der Regel nur auf hoher See vor, nicht aber in Küstennähe. Ungefährlich sind der

---

Allgemeine Infos zum Tauchen
PADI-Netzwerk Deutschland, Tel. 0621 777 36 777, www. dive-travel.net.

Infos zum Tauchen im Internet
www.tauchbasen.divers-travel-guide.com: Datenbank zu Tauchbasen weltweit.
www.tauchtwas.net: Infos zum Tauchen in Hurghada und am Roten Meer.
www.hurghada.com: u. a. Infos zum Tauchen in Hurghada.
www.sinaidivers.com: Tauchen auf dem Sinai und in Hurghada; Infos zu Tauchsafaris und Tauchbasen.

Tauchkurs-Kosten in Ägypten
Anfängerkurse *(open water licence)* kosten inkl. Ausrüstung ab umgerechnet 230 € für fünf Tage. Für den 8-tägigen Dive-Master-Kurs mit Diplom muss man rund 430 € veranschlagen. Die Miete für die Ausrüstung schlägt mit ca. 26 € aufwärts pro Tag zu Buche. Ein Tauchtag auf dem Boot (zwei Tauchgänge) kostet ab 40 US-$ (Check-Dive ab 35 US-$). Die Schnorchelausrüstung (Brille und Flossen) ab 10 US-$ pro Tag.

Reiseinfos

Weißspitzen-Riffhai und der Graue Riffhai, denen man als Taucher gelegentlich begegnen kann. Unangenehme Begegnungen mit beißenden Muränen lassen sich vermeiden, indem man erstens nicht zu nah an dunklen Höhlen und Spalten vorbeitaucht und zweitens keinesfalls hineinfasst. Keiner der im Roten Meer vorkommenden Giftfische gilt als aggressiv. Stachelrochen, Skorpion-, Stein- und Rotfeuerfisch stechen nur, wenn man sie berührt oder auf sie tritt, was in Strandnähe passieren kann. Tödlich kann sich lediglich das Gift des Steinfisches auswirken; alle anderen verursachen heftige Schmerzen, die häufig einen Schock nach sich ziehen und auf der Stelle von einem Arzt behandelt werden müssen.

In Ägypten gibt es nichts, was dem deutschen TÜV auch nur annähernd gleichzusetzen wäre. Es liegt also ohne jede Kontrolle von außen einzig an den Tauchschulen, wie sie ihr Leih-Equipment, vor allem die Sauerstoff-Flaschen, warten, wo sie das tun – und wie oft. Dagegen kann man als Taucher nichts anderes unternehmen, als sein eigenes Equipment mitzubringen. Bei Tauchschulen mit Dumpingpreisen kann man aber davon ausgehen, dass am ehesten an der Wartung und am Material gespart wird. In Tauchzeitschriften und auf Taucherforen im Internet erfährt man Aktuelles zur (Un-)Sicherheit von Tauchbasen.

Das Rote Meer ist mitunter unberechenbar, was Strömungen und ihre tatsächliche, nicht gefühlte Geschwindigkeit angeht. Warnungen des Tauchlehrers oder auch des Bootskapitäns zu ignorieren, kann daher lebensgefährlich sein. Jährlich verschwinden gut ein Dutzend Taucher spurlos im Roten Meer.

Die meisten Unfälle passieren nicht Anfängern, sondern erfahrenen Leuten mit zig Tauchgängen, die sich zu riskanten Abstiegen hinreißen lassen. ›Wollt ihr tauchen oder tanzen?‹, warb eine Tauchschule aus Hurghada in einer umstrittenen Anzeigenserie in Taucherzeitschriften.

Viele empfanden diese Art der Reklame als Einladung zu waghalsigen Abenteuern in Tiefen, wo es zwar nichts mehr zu sehen, aber dafür den Rausch der Tiefe zu erleben gibt. Etliche Taucherleichen wurden in den vergangenen Jahren, wenn man sie über-

Reiseinfos

haupt fand, in 70–90 m Tiefe schwebend geborgen.

Und nicht zuletzt: Unfälle jeder Art sind in Ägypten doppelt gefährlich: Ein funktionierendes Notarztsystem gibt es nicht, ebensowenig eine auch nur annähernd flächendeckende Versorgung mit Kliniken, die für alle Fälle mit kompetentem Personal und dem nötigen Hightech-Gerät ausgerüstet wären. Dekompressionskammern gibt es in Sharm el Sheikh, Dahab, Hurghada, El Gouna, Marsa Alam.

Als gute Tauchversicherung gilt das Produkt des »Diver Alert Network« (DAN), www.daneurope.org.

Tauchgründe am Roten Meer

Hurghada

Abu Ramada: 1 Std. Bootsfahrt, bis 40 m tief, fischreiches, felsiges Riff.
Sha'ab Abu Ramada: 1 Std. Bootsfahrt, 3 km südwestlich Abu Ramada, das fla-

Farbenprächtige Unterwasserwelten beeindrucken im Roten Meer

Reiseinfos

Taucher in der Makadi Bay bei Hurghada

che, in einem Gang zu umtauchende Riff wird seines Fischreichtums wegen auch ›Aquarium‹ genannt, viele Weichkorallen an der Ostseite.

Giftun Island: Anfahrt 1 Std., die Ostseite der Insel ist gut für Strömungstauchen.

Careless Reef: 5 km nördlich von Giftun (von Hurghada gut 1 Std. Anfahrt), bei Fotografen sehr beliebter Tauchplatz, kein Schutz vor Wind und Strömung, reicher und farbenprächtiger Korallenwuchs.

Sha'ab Rur Reef: Anfahrt gut 1 Std., zwischen Careless Reef und Sha'ab Um Qamar Reef (s. u.) gelegen, nicht sehr interessant, auf 25 m liegt ein kleines gesunkenes Schiff.

Sha'ab Um Qamar Reef: Anfahrt 1,5 Std., kleine Insel (350 m lang) mit Leuchtfeuer, 9 km nördl. von Giftun Island, beliebtestes, weil wind- und strömungsgeschütztes Gebiet im Südwesten der Insel, Abstieg gegenüber dem Leuchtfeuer bis 35 m, dichter Bewuchs mit Weichkorallen, ideal für Fotogra-

Reiseinfos

has und so berühmte Wracks wie die im Zweiten Weltkrieg von einem deutschen Bomber versenkte britische Thistlegorm (s. S. 162).

Safaga
Abu Soma Reef: Anfahrt knapp 1 Std., wegen häufig starker Strömungen kein Tauchrevier für Anfänger; 32 m tief, herrlicher Korallenwuchs.
Sha'ab Tobia Arba'a Reef: Anfahrt knapp 1 Std., 15 m tief, aus dem Seeboden wachsen vier wunderbar bewachsene Korallentürme an die Oberfläche, ideal für Fotografen; gut für Anfänger geeignet.
Tobia Kebir Reef: Anfahrt knapp 1 Std., vier kleinere Riffe, ein mittelmäßig interessanter Tauchgang bis 10 m Tiefe.
Sha'ab Tobia Soraja Reef: Anfahrt knapp 1 Std., recht eng beieinanderliegende Riffe, nicht sehr schwieriger Tunnel.
Gamel Soraja: Anfahrt knapp 1 Std., schön zu betauchen ist das Außenriff, sehr fischreiches Revier.
Gamel Kebir: Anfahrt knapp 1 Std., bis 15 m tief, sehr schönes 400 m langes Riff; Vorsicht vor starken Strömungen.
Tobia Island: Anfahrt gut 45 Min., bis auf 23 m fällt das direkt vor der Insel liegende, sehr schöne Riff ab.
Panorama Reef: Anfahrt gut 1,5 Std., eines von Safagas aufregendsten Riffen mit Steilabfällen bis an die 200 m, vielen Höhlen und Überhängen; strömungsbedingt manchmal sehr schwierig.
Abu Kafan Reef: Anfahrt gut 2 Std., das Juwel unter Safagas Riffen, Steilabfälle bis zu 80 m, reich an Fischen und schönen Korallen, mitunter sehr schwierige Strömungen.

Marsa Alam
Elphinstone Reef/Sha'ab Abu Hamra: ca. 23 km nördlich von Marsa Alam, 700 m langes Riff, fällt an der Ost- und

fen ist die St. Peter's Cave, eine fischreiche Höhle mit schwarzen Korallen.
Shab el Erg Reef: Anfahrt 2 Std., kein aufregendes Riff.
Shedwan Island: je nach Wetter bis zu 4 Std. Anfahrt, die strategisch wichtige Insel ist militärisches Sperrgebiet und darf nicht betreten werden, wegen der Strömungen ein kompliziertes Gebiet, nicht sehr interessante Riffe. Rund um Shedwan gibt es allerdings ein paar gute Tauchplätze, darunter das als Schiffsfriedhof berühmte Riff Abu Nu-

45

Reiseinfos

Westseite erst 40 m, dann über 100 m ab. Fischreicher ist die Südseite, ab und an trifft man Barrakudas und verschiedene Haiarten.

Sha'ab Sharm: ca. 33 km südlich von Marsa Alam, 200 m langes, ca. 50 m breites Riff, 30–100 m Abfall, starke Strömungen ostseitig; besucht von Delfinen, Hammerhaien, Barrakudas und Schildkröten.

Abu Dabba'ab Süd/West: ca. 29 km nördlich von Marsa Alam. Die beiden Riffe sind besonders nachts interessant: Hier tummeln sich Rotfeuerfische und Streifengarnelen.

Berenice

Sha'ab Malahi: nahe Kap Ras Banas – wild zerklüftete Riffe, Canyons, Höhlen – ist per Boot (im Tauchcenter erfragen) in 1,5 Std. zu erreichen.

Tauchgründe vor der Küste des Sinai

Sharm el Sheikh

Da die meisten Tauchplätze in Ägypten englische Namen tragen, die auch den Einheimischen bekannt sind, verzichten wir hier auf die jeweiligen deutschen Namen.

Jackson Reef: Sharm el Sheikh, 1 km von der Tiran-Insel, Südseite ideal zum Abstieg; durchschnittliche Tiefe 25 m, wegen des farbenprächtigen Korallenwuchses ideal für Fotografen.

Woodhouse Reef & Thomas Reef: Sharm el Sheikh, Ostseite steil abfallend, in 35 m Tiefe befindet sich ein zweites Riff, der tiefe Canyon ist nicht betauchbar, gefährliche Strömungen – ganz besonders an der Nordseite.

Gordon Reef: Sharm el Sheikh, starke Strömungen, Ostseite auf 15 m bevorzugter Startplatz, fischreiche Kante.

Ras Nasrani: 9 km nördlich Naama Bay erreichbar über die Piste nördlich von Sharm el Sheikhs Flughafen, 10–15 m flacher Tauchgrund, Riffabfall 60 m, gut geeignet für Nachttauchgänge, sehr gut geeignet auch für Anfänger und Schnorchler.

Shark Bay: 5 km nördlich Naama Bay, vom Strand erreichbar, 45 m tief, schnell steil abfallendes Riff, ab und an werden hier Haie und Mantas gesichtet.

The Gardens: nördlich Naama Bay, ältestes Tauchgebiet, Paradies für Fotografen, bis 45 m tief, sehr schöne Korallen.

The Tower: 3 km südlich Naama Bay, am besten von Land zugänglich, mit leichtem Einstieg, steil bis 80 m abfallender Canyon.

Ras um Sid und The Temple: Sharm el Maya, von Land zugänglich, starke Strömung, 25 m tief; 1 km westlich des Ras liegt in der Mitte der Bucht der berühmte The Temple (Bootsanfahrt), umgeben von anderen Korallenformationen, viele Riff-Fische, Weichkorallen, Korallenturm auf 15 m.

Ras Mohammed

Shark Observatory Bay: Das Juwel von Ras Mohammed, zugänglich von Land und vom Boot aus, Steilabfall bis 70 m, Barrakudas, Trompetenfische, Napoleonfische sind zu sehen, Haie lassen sich nur noch gelegentlich blicken.

Shark Reef und Yolanda Reef: aus dem sandigen Meerboden wachsen die Riffe bis zu 30 m hoch, vielbesucht, aber wegen der starken Strömung auf keinen Fall für Anfänger geeignet.

Fisherman's Bank (Jackfish Alley): 1,7 km nördlich des Ras-Mohammed-Cliffs, Zugang von Land bei unruhiger See schwierig, sehr schöner Tauchplatz für Geübte.

Eel Garden: leicht von Land aus zugänglich, bis 15 m, Sandboden, das Riff gleicht der Unterwasserfortsetzung eines mächtigen Wadis.

Reiseinfos

The Qay: leicht erreichbar, überbordender Reichtum an Korallen, Fischen, auch Seeschildkröten; mineralhaltiges, mit Sand vermischtes Wasser entströmt einer warmen Quelle im Riffdach und behindert die Sicht.

Sha'ab Mahmoud: Die nach Süden offene Lagune erstreckt sich über 12 x 5 km westlich von Ras Mohammed. Boote können hier schwer ankern; manche Plätze sind nur per Dingi zu erreichen.

The Alternatives: 15 Riffe befinden sich hier auf einer Länge von 1,8 km, eine Alternative, wenn unruhige See und Strömungen in der Umgebung das Tauchen erschweren, gut geeignet für Nachttauchgänge, besonders interessant am westlichen Ende des Riffs: die Stingray Station, ein dreizüngiges Riff, wo man auch Leopardenhaie sieht.

North Passage: wegen des unberechenbaren Windes und der Strömungen nicht ungefährliches Gebiet, bei ruhiger See ein fantastischer Nachttauchgang.

Small Passage: 7 km südöstlich der North Passage, starke Strömung aufs Meer hinaus. 4–7 m tief, zum Sandboden am Rand 5–12 m.

Dahab

The Canyon: 4 km nördlich von Dahab gelegen, das Riff bildet eine große Lagune, mittelschwere bis sehr anspruchsvolle Tauchgänge; der betauchbare Canyon beginnt bei 15 m und ist an einigen Stellen so schmal, dass man

Wer die Tiefen des Meeres scheut, entdeckt die Unterwasserwelt beim Schnorcheln

Reiseinfos

nicht auftauchen kann, der Canyon endet in 49 m Tiefe.

Blue Hole: 2 km nördlich von The Canyon, der bekannteste und auch gefährlichste Tauchspot des Sinai: ein Krater, der sich im Riff öffnet und lotrecht bis auf 80 m abfällt; Ausgang in 60 m durch eine bogenähnliche Passage.

The Lighthouse: südlich und nordöstlich des Dahab-Leuchtfeuers an der Bucht, leichter Einstieg, steile Korallenwände bis 30 m.

Southern Oasis und The Caves: guter Platz für Anfänger, die üben wollen.

Wracktauchen

The Dunraven: Das Dampfsegelschiff (Zweimaster, 90 m lang) lief auf dem Weg vom Bombay nach Newcastle auf das Riff. 1978 wurde der Frachter auf 28 m Tiefe entdeckt und ist ein sehr beliebter Tauchspot, im Wrack braucht man gutes Licht, Zugang durch den Maschinenraum in der Mitte; nur per Boot (1,5 Std. von Ras Mohammed) zu erreichen.

SS Maiden: 2003 wurde dieser Stahldampfer (152,4 m lang; Stapellauf 1902) entdeckt, der 1923 auf dem Weg von Calcutta nach Europa auf ein Riff gelaufen und gesunken war. Bei Rocky Island im südlichen Roten Meer wurde das Wrack durch Zufall entdeckt, kaum beschädigt, dicht von Korallen umwachsen.

Wrack Chrisoula K.: 1981 lief der 108 m lange Frachter von Italien nach Saudi-Arabien, beladen mit Fliesen, bei voller Fahrt auf das Riff. Das Heck kann man mit gutem Licht betauchen.

Wrack Giannis D.: Der griechische Frachter (99 m) lief am 1983 auf das Riff von Abu Nuhas auf. Das Schiff brach entzwei, sank: Nur der Bug ragt noch aus dem 31 m tiefen Wasser. Für

Wrackexkursionen benötigt man gutes Licht. Achtung: Es gibt gefährliche Strömungen.

Wrack Carnatic: Am 13. September 1869 lief der britische Passagierdampfer auf dem Weg nach Bombay auf das Riff. Da er scheinbar ohne große Beschädigungen blieb, das Wetter mild und die See ruhig waren, beschlossen Crew und 240 Passagiere, auf dem Schiff auf Hilfe zu warten. Doch in der Nacht brach die Carnatic plötzlich entzwei: 27 Menschen ertranken. Über Monate zog das Schiff, das Gold und andere Schätze geladen hatte, Abenteurer und Schatzsucher an. Die Überreste der in drei Teile gebrochenen Carnatic sind sehr eindrucksvoll.

Thistlegorm u. Salem Express: s. S. 162.

Videos im Internet

Von vielen Wracks kann man sich über das Internet einen guten Eindruck verschaffen. Auf www.myvideo.de und www.youtube.com stellen filmbegeisterte Taucher ihre Videos von der Thistlegorm und anderen Wracks ins Netz. Vor Ort in den Badeorten kann man die Tauchausflüge zu den Wracks bei fast allen Tauchschulen buchen.

Literatur für Taucher und Schnorchler

Debelius, H.: Unterwasserführer Rotes Meer: Fische. Über 200 Fischarten bestimmt man mit diesem deutsch-englischen Büchlein realtiv mühelos; gehört ins Tauchergepäck.

Lieske, E.: Korallenriff-Führer Rotes Meer, Kosmos 2004. Besser geht's nicht, wenn man Ägyptens Korallen bestimmen will: Tausend Fotos helfen dabei; muss man als Taucher und Schnorchler haben.

Feste und Unterhaltung

Ägypten ist das Land der Feiertage schlechthin. Zu den reichlichen islamischen Feiertagen und Festwochen kommen noch eine Reihe staatlicher Feiertage hinzu. In manchen Monaten hangeln sich die Ägypter von Fest zu Fest.

Islamische Feiertage

Obwohl im Alltagsleben oft der Gregorianische Kalender der westlichen Welt verwendet wird, richten sich die Feste nach dem islamischen Kalender. Mit der Flucht des Propheten Mohammed von Mekka nach Medina, der Hidschra, beginnt die islamische Zeitrechnung, ihr erster Tag ist der 16. Juli 622. Das Jahr 2012 entspricht dem islamischen Jahr 1433/34. Ihm liegt das Mondjahr mit 354 Tagen zugrunde, es kennt keine Schaltjahre. Deshalb verschieben sich die islamischen Feste gegenüber dem Gregorianischen Kalender mit 365 bzw. 366 Tagen jedes Jahr um 10 bis 11 Tage nach vorne.

Verschiebungen der Termine um einen Tag sind möglich, da die letzte Entscheidung über den Beginn von Festen beim Großsheikh von Al Azhar in Kairo liegt, der dazu den Mond mit bloßem Auge sehen muss.

Ramadan

Im Fastenmonat Ramadan erlahmt tagsüber das Leben, denn es wird hart gefastet: nicht nur jegliche Speise, auch Getränke, Rauchen und Sex sind verboten (Ausnahmen: Kinder, Kranke, Gebrechliche). *Ramadan karim,* der Ramadan ist großzügig, begrüßen sich die Muslime während des Fastenmonats. Ein donnernder Kanonenschlag, eine Neuerung seit der türkischen Herrschaft, eröffnet das **Iftar,** das Fastenbrechen. Ab jetzt zeigt sich der Ramadan wirklich großzügig. Das *Iftar* ist bei ägyptischen Familien das Fest der Einladungen und Gegeneinladungen; den ganzen Tag bereiten Frauen das Festmahl vor. Nach dem anschließenden Verdauungsnickerchen erwacht Ägypten und macht die Nacht zum Tag, zu einem einzigen Volksfest.

Man geht aus. Händler verkaufen das spezielle Ramadangebäck *kunafa*, ein in Öl gebratener Nudelteig. Auf den Plätzen vor den Moscheen amüsieren sich Kinder mit den *fanous* (Ra-

Feste im Jahresverlauf

Januar
Koptische Weihnacht: 7.1. (in Schaltjahren 8.1.)

April
Befreiung des Sinai: 25. 4.

Mai
Tag der Arbeit: 1.5.

Juni
Jahrestag des britischen Abzugs: 18.6.

Juli
Jahrestag der Revolution 1952: 23.6.

Oktober
Jahrestag der Überquerung des Suezkanals: 6.10.

Reiseinfos

madanlaternen) auf Schiffsschaukeln oder von Hand in Schwung gebrachten Karussells, während die Erwachsenen Tee oder Kaffee trinken und Wasserpfeife rauchen. Vor dem erneuten Fasten endet die Nacht mit dem *sohour,* dem Morgenessen vor Sonnenaufgang. Damit es auch niemand verpasst, engagieren viele Nachbarn gemeinsam den *messaharati,* der trommelnd und singend durch die Straßen marschiert und die Schlafenden rechtzeitig weckt.

Für Ägyptens Wirtschaft bedeutet der Ramadan alljährlich ein Fiasko, da sich als Folge der nächtlichen Völlerei die Lebensmittelpreise verdoppeln.

Mit jedem Tag des Ramadan erlahmt das Leben mehr, die Produktionsausfälle betragen in manchen Firmen laut Zeitungsberichten bis zu 50 Prozent. Al Azhar sieht sich alljährlich gezwungen, daran zu erinnern, dass der Ramadan in erster Linie das Fest der reinen Seele, nicht der übervollen Mägen sei.

Tanuratänzer in Sharm el Sheikh

Reiseinfos

Höhepunkt des Fastenmonats ist die 26. Nacht, **Laylat el-Qadr**. Sie erinnert an die erste Nacht, in der den Engel Gabriel dem Propheten Mohammed den Koran offenbarte. Beginn: 1. August 2011, 20. Juli 2012, 9. Juli 2013.

Eid el Fitr
Drei, mancherorts vier Tage lang wird das Ende des Fastenmonats mit dem **Eid El Fitr** (Kleines Hammelfest oder Kleiner Bairam) gefeiert. Kinder bekommen neue Kleider, Geschenke und neue, Glück bringende Banknoten mit Glückwunschwidmungen. Beginn: 30. August 2011, 19. August 2012, 8. August 2013.

Eid el Adha (Großer Bairam)
Im Monat der Pilgerfahrt nach Mekka – 70 Tage nach dem Kleinen Bairam – liegt das fünftägige Opferfest, auch Hammelfest genannt. Es erinnert an Abraham, der bereit war, seinen Sohn Isaak Gott zu Ehren zu opfern, was jedoch durch ein Tieropfer ersetzt wurde. Im Morgengrauen werden daher überall im Land Schafe geschächtet, wobei ein guter Teil des Fleisches an die Armen gespendet wird. Beginn: 6. Nov. 2011, 25. Oktober 2012, 15. Oktober 2013.

Awil Sanaa Hijreya
Als Feiertag ist das islamische Neujahrsfest Awil Sanaa Hijreya geschätzt. 26. November 2011, 15. November 2012, 4. November 2013.

Ashura
Das ist vor allem ein bei Schiiten wichtiger Tag im Trauermonat Muharram. Er erinnert sie an den Prophetenenkel Hussein, der bei Kerbala fiel. Ägyptens Sunniten fasten an diesem Tag. Ashura ist nämlich eine Fastenspeise aus Weizen, Milch und Zucker.

Historischer Hintergrund des Festes: Als der Prophet Mohammed sah, dass die Juden von Medina zum Gedenken an die Rettung Mose und seiner Israeliten durch die Teilung des Roten Meeres fasteten, gebot er gleiches den Muslimen, da sie Moses als Propheten verehren. 5. Dezember 2011, 24. November 2012, 13. November 2013.

Mulid el Nabi
Der Geburtstag des Propheten Mohammed wird vielerorts mit einem großen öffentlichen Heiligenfest, das mehrere Tage dauern kann, gefeiert. 15.2.2011., 3. Februar 2012, 23. Januar 2013.

Koptische Feiertage

Wenn die christliche Minderheit feiert, dann hat das weit weniger Auswirkungen auf das öffentliche Leben als bei muslimischen Festen. Auch die Kopten haben seit 284 n. Chr. ihren eigenen Kalender. Weihnachten fällt danach auf den 7. (in Schaltjahren 8.) Januar. Neujahr ist am 11. (12.) September. Ostern ist ein bis drei Wochen später als bei den römisch-katholischen Christen. Der Ostermontag ist ohne religiöse Bedeutung; auf ihn fällt aber der nationale Feiertag Sham el Nessim.

Sham el Nessim

Sham el Nessim, übersetzt ›Duft des Westwindes‹, ist der heimliche Nationalfeiertag und – dank fehlender Militärparaden und Präsidentenansprachen – ein heiteres Frühlingsfest, das seit pharaonischen Zeiten gefeiert wird. Ägypter aller Konfessionen unternehmen dann mit Kind und Kegel Picknickausflüge, und sei es nur ein Grillnachmittag auf dem begrünten Mittelstreifen einer verkehrsreichen Ausfallstraße.

Reiseinfos von A bis Z

Alkohol

Nach vorherrschender Auslegung ist Muslimen Alkohol und alles Berauschende und die Sinne Raubende verboten. Doch in Ägypten ist man tolerant. In fast allen Hotels und allen gehobenen Restaurants im Land ist Alkohol erhältlich. Während des Fastenmonats Ramadan nehmen viele Restaurants mit Rücksicht auf muslimische Gäste Bier, Wein und Spirituosen von der Karte. In den Hotelbars gibt es jedoch immer Alkohol. Generell sollten Ägyptenbesucher außerhalb der Touristenorte darauf verzichten, in der Öffentlichkeit Alkohol zu trinken. Tagsüber ist vom Alkoholkonsum angesichts der hohen Temperaturen ohnehin abzuraten.

Apotheken

Apotheken finden sich überall, Medikamente sind meist rezeptfrei und erheblich billiger als in Europa.

Ärztliche Versorgung

Den Unfall überlebt, die Behandlung im ägyptischen Krankenhaus leider nicht – dafür gibt es jedes Jahr eine Reihe von tragischen Beispielen. Daher warnt das Auswärtige Amt in Berlin in seiner Reiseempfehlung: »Die medizinische Versorgung im Landesinneren entspricht oft nicht dem westeuropäischen Standard.« Das bedeutet nichts anderes, als dass keine Klinik in Ägypten auch nur annähernd europäischem Standard entspricht. Die Hygienevorsorge ist unzureichend; die meisten der unterbezahlten Schwestern und Pfleger tun für den Patienten nur das, was ihnen mit Vorab-Bakschisch vergütet wird. Das technische Gerät ist häufig veraltet, und die meisten Ärzte sind Meister im Ausstellen von Rezepten, unzuverlässig bei schwierigen Diagnosen.

Für leichte Erkrankungen und kleine Wehwehchen finden sich überall in Ägypten ausreichend ausgebildete Ärzte; im Hotel wird man Ihnen weiterhelfen. Sollten Sie allerdings schwerer erkranken, empfiehlt sich der Weg zurück nach Europa.

In Notfällen sollten Sie eines der im Folgenden genannten Kairoer Krankenhäuser aufsuchen bzw. sich von Dr. Abu-Zekry (s.u. Kairo) zum weiteren Vorgehen beraten lassen. Alle Krankenhäuser verlangen vor Aufnahme eines Patienten eine beträchtliche Vorauszahlung für die zu erwartende Behandlung.

... in Kairo

Dr. Mona Abu-Zekry: Deutsch sprechende Vertragsärztin der Deutschen Botschaft, Praxis Kairo Tel. 02 25 24 02 50, mobil 012 214 26 69

Al Salam International Hospital: Corniche el Nil, Kairo-Maadi, Tel. 02 25 24 02 50, Notaufnahme: 02 26 24 00 77

Angloamerican Hospital: nahe Kairo-Turm, Zohoreja, Tel. 02 27 35 61 62

Bei weniger gravierenden Erkrankungen stehen in Hurghada, El Gouna und Sharm el Sheikh folgende lokale Hospitäler zur Verfügung:

... El Gouna

El Gouna Hospital: Tel. 065 354 97 02

... in Hurghada

Al Saffa Hospital: Tel. 065 354 69 65

Reiseinfos

… in Sharm el Sheikh
Sharm International Hospital: Tel. 069 366 09 22, mobil 012 212 42 92
Mount Sinai Clinic: Tel. 069 360 01 00, mobil 012 218 98 89

Erste Hilfe für Taucher
›Deco International‹, ein deutsch-ägyptisches Unternehmen, kooperiert mit über 50 Tauchschulen am Roten Meer, bietet Kunden für 6 € eine dreiwöchige Versicherung an, mit der bei einem Unfall die Kosten für die Dekompressionskammern in den Centern abgedeckt sind, Info: El Gouna Hospital, Tel. 065 358 00 20
Notruf: Mobil 012 219 03 83
in Deutschland: Tel 068 42 30 88
www.deco-international.com

Dekompressionskammern
Sharm el Sheikh Hyperbaric Medical Center (Druckkammer):
Sharm el Maya am Travco Jetty
Tel. 069 366 09 22/3
24 Std. Notruf:
Dr. Adel Taher: 012 212 42 92
Dr. Ahmed Sakr: 012 333 13 25

Sharm el Sheikh Hyperbaric Chamber (Druckkammer):
International Hospital Hai el Nour
Tel. 069 36 60 89 35
24 Std. Notruf:
Dr. Magdi Zakaria: 012 215 21 96
Dr. El Houfy: 069 36 60 89 35

El Gouna Diving & Hyperbaric Medicine (Tauch- und Hyperbare Medizin):
El Gouna Hospital
Tel. 065 354 97 02
24 Std. Notruf:
Dr. Hossam Nasef: 012 218 75 50
Dr. Hanaa Nasef: 010 156 05 59

Hurghada Navy Hyperbaric and Trauma Center (Marines Hyperbares- und Unfall-Zentrum):

Am Touristenhafen
Tel. 065 344 91 50
24 Std. Notruf:
Dr. Ahmed Saber: 065 344 91 50
Dr. Mohaymen: 065 344 91 50

Marsa Alam Hyperbaric Chamber (Druckkammer):
Ecolodge Marsa Shagra
Tel: 0195 10 02 62
24 Std. Notruf:
Dr. Hossam Nasef: 012 218 75 50
Dr. Hanaa Nasef: 010 156 05 59

Bettler

Blinde, Mütter mit Säuglingen, Schnorrer – überall begegnen einem Bettler. Jeder muss für sich selbst herausfinden, ob er ein wenig Geld geben will oder nicht. Ägypter, selbst die ärmeren, tun es sehr häufig. Im Islam gehört es zu den religiösen Pflichten, Almosen zu geben.

Diplomatische Vertretungen

Botschaften und Konsulate
… in Deutschland
Botschaft der Arab. Republik Ägypten
Stauffenbergstr. 6–7
10785 Berlin
Tel. 030 477 54 70, Fax 030 477 10 49,
www.egyptian-embassy.de

Visa-/Konsularabteilung
für die Länder Berlin, Brandenburg, Mecklenburg-Vorpommern, Sachsen-Anhalt, Sachsen, Thüringen:
Stauffenbergstraße 6/7
10785 Berlin
Tel. 030 47 90 18 80, Fax 030 477 40 00

Generalkonsulat
für die deutschen Länder Hessen, Ba-

53

Reiseinfos

den-Württemberg, Bayern, Nordrhein-Westfalen, Rheinland-Pfalz und das Saarland:
Eysseneckstr. 34
60322 Frankfurt
Tel. 069 955 13 40, Fax 069 597 21 31

Generalkonsulat
für die Länder Hamburg, Bremen, Niedersachsen und Schleswig-Holstein:
Harvestehuder Weg 50
20149 Hamburg
Tel. 040 413 32 60, Fax 040 410 61 15

… in Österreich
Botschaft der Arab. Republik Ägypten
Hohe Warte 50–54
1190 Wien
Tel. 01 370 81 04, Fax 01 370 81 04 27,
www.egyptembassyvienna.at

… in der Schweiz
Botschaft der Arab. Republik Ägypten
Elfenauweg 61
3006 Bern
Tel. 031 352 80 55, Fax 031 352 06 25

Konsulat Genf
Route de Florissant 47
1206 Genève
Tel. 022 347 63 79, Fax 022 346 05 71
Visa-Abteilung:
Tel. 022 347 62 03, Fax 022 347 62 03

Botschaften und Konsulate in Ägypten
… von Deutschland
Botschaft der Bundesrepublik Deutschland
8 Sh. Hassan Sabri
Kairo-Zamalek
Tel. 02 27 28 20 00, Fax 02 27 28 21 59
www.kairo.diplo.de
(Konsularabteilung 9–11 Uhr geöffnet)

Honorarkonsulat Alexandria
Nevine Lehata
9 El Fawatem Street, Mazarita

Alexandria
Tel. 03 486 75 03, Fax 03 484 09 77
Honorarkonsulat in Hurghada
Peter-Jürgen Ely
365 El Gabal El Shamali
Hurghada
Tel. 065 344 36 05, 344 57 34
Fax 065 344 36 05
ely@access.com.eg

… von Österreich
Botschaft der Republik Österreich
5 Sh. el Nil, Riyadh-Tower
Kairo-Giza
Tel. 02 35 70 29 75, Fax 02 35 70 29 79
www.austriaegypt.org

Honorarkonsulat Alexandria
8 Rue Église Debbané
Alexandria
Tel. 03 480 88 88, Fax 03 483 91 90

…der Schweiz
Botschaft der Schweizerischen Eidgenossenschaft
10 Sh. Abdel Khaleq Sarwat
Kairo
Tel. 02 25 75 81 33, Fax 02 25 74 52 36
www.eda.admin.ch/cairo

Drogen

Trotz drakonischer Strafen hat Ägypten ein großes Drogenproblem. Angebaut wird traditionell auf dem Sinai, zuletzt auch im Nildelta, wo die Polizei regelmäßig publicitywirksam riesige Hanffelder abfackelt. Jede Art von Drogenkonsum ist in Ägypten verboten und steht unter schwerer Gefängnisstrafe. Dealern droht der Tod durch den Strick (mehrere Todesurteile wurden in den vergangen Jahren vollstreckt). So tolerant die Regierung sonst gegenüber Ausländern ist – in Sachen Drogen gibt es keine Gnade. Wer auch nur mit geringen

Reiseinfos

Mengen für den Eigenkonsum erwischt wird, geht ins Gefängnis, und auch für die Botschaften wird es zunehmend schwerer, Drogenbesitzer gegen horrende Geldstrafen frei zu bekommen.

Einkaufen und Souvenirs

Für Freunde von Souvenirs ist Ägypten ein wahres Paradies. Noch im hinterletzten Winkel des Landes findet man das typische Sortiment pharaonischer Andenken (Briefbeschwerer in Pyramidenform, Köpfe von Tutanchamun und Nofretete, Sphinx-Figuren aus Messing und Alabaster sowie Briefblöcke und Umschläge oder Papyri mit Hieroglyphen bedruckt). Auf jeglichen Einkauf verzichten sollte man, wenn man vom Reiseleiter zu einem bestimmten Geschäft oder in eine Fabrik mit »speziellen Preisen« gelotst wird. Die Preise dort sind wahrlich sehr speziell: der Reiseleiter bekommt mindestens 30 % Provision, die Sie selbstverständlich mitbezahlen, soviel Sie auch feilschen mögen.

Elektrizität

Die Netzspannung beträgt 220 Volt. In Ägypten werden Steckdosen unterschiedlicher Norm verwendet. Ein Adapter-Set bzw. einen Welt-Adapter muss man also dabei haben. Auch Stromausfälle über mehrere Stunden kommen vor. Achtung: Empfindliche Geräte sollten über einen Stabilisator betrieben werden.

›Pharaonische‹ Souvenirs kann man an jeder Straßenecke erstehen

Reiseinfos

Entfernungen in Straßenkilometern

Abu Rudeis–Nuweiba: 260 km
Hurghada–Safaga: 60 km
Hurghada–Alexandria: 754 km
Hurghada–Luxor: 280 km
Hurghada–Suez: 400 km
Kairo–El Arish: 310 km
Kairo–Hurghada: 510 km
Kairo–Katharinenkloster: 450 km
Kairo–Nuweiba: 470 km
Kairo–Port Said: 220 km
Kairo–Safaga: 570 km
Kairo–Sharm el Sheikh: 510 km
Kairo–Suez: 134 km
Port Said–Rafah: 270 km
Sharm el Sheikh–Dahab: 100 km
Sharm el Sheikh–Hurghada: 640 km
Sharm el Sheikh–Katharinenkloster: 240 km
Sharm el Sheikh–Nuweiba: 170 km
Sharm el Sheikh–Ras Mohammed: 40 km
Sharm el Sheikh–Taba (Eilat/Aqaba): 240 km
Suez–Port Said: 174 km
Taba–Suez: 251 km

Fotografieren

In Ägypten darf alles fotografiert werden – ausgenommen Flughäfen, Bahnhöfe, Häfen, militärische Anlagen und der Suezkanal einschließlich der Häfen von Port Said und Suez (militärisches Sperrgebiet). Theoretisch. In der Praxis wird man immer häufiger von völlig Unbeteiligten angesprochen, die das Fotografieren aus irgendeinem unerfindlichen Grund verbieten wollen und oft in Wahrheit nur ein Bakschisch erwarten. Wenn Sie Menschen fotografieren, dann fragen Sie vorher höflich und geben Sie eventuell ein kleines Bakschisch. In einfachem Arabisch

fragt man: mumkin sura? (»Darf ich ein Foto machen?«). In den meisten Urlaubsorten kann man in vielen Fotogeschäften Digitalbilder direkt von der Speicherkarte auf eine CD oder DVD brennen lassen.

Frauen allein unterwegs

Alleinreisende Frauen sind in Ägypten mehr und mehr der ›Anquatscherei‹ durch Männer ausgesetzt – eine Begleiterscheinung der allgemeinen Rückbesinnung auf religiöse Werte und der zunehmenden Verschleierung von Frauen, die bisher den männlichen Sexualtrieb nicht stillzulegen vermögen, im Gegenteil. Die alleinreisende Frau kennt man in der einfachen ägyptischen Gesellschaft nicht; hier reist die Frau immer mit dem Mann oder zumindest mit Verwandten.

Wie sich eine alleinreisende Touristin dennoch Männer auf Abstand hält, liegt zum Gutteil an ihr selbst. Erzählungen von Mann und Kindern, die weit weg sind, schrecken Verehrer nur ungenügend ab. Wer hautenge Jeans, trägerlose Tops oder Minirock trägt, darf sich in einem Land der sexuellen Tabus über die Folgen solcher Provokationen – und so wird ›westliche‹ Kleidung empfunden – nicht wundern. Besser ist es, weite Kleidung zu tragen. Beim Gespräch mit Männern sollte die Frau kumpelhafte Berührungen und langen Blickkontakt vermeiden. Trampen ist sehr gefährlich. Einladungen in die Wohnung von Männern sollte die Alleinreisende höflich ablehnen – es sei denn, Sie haben gerade den Traummann fürs Leben gefunden.

Entsprechende Warnungen sind für Touren in den Wüsten unbedingt ernst zu nehmen. Gehen Sie als Frau vorsichtshalber nur in größerer Gruppe oder mit zuverlässiger männlicher Begleitung auf Wüstentour – auch Beduinenmänner sind nur Männer.

Geld und Geldwechsel

Geld tauscht man nur vor Ort, da der Wechselkurs des ägyptischen Pfunds, abgekürzt LE für französisch Livre Égyptienne, in Europa sehr schlecht ist.

Das Pfund, nicht mehr an den Dollar gekoppelt, hat seit der Lösung von der US-Währung einen Kurssturz erlebt. Es gibt einen kleinen Schwarzmarkt, der aber das Risiko erwischt und bestraft zu werden, kaum lohnt.

1 LE unterteilt sich in 100 Piaster, kurz PT. Es gibt Pfundnoten zu 1, 5, 10, 20, 50 und 100 LE, außerdem Piaster-Noten zu 25 und 50 PT.

Münzen gibt es für 1, 5, 10, 20 und 25 Piaster (diese Münze hat in der Mitte ein Loch) sowie die zuletzt eingeführte 1-Pfund-Münze.

Landesweit kann man mit den gängigen Kreditkarten (Visa, American Express, Diners, MasterCard) sowie mit der ec/Maestro-Karte Geld an den mehr als flächendeckend verbreiteten Bankautomaten abheben. Dazu ist die PIN nötig. Mit Unterschrift bezahlt man in den großen Hotels sowie in vielen Geschäften und Restaurants seine Rechnung.

Wer – z. B. bei einem Notfall – kurzfristig größere Geldsummen benötigt, wende sich an das Kairoer Büro von **Western Union/International Business** Associates IBA, Kairo, 1079 Corniche, Garden Diy (Tel. 02 27 96 21 51), spezialisiert auf internationalen Geldtransfer binnen Stunden; Auszahlungsstellen u. a. in Hurghada (Tel. 065/344 27 71), Port Said (Tel. 066/334 86 19) und Sharm el Sheikh (Tel. 069/360 22 22).

Der durchschnittliche Wechselkurs lag zuletzt bei 1 LE = 0,13 € = 0,20 CHF.

Gesundheitsvorsorge

Außer den Standardimpfungen (Polio, Tetanus) sind für Ägypten keine weiteren Impfungen nötig, solange man sich auf den gängigen Touristenpfaden bewegt. Für Wüsten- und Oasentouren abseits der erschlossenen Gebiete empfehlen sich Malaria-Prophylaxe (je nach Verträglichkeit) und Hepatitis-Schutz (unbedingt).

Je weiter man sich von den Touristenzentren entfernt, umso wichtiger ist eine kleine Reiseapotheke, die mindestens enthalten sollte: Sonnencreme mit hohem Schutzfaktor, Sunblocker für die Nase, Mittel gegen Durchfall, Fieber und Erkältungen, Schmerzmittel, eine Creme gegen Insektenstiche und ein Mittel zur Insektenabwehr, Pflaster, Schere, Verbandszeug, eventuell Desinfektionsmittel und chemische Tabletten, um Wasser keimfrei zu machen. Für Wüstentouren sind sogenannte Schlangensets zu empfehlen.

Deutsche Urlauber sind in Ägypten nicht krankenversichert. Die gesetzliche Krankenversicherung übernimmt keinerlei Kosten; die Privatkassen erstatten in der Regel bis zu einer Aufenthaltsdauer von drei Monaten Behandlungskosten nachträglich gegen Vorlage der Arztrechnung.

Der Abschluss einer Urlaubs-Krankenversicherung ist allen Reisenden unbedingt zu empfehlen. Zu achten ist darauf, dass auch der sofortige Rückflug mit einer Flugambulanz versichert ist, denn von jeder Behandlung, bei der auch nur geringe Komplikationen auftreten könnten, ist in Ägypten dringend abzuraten (s. auch Ärztliche Versorgung). Wichtig: Achten Sie bei den Versicherungsbedingungen unbedingt darauf, dass der Rückflug auch »auf ärztliches Anraten« hin übernommen wird, nicht nur bei »medizinischer Notwendigkeit«.

Reiseinfos

Glücksspiel

Eigentlich verbietet der Islam jegliche Art von Glücksspiel. Doch der geschätzten Deviseneinnahmen zuliebe hat Ägyptens Regierung einen Kompromiss gefunden, der das Wort des Koran mit den Bedürfnissen von Glücksrittern versöhnt. Zutritt zu den ägyptischen Casinos haben nur Ausländer, keine Ägypter. Dementsprechend werden am Eingang zum Casino die Ausweise kontrolliert. Auf dem Sinai findet man Casinos im Hotel Mövenpick in Sharm el Sheikh sowie in Taba Heights.

Handeln und Feilschen

Wer als Reisender zumindest in der Lage ist, die arabischen Ziffern zu lesen, ist davor gefeit, dass sich bei ausgezeichneten Waren der Preis nur deshalb plötzlich erhöht, weil ein *chawaga*, ein Ausländer, sie kauft.

Anders ist die Situation im Basar und bei Dienstleistungen und Taxifahrten, dort muss man handeln. Faustregel: Fangen Sie bei einem Drittel des genannten Preises an – wenn Sie unter der Hälfte bleiben, ist das in Ordnung. Keinesfalls sollte man beim erstbesten Händler einkaufen, sondern sich eher zögerlich zeigen und sich im Zweifelsfall anderswo umsehen. Und lassen Sie sich nicht vom Lamentieren eines Händlers beeindrucken, wenn er beim Kassieren noch mal etwas herausschlagen will. Er probiert's halt mal.

Internet und E-Mail

Viele Hotels bieten in den Zimmern kabelgebundene Zugänge (Ethernet) und/oder WLAN an – manchmal gratis, meist aber zu stolzen Preisen. 50–60 € für die einwöchige Flatrate muss man einkalkulieren. An etlichen ägyptischen Flughäfen können die Passagiere mit dem eigenen Notebook über WLAN kostenlos surfen.

Mit dem eigenen Laptop kann man sich über nationale Zugangsnummern (Abrechnung über Telefonrechnung) direkt ins Netz einwählen: 0777 77 77, 0777 05 55 und 0777 88 88 (im Dialer/DFÜ-Fenster bleiben Benutzername und Kennwort frei).

Reiseinfos

Kinder

Ägypten hat entdeckt, dass auch Familien mit Kindern verreisen. Vermehrt bieten Hotels daher auch altersgerechte Kids-Clubs mit Tagesbetreuung, Animation, Sport etc. Details dazu findet man in den Katalogen der Reiseveranstalter, die zum Teil – wie z. B. TUI oder die Red Sea Hotels – eigene Betreuungsprogramme für ihre Gäste bieten.

Kriminalität

Ägypten ist eines der sichersten Länder weltweit, aber auch eines der Länder mit der höchsten Kriminalitätsrate. Doch muss der Tourist als Gast und Devisen bringender Ausländer bislang nicht fürchten, überfallen und ausgeraubt zu werden.

Dennoch: Was die Kriminalität in Städten mit über 5 Mio. Einwohnern angeht, führt Kairo mit 56,4 »Tötun-

Einheimische und Touristen kaufen im Bazar von Hurghada gleichermaßen ein

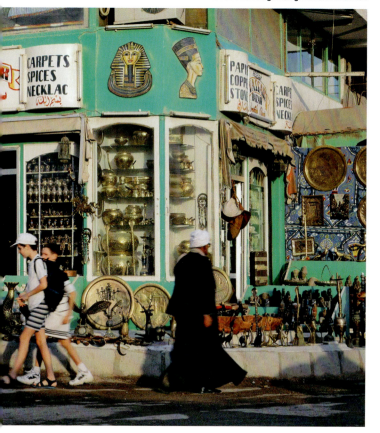

59

Reiseinfos

gen/Morden pro 100 000 Einwohner« mit Abstand die internationale Statistik an, vor Rio de Janeiro (36,6), Manila (30,5), Mexico City (27,6), São Paulo (26,0) und – Vergleichsbeispiel – New York (12,8) (Quelle: Prof. Dr. Dirk Bonger, Geographisches Institut der Ruhr-Universität Bochum). Was die Statistik jedoch nicht ausdrückt: Die meisten Verbrechen geschehen im sozialen Umfeld und haben dort auch ihre Ursachen: Ehestreit, Ehebruch (Blutrache, Morde aus Gründen der Familienehre). Gerade da, wo die Überbevölkerung am höchsten ist, wo oft sechs- bis acht-köpfige Familien in nur einem Zimmer leben, eskaliert Gewalt besonders schnell.

Was Diebstähle angeht, so gilt hier nicht anders als in Europa: Gelegenheit macht Diebe, vor allem unter der wirtschaftlichen Not, die immer weitere Bevölkerungsschichten Ägyptens erfasst. Fast alle Hotels bieten deshalb im Zimmer oder an der Rezeption »Safe Deposit Boxes« an, in denen der Gast Papiere, Wertsachen und Geld verstauen kann. Wegen einer teuren Uhr oder wertvollem Schmuck auf der Straße ausgeraubt zu werden, damit muss man in Ägypten nicht rechnen – aber es kommt angesichts der zunehmenden Armut häufiger als früher vor.

Ein neuralgischer Punkt ist auch die Gepäckverladung, während der Reisende kein Auge auf seine Reiseausrüstung werfen kann. Eine Reisegepäckversicherung ist deshalb sehr zu empfehlen.

Maßeinheiten

Ägypten kennt das metrische System. Die Entfernungen auf Verkehrsschildern sind in Kilometern angegeben. Gebräuchliches Flächenmaß ist das Feddan: 1 Feddan = 4201 m^2.

Medien

Radio und Fernsehen

Ohne Weltempfänger oder Zimmer mit Satelliten-TV ist man am Roten Meer eher abgeschnitten von der westlichen Medienwelt. Moderne und nicht-orientalische Musik bringt auf dem Sinai Radio El Arish (UKW 94,2, Port Said 98,0, Suez 91,2, Ismailiya 92,5 KHz). Radio Cairo sendet täglich um 18 Uhr (UKW 95,4 KHz) ein einstündiges deutschsprachiges Programm, das man sich allerdings nur in Notfällen antun sollte: Amateursprecher verhaspeln sich unentwegt bei abgestandenen Nachrichten, die sich hauptsächlich um Präsident Mubarak drehen und offenbar vor allem dem Informationsminister gefallen sollen. Wer wirkliche Neuigkeiten aus Europa hören will, empfängt die Deutsche Welle (6075, 9545, 13780 KHz; www. dw-world.de), die ihr Weltprogramm frischer und lebendiger gestaltet als früher. Beste Nachrichtenquelle für internationale Berichterstattung war schon immer und bleibt auch der BBC Worldservice (639 und 1025 KHz; www.bbc.co.uk).

Der Zensur unterliegt, insbesondere was die Nachrichten betrifft, vor allem das ägyptische Fernsehen inklusive seiner Satellitenprogramme. Wer ungefilterte Meldungen hören oder sehen will, kann in beinahe allen Hotels über Satellit CNN (www.cnn.com), Deutsche Welle TV (www.dw-world.de) oder den BBC Worldservice (www.bbc. co.uk) empfangen; über Satellit sind auch ARD, ZDF, Arte, SAT1, RTL und andere Sender deutscher Sprache zu empfangen. Pop sendet 104,3 FM Nile, Livestream im Internet auf www.nile fmonline.com. Der Ferienort El Gouna hat seine eigene Radiostation, UKW (FM) 100,0. Über Livestream im Internet unter www.romolo.com, Radio Sharm unter www.radiosharmlive.com.

Reiseinfos

Zeitungen und Zeitschriften

Die großen überregionalen deutschen Zeitungen (SZ, FAZ, Welt, Die Zeit, Bild am Sonntag, Welt am Sonntag) und Zeitschriften (Spiegel, Stern, Bunte, Focus) bekommt man in ganz Ägypten ein bis drei Tage nach Erscheinen in den größeren Hotels und an zentralen Zeitungskiosken. Mühelos erhältlich sind auch die englischsprachigen Herald Tribune, USA Today, Time, Newsweek, Independent und London Times sowie der französische L'Express.

Ägyptische Tageszeitungen in französischer und englischer Sprache sind Le Progrès Egyptien (www.progres.net.eg) und die Egyptian Gazette (www.algomhuria.net.eg/gazette/1) – beide regierungsunterwürfig und unkritisch. Informativ sind sie lediglich, was Nachrichten aus Kultur, Tourismus und Archäologie angeht. Besser liest man die täglich erhältlichen Daily News (www.dailystaregypt.com), die in Ägypten der International Herald Tribune beiliegen.

Informativ, wenn auch etwas geschwätzig und pseudo-intellektuell, sind die donnerstags erscheinenden halbamtlichen Wochenzeitungen Al Ahram Weekly (in Englisch, weekly.ahram.org.eg) und die französische Al Ahram L'Hebdo (hebdo.ahram.org.eg).

Reportagen aus Ägypten und jede Menge Informationen über Kultur, Musik, Theater, Literatur und Veranstaltungen beinhaltet auch die Illustrierte Egypt Today, die monatlich erscheint (in Oberägypten mit Sonderseiten in deutscher Sprache).

Veranstaltungstermine für das ganze Land findet man in der Monatsbroschüre Cairo – Entertainment Culture Guide sowie in Sinai Today; Wirtschaftsthemen in Business Today.

Speziell auf Interessen der Urlauber sind in Hurghada das Red Sea Bulletin (redseapages.com) und H2o zugeschnitten; Vertrieb über Buchläden, Hotels, Tauchschulen. H2o erscheint in englischer Sprache; eine deutsche Ausgabe ist angekündigt (h2o-mag.com).

Moscheebesuch

Keine der großen, wirklich sehenswerten Moscheen liegt am Roten Meer oder auf dem Sinai. Dennoch: Es ist interessant, ein Gotteshaus der Muslime zu sehen. Besucher sind außerhalb der Gebetszeiten willkommen. Moscheen dürfen nur ohne Schuhe betreten werden. Respektvolle Kleidung wird erwartet. Mit Unterhemd oder Top und kurzem Rock ist man fehl am Platz. Frauen haben einen eigenen Betbereich.

Notrufnummern

Polizei: Tel. 122
Touristenpolizei: Tel. 126
Ambulanz: Tel. 123
Feuerwehr: Tel. 125

Polizei

Es gibt kaum einen Platz oder eine Ecke in Ägypten, der/die nicht von Polizei bewacht wird. Diese Präsenz bedeutet aber nicht, dass jeder der schlecht ausgebildeten Straßenpolizisten Ihr Freund und Helfer ist. Bei Unfällen kann es passieren, dass sich als erstes der Polizist aus dem Staub macht oder für nicht zuständig erklärt, wenn er merkt, dass sich Komplikationen ergeben – oder dass die zusammenlaufenden Kollegen untätig das Geschehen beobachten. Einen Unfall oder auch nur einen Diebstahl zur Anzeige zu bringen, kann Sie viel Zeit kosten

und durch mehrere Polizeireviere führen, bis der zuständige Mann gefunden ist, der das Protokoll aufnehmen und abstempeln kann und darf.

Post und Postgebühren

Rund 20 % der Sendungen, die den ägyptischen Postweg durchlaufen, kommen nie an, ergab eine Studie der American University in Kairo. Briefe nach Europa können ewig unterwegs sein. Frankiert werden Postkarten und einfache Briefe per Luftpost mit 3,75 LE; www.egyptpost.org.

Sicherer und schneller arbeiten Kurierdienste. Mit Express Mail Service (EMS), internationaler Kurier der Postdienste, dauern Sendungen von und nach Europa drei bis fünf Tage; der einfache Brief kostet 49 LE; aber auch bei EMS kann es vorkommen, dass ein Brief zwei Monate unterwegs ist.

Bleibt als sicherster Versandweg der Tür-zu-Tür-Service von DHL Egypt (www.dhlegypt.com) Federal (www.fedex.com/eg). Postämter sind in der Regel Sa–Do 8–15 Uhr geöffnet.

Reisende mit Handicap

Kaum Rampen, selten Speziallifte, fehlende Behindertentoiletten, Bürgersteige zugeparkt und von unterschiedlichem Niveau – das sind die Schwierigkeiten Behinderter in Ägypten. Auch 5-Sterne-Hotels entdecken erst langsam den Kundenkreis der ›handicapped travellers‹.

Rollstuhl- und behindertengerechte Unterkünfte listet das Buch ›Handicapped-Reisen Ausland‹ (ISBN 3-926191-20-1) von Yvo Escales auf, FMG Verlag.

Die Aldahaar Moschee in Hurghada

D-40644 Meerbusch, Tel. 02159 81 56 22, Fax 02159 81 56 24.

Eine Reihe von Agenturen betreut besonders behinderte Reisende:
Verein zur Förderung des Behindertentauchens in Deutschland e.V.: Am Flehkamp 17, 40667 Meerbusch, Tel./Fax 021 32/93 57 95, www.abletodive.de.
Bundesverband Selbsthilfe Körperbehinderter e.V.: www.reisen-ohne-barrieren.eu.

Veranstalter (von Behinderten-Reisen) in Deutschland

rfb-Touristik: Marktstr. 5, 41236 Mönchengladbach, Tel. 021 66-618 90 20, Fax 021 66-61 90 46, rfb-touristik@t-online.de, www.rfb-touristik.de. Im Programm: Hurghada und Sharm el Sheikh.
Grabo Tours: Rennweiler Str. 5, 66903 Ohmbach. Tel. 06386- 7744, Fax 06386-7717, www.grabo-tours.de.
Egypt for all: Rundreisen, Museumsbesuche etc. organisiert Egypt for all, Claudia Ehlers, Im Mittelteil 21, 27472 Cuxhaven, Tel. 04721 649 43 Fax 04721 44 51 59, www.egyptforall.com, Kontakt in Ägypten: 012 311 89 75 (Martin), 012 296 19 19 (Sharif).

Veranstalter in Ägypten

Etams Tours, Kairo: Etams bietet Einzel- und Gruppenreisen im ganzen Land an. Infos: Etams Tours, Dr. Sami Bishara, 13 Sh. Quasr el Nil, Kairo-Downtown, Tel. 02 25 75 24 62.

Reisekasse und Preise

Auch in Ägypten sollte man wenig Bargeld mit sich herumtragen, kann in größeren Hotels, in gehobenen Restaurants und vielen Geschäften mit Kreditkarte bezahlen.

Reiseinfos

Als Rucksackreisender lässt sich mit einem Tagessatz von 20–30 € schon ganz komfortabel nächtigen und essen. Übernachtungen in nicht klassifizierten Hotels gibt es ab 40 LE, einfache Speisen ebenfalls. Billig ist auch der Transport: Für 50–100 LE kommt man mit Bus oder Sammeltaxi mehrere hundert Kilometer weit.

Sicherheit

Ausflüge in die Wüste oder in die Berge, die ohnehin nur mit erfahrenen Führern gemacht werden dürfen, sollte man keinesfalls unternehmen, wenn Regen absehbar ist. Schon kurze Niederschläge können Täler in reißende Gebirgsbäche, trockene Wüstenkessel binnen Minuten in tiefe Seen verwandeln.

Seit Ägypten verheerend unter fundamentalistischen Anschlägen litt, werden die Urlauberzentren und -routen besonders streng bewacht. Touristen, die in Bussen oder mit Leihwagen, von der Rotmeerküste nach Luxor oder Kairo fahren wollen, müssen sich Konvois der Polizei anschließen (Abfahrtsorte und -zeiten kennen die Hotelrezeptionen). In einem Report an die Vereinten Nationen gab Ägypten die Zahl der noch unentdeckten Minen aus den verschiedenen Kriegen mit 23 Mio. an. Zum Teil liegen diese Minen an der Mittelmeerküste (u. a. um El Alamein) und stammen aus dem Zweiten Weltkrieg. Der andere Teil wurde während der arabisch-israelischen Konflikte an den Küsten des Roten Meeres und des Sinai gelegt, ohne die Orte zu dokumentieren.

Vier Einheiten der ägyptischen Armee sind zwar mit der Minensäuberung betraut, aber es wird nach Schätzung von Experten noch viele Jahre dauern, ehe Ägyptens Küsten wirklich minenfrei sind. Wegen der nach wie vor akuten Minengefahr sollten ›unberührte‹ Strände nicht betreten werden, Warnschilder und Zäune – auch Reste davon – sind unbedingt ernst zu nehmen!

Zu den Gefahren beim Tauchen s. S. 41.

Telefon und Telefax

An allen Kiosken kann man Ortsgespräche für rund 50 PT führen. Handys deutscher, österreichischer und Schweizer Netzbetreiber funktionieren in allen GSM-Netzen Ägyptens über das teure Roaming (3–5 €/Min. bei Europa-Gesprächen). Lohnenswert ist eine »Holiday line«. Die 30-Tage-Karte kostet ca. 50 LE. Man lädt sie mit beliebiger Summe beliebig oft auf; erhältlich an den Verkaufsstellen von Mobinil, Vodafone und Etisalat, in Supermärkten und an Kiosken. Europa-Gespräche kosten 0,55 €.

Hotels und private Telefonbüros verlangen als Drei-Minuten-Mindestgebühr ab 70 LE. Vorsicht: Einige Hotels verlangen die Mindestgebühr, sobald man es öfter als viermal klingeln lässt – auch wenn niemand abhebt.

Telefaxe verschickt man am günstigsten von den privaten Telefonbüros aus, die überall zu finden sind (ca. 30–40 LE/Minute).

Vorwahlnummern für Europa: Für Deutschland 0049 (danach Ortsvorwahl ohne 0); für Österreich 0043; für die Schweiz 0041.

Vorwahlnummern in Ägypten: Kairo 02, Ain Sukhna 062, Alexandria und Marsa Matruh 03, Luxor 095, Assuan und Abu Simbel 097, Fayum 084, Tanta 040. – Handynummern beginnen mit 01; es gibt inzwischen 3 GSM-Netze.

Reiseinfos

Touristeninformationen

Es ist leider nicht anders zu sagen: Besuche in Ägyptens Büros für Tourist Information sind nett – man trinkt Tee, plauscht vielleicht –, aber Informationen, vor allem zu schwierigeren Fragen, bekommt man dort mit Sicherheit nicht, da das Personal nicht entsprechend geschult wird und die abschließende feierliche Überreichung eines farbigen Prospekts als angemessen betrachtet.

Dennoch: man kann es immer versuchen, geöffnet tgl. außer Fr 9–16 Uhr (Adressen und Telefonnummern bei den jeweiligen Orten im Reiseteil).

Trinkgeld

Um die 5 bis 10 % gelten als Richtwert, den Sie auf den Rechnungsbetrag geben sollten; bei hohen Beträgen etwas weniger, bei niedrigen etwas mehr. In Pauschalurlauberhotels hat es sich leider eingebürgert, dem Kellner am Anfang der Reise ein Trinkgeld zu geben, um sich seine Aufmerksamkeit zu sichern. Sie müssen sich dieser Unsitte der Vorauszahlung nicht beugen, auch wenn Ihnen manche Kellner durch rüpelhafte Behandlung oder gezieltes Ignorieren beim Service zu verstehen geben wollen, dass Sie besser zahlen sollten. Werden Sie derart angegangen oder bedient, dann hilft meist der Gang zur Rezeption oder besser noch zur Gästebetreuung *(guest relation)*.

Zeit

Ägyptens Uhren gehen eine Stunde vor. Sommer- und Winterzeit beginnen bzw. enden zu anderen Terminen als in Europa, sodass es in der Übergangszeit fast einen Monat lang entweder gar keinen oder zwei Stunden Unterschied gibt. Für die Dauer des derzeit im Sommer liegenden Ramadan wurde 2010 erstmals – für die Dauer des Fastenmonats! – auf Winterzeit umgestellt.

Ägypter in traditioneller Galabeja beim Backgammon-Spiel

Panorama – Daten, Essays, Hintergründe

Sonnenaufgang am Mosesberg auf dem Sinai

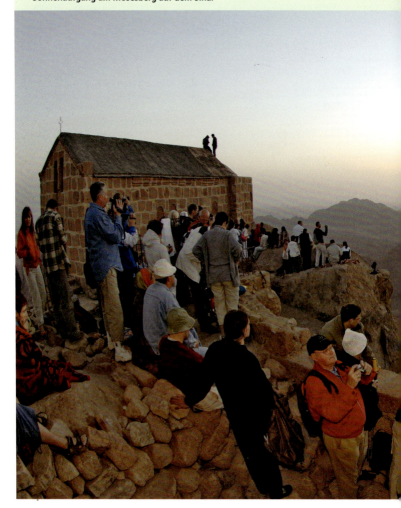

Steckbrief Ägypten – Rotes Meer und Sinai

Daten und Fakten
Fläche: 1 001 049 km² (Ägypten insgesamt). Die Halbinsel Sinai, zwischen dem westlichen Golf von Suez und dem östlichen Golf von Aqaba, mit 61 000 km² etwa eineinhalbmal so groß wie die Schweiz, ist das Bindeglied zwischen den Kontinenten Afrika und Asien.
Größte Städte (am Roten Meer und Sinai): Port Said (ca. 550 000 Einw.), Hurghada (ca. 55 000 Einw.), El Arish (ca. 50 000 Einw.) und Sharm el Sheikh (ca. 17 000 Einw.)
Amtssprache: Arabisch
Einwohner: über 83 Mio. (Ägypten insgesamt, Stand: 2011)
Währung: Ägyptisches Pfund, abgekürzt LE für Livre Egyptienne
Zeitzone: GMT plus 2 Std.

Ägyptische Flagge

Geografie und Natur
Das Rote Meer mit seiner über 960 km langen Küste bildet die östliche Grenze Ägyptens. Der Sinai grenzt an Israels Negev und das autonome Palästina. Im Osten des Sinai liegt der Golf von Aqaba. Die Landschaft ist wüstenhaft und im Süden des Sinai von schroffen kahlen Gebirgen geprägt. Am Roten Meer geht der schmale Küstenstreifen in die Arabische (Östliche) Wüste über.

Geschichte
Ca. 3000 v. Chr. entsteht unter der 1. Dynastie eine erste kultivierte Gesellschaft, die Ober- und Unterägypten vereint. Die alten Ägypter führen u. a. das Beamtentum ein, erfinden die Hieroglyphenschrift und den Kalender mit 365 Tagen. Das Pyramidenzeitalter beginnt im Alten Reich; König Djoser läßt die erste Stufenpyramide bauen, später perfektioniert in den Pyramiden von Cheops, Chephren und Mykerinos (4. Dynastie). Um 1550 v. Chr. steigt Ägypten ab der 8. Dynastie zur Großmacht auf; berühmt sind Pharaonen wie Hatschepsut, Echnaton, Tutanchamun und Ramses II. 332 v. Chr. beginnt mit Alexander dem Großen die griechisch-hellenistische Epoche, 30 v. Chr.–395 n. Chr. gefolgt von der römischen Herrschaft. Bis 641 regieren byzantinische Kaiser. Das Christentum breitet sich aus. Mit dem Sieg des arabischen Feldherrn Amr Ibn el As über die Byzantiner um 642 wird Ägypten islamisch. Als Vater des modernen Ägypten gilt Mohammed Ali (19. Jh.). Sein Nachfolger Ismail treibt das Land in den Staatsbankrott. 1914 wird Ägypten zum britischen Protektorat erklärt und 1922 als unabhängig betrachtet. Dennoch behalten sich die Briten Sonderrechte vor, die die Souveränität des Landes einschränken. 1937 tritt König Faruk die Herrschaft an, er gilt als eine Marionette der Briten. Gamal Abdel Nasser stürzt ihn 1952 und ruft 1953 die Republik Ägypten aus. Als erstes arabisches Land schließt Ägypten 1979 Frieden mit Israel (Camp David).

Staat und Verwaltung
Ägypten (Jumhuriyat Misr al-Arabiya, Arabische Republik Ägypten) ist ein präsidial bestimmter, zentralistischer Staat.

Seit 1981 regiert Mohammed Hosni Mubarak uneingeschränkt auf Grundlage einer Dauer-Notstandsgesetzgebung. Die Verwaltungsbezirke Rotes Meer (Hauptstadt Hurghada), Nordsinai (El Arish) und Südsinai (El Tur) zählen zu den größten, militärisch und wirtschaftlich wichtigsten Provinzen Ägyptens.

Wirtschaft und Tourismus

In der Landwirtschaft, die konstant etwa 16 % der Wirtschaftsleistung ausmacht, sind rund ein Drittel der Beschäftigten tätig; daneben ist der Staat der mit Abstand größte Arbeitgeber. Die Industrie hat an der Wirtschaftsleistung einen Anteil von etwa 34 %, der Dienstleistungssektor rund 50 %.

Eine der Haupteinnahmequellen sind Förderung und Export von fossilen Energieträgern. Während die Erdölförderung zurückgeht (ca. 720 000 Barrel pro Tag), boomt die Erdgasproduktion, die zwischen 2005 und 2009 um knapp 130 % auf 69 Mio. Tonnen gesteigert werden konnte. Über die bis Syrien fertig gestellte Arab Gas Pipeline werden in Zukunft bis zu 10 Mrd. m³ Erdgas an Israel, Jordanien, Syrien, den Libanon, die Türkei und weiter nach Europa geliefert. Die Zuwachsraten von Touristenzahlen und Übernachtungen lagen über mehrere Jahre um die 15,2 %; der Tourismus stellt über 12 % der Arbeitsplätze. Er erwirtschaftete 2008/09 mit über 12,5 Mio. Touristen 10,8 Mrd. US-$, gegenüber 2007/08 ein Plus von 32 %. 2008 lag das Außenhandelsdefizit bei 23,5 Mrd. Wichtigste Handelspartner sind die USA (20,3 %) und Deutschland (7,1 %); EU gesamt (33,5 %). Eine bedeutende Einnahmequelle sind Überweisungen von ägyptischen Gastarbeitern, vor allem aus den USA, gefolgt von Saudi-Arabien, Kuwait, den Arabischen Emiraten und Deutschland, insgesamt ca. 4,2 Mrd. US-$ (2009), die Durchfahrtgebühren des Suezkanals brachten dem Land ca. 4 Mrd. US-$ (2009). Die Inflationsrate liegt bei 12,7 %, die Arbeitslosigkeit bei 9,4 % (2009).

Bevölkerung und Religion

Ca. 20 Beduinenstämme leben auf dem Sinai. Von den über 83 Mio. Ägyptern sind geschätzte 500 000 Menschen Beduinen; etwa 5–10 % von ihnen leben in der Wüste des Roten Meeres, weitere 10 % auf dem Sinai. Die Badeorte auf dem Sinai und am Roten Meer werden von Saisonarbeitern aus Kairo do-

Rotes Meer, Sinai: Verwaltungsbezirke

miniert. Nomadische Beduinen gibt es kaum noch auf dem Sinai; sesshaft gewordene Beduinen arbeiten häufig im Tourismus. 40 % der Bevölkerung leben von weniger als 2 US-$/Tag (Weltbank). Offiziell sind knapp 90 % der Bevölkerung sunnitische Muslime – der Islam ist Staatsreligion –, etwa 10–15 % sind Kopten. Zu den religiösen Minderheiten zählen ca. 80 000 römisch-katholische und griechisch-orthodoxe Christen, Protestanten und ca. 100 Juden.

Geschichte im Überblick

Vorzeit

20 000–
ca. 2500
v. Chr.

Am Nil leben Menschen als nomadische Jäger und Sammler. Auf dem Sinai gibt es erste Besiedlungen, nachgewiesen durch den Abbau von Feuerstein.

Frühzeit und Altes Reich

3000–2650
v. Chr.

1.–2. Dynastie. Menes, möglicherweise der Sammelname mehrerer Provinzfürsten, einigt Ober- und Unterägypten zum Königreich; Beginn der Hochkultur.

2650–2150
v. Chr.

3.–6. Dynastie. Gottgleich regieren die Pharaonen einen voll entwickelten Staat, der durch Kriegszüge und Expeditionen seinen Machtbereich ausdehnt; König Djosers Baumeister Imhotep erbaut die Stufenpyramide in Saqqara; in Giza entsteht u. a. die Cheopspyramide.

Erste Zwischenzeit und Mittleres Reich

2130–2040
v. Chr.

7.–10. Dynastie. Das Land zerfällt durch das Machtstreben kleiner Gaufürsten, versinkt in sozialen Unruhen und Bürgerkriegen.

2040–1640
v. Chr.

11.–14. Dynastie. Mentuhotep II. befriedet das Reich und leitet eine neue Blütezeit ein; Amun wird anstelle des Sonnengottes Re Hauptgott.

Zweite Zwischenzeit und Neues Reich

1640–1550
v. Chr.

15.–17. Dynastie. Die vorderasiatischen Hyksos erobern Ägypten.

1550–1070
v. Chr.

18.–20. Dynastie. Mit der Vertreibung der Hyksos beginnt Ägyptens Blütezeit. Bau der pharaonischen Tempel in Luxor und Abu Simbel.

Spätzeit, Zerfall und wechselnde Besatzung

1000–332
v. Chr.

21.–30. Dynastie. Auf die Blüte folgt durch innere Unruhen der Zerfall des Reichs; im 6. Jh. v. Chr. okkupiert der Perserkönig Kambyses zuerst den Sinai, dann Ägypten.

332–30
v. Chr.

Griechische Herrschaft. Alexander der Große dehnt im 4. Jh. v. Chr. sein Weltreich über Ägypten aus. Seine Nachfolger, die Ptolemäer, bringen hellenistische Kunst und Kultur.

30 v. Chr.–
395 n. Chr.

Römische Herrschaft. Ägypten wird nach Octavians Sieg über Kleopatras Flotte römische Provinz. Das Christentum breitet sich trotz grausamer Verfolgung aus.

395–641

Byzantinische Herrschaft. Neue Besatzer, gleiche Ausbeutungspolitik:

Ägypten verarmt. Die ägyptische, nun koptisch genannte Kirche trennt sich von der byzantinischen.

Islamische Epoche

ab 640 Islamische Kalifendynastien aus Damaskus und Bagdad machen Ägypten zur Provinz ihrer Reiche.

968–1169 Unabhängig regieren die aus Nordwestafrika stammenden Fatimiden, Abkömmlinge der Prophetentochter Fatima. Unter ihnen erblüht das Land, es entsteht die Hauptstadt Al Qahira (Kairo), die Unbesiegbare.

1182 Die Kreuzfahrer fallen mehrmals auf dem Sinai ein, darunter Renaud de Chatillon, Burgherr aus Kerak (Jordanien), der die strategisch wichtige Pharaoneninsel (südlich des heutigen Taba) besetzt. Der islamische Feldherr Salah el Din (Saladin) schlägt sein Heer in die Flucht.

1249 Nach Salah el Dins Tod übernehmen Mamelucken, aus Militärsklaven hervorgehende Dynasten, die Herrschaft über Ägypten.

1517–1798 In Ägypten herrschen die Osmanen.

Unter britischer Herrschaft

1798–1801 Napoleon schlägt die Türken/Mamelucken und will mit seinem Ägyptenfeldzug dem britischen Empire den Zugriff auf Indien unmöglich machen. Französische Gelehrte begründen die Ägyptologie.

1805–1849 Der albanischstämmige Mohammed Ali erringt die Macht und zwingt die Engländer zeitweise aus dem Land. Er reformiert den maroden Staat (Schulen, Landwirtschaft) und wird zum Schöpfer des modernen Ägypten.

1869 Der Suezkanal wird eröffnet. Ägypten muss wegen der Schuldenlast den Kanal für 99 Jahre einer mehrheitlich britisch-französischen Betreibergesellschaft überlassen.

1922 Ägypten wird unter britischer Kontrolle teilunabhängig und bekommt eine konstitutionelle Monarchie unter König Fuad I.

1936/37 Nach dem Tod Fuads I. (April 1936) wird sein Nachfolger Faruk I. im Juli 1937 zum König gekrönt.

1939–1945 Im Zweiten Weltkrieg dient Ägypten als wichtiger Stützpunkt britischer Truppen. Bei El Alamein wird 1942 Rommels Afrikakorps geschlagen.

| 1946 | Die Briten ziehen (außer von der Suezkanal-Zone) ab. |

Nahostkonflikt und Republik – die Ära Nasser

1948	Mit der Gründung des Staates Israel wird der Sinai zur Pufferzone, zum Frontgebiet für die Blutfeinde Israel und Arabien. Ägypten beteiligt sich am Unabhängigkeitskrieg, den die Araber verlieren.
23. Juli 1952	Die Freien Offiziere (u. a. Nasser, Sadat) stürzen unter der Führung von General Nagib König Faruk.
1953	Am 18. Juni wird die Republik ausgerufen, Faruk wird verbannt.
1954	Gamal Abdel Nasser wird Ministerpräsident, zwei Jahre später Staatspräsident. Die britischen Truppen verlassen das Land.
1956	Die Verstaatlichung des Suezkanals provoziert die Suezkrise und macht Nasser zum panarabischen Idol.
Juni 1967	Sechstagekrieg. Ägypten hat die Straße von Tiran, Israels Zugang zum Indischen Ozean, gesperrt; in einem vernichtenden Schlag zerstört Israel die ägyptische Luftwaffe, besetzt den Sinai und erobert die syrischen Golanhöhen und die jordanische Westbank.

Sadat und der Frieden von Camp David

| 1970 | Nach Nassers Tod wird sein Stellvertreter Anwar el Sadat neuer Präsident und korrigiert den sozialistischen Kurs Nassers. Als ›Korrektiv-Revolution‹ propagiert er ab 1971 eine liberale (Wirtschafts-)Politik, um Ägypten dem Westen wieder anzunähern. |

Bau der El-Ferdan-Brücke am Suezkanal (im Sechstagekrieg zerstört)

1973	Im Oktoberkrieg (Yom-Kippur-Krieg), der letztlich am Verhandlungstisch zugunsten Ägyptens entschieden wird, erhält Ägypten einen Teil des Sinai von Israel zurück.
1977	Präsident Sadat reist nach Jerusalem, um mit dem israelischen Ministerpräsidenten Menachem Begin über Frieden zu verhandeln.
1979	Israels Menachem Begin und Ägyptens Sadat schließen in Camp David (USA) Frieden. Ägypten erkennt das Existenzrecht Israels an, was im arabischen Lager einem Hochverrat gleichkommt.
6. Okt. 1981	Präsident Sadat wird während einer Militärparade von Islamisten ermordet – wegen des, wie sie sagen, »verräterischen Friedens mit Israel«; sein Stellvertreter Hosni Mubarak folgt ihm im Amt.
1982	Israel gibt das letzte Stück Sinai zurück, nur um Taba bei Eilat wird noch bis 1989 verhandelt.
ab 1992	Islamische Fundamentalisten, die ihren blutigen Terror religiös begründen, gewinnen vor allem bei den Armen an Sympathien, da sie mit viel Geld und sozialen Taten helfen, wo der Staat versagt.
1997	Präsident Hosni Mubaraks Regierung beschließt einen umfangreichen 20-Jahresplan, nach dem bis 2017 über 40 neue Städte, teils am Roten Meer, gegründet werden sollen.

Im Zeichen der Globalisierung

2003	Verschärfte Wirtschaftskrise, Devisenknappheit.
2005	Mubarak, erstmals mit Gegenkandidaten, wird zum fünften Mal zum Präsidenten gewählt. Die Wahlen gelten als offen manipuliert.
2008	Im Frühjahr führen der drastische Anstieg der Lebenshaltungskosten und Versorgungsengpässe zu Unruhen mit Toten. Im Dezember finden Forscher zwei hervorragend erhaltene pharaonische Gräber in Saqqara, ca. 4300 Jahre alt.
2009	Im Krieg Israels gegen die Hamas in Gaza profiliert sich Ägypten als beiderseits anerkannter Mittler.
2010	Der kranke Mubarak will bei den Präsidentschaftswahlen 2011 kandidieren, zum 6. Mal. Sein Kalkül: Nachfolger soll sein Sohn Gamal werden. Der Gegenkandidat wird von der staatlichen Presse systematisch demontiert, kritische Presse im großen Stil gegängelt.

Islam – eine Religion bestimmt den Alltag

Allahs Offenbarungen hält der Koran in 114 Suren fest

Der Islam ist allgegenwärtig in Ägypten. Wer mit Beduinen und ihren Kamelen in der Wüste unterwegs ist, wird Zeuge einer tiefen ursprünglichen Gläubigkeit, wenn die Männer fünfmal am Tag unterbrechen, was auch immer sie gerade tun. Nachdem sie sich mit Wasser – ersatzweise sauberem Sand – symbolisch fürs Gebet gereinigt haben, verneigen sie sich Richtung Mekka. Im Ramadan, dem Fastenmonat, verzichten Männer wie Frauen tagsüber auf Essen und versagen sich, härter noch, jedes Getränk.

Bei den Beduinen trifft man häufig auf eine Gottverbundenheit, die sich von der zur Schau getragenen Gläubigkeit urbaner islamischer Gesellschaften durch Bescheidenheit und Zurückhaltung abhebt – vielleicht weil der Islam aus der Wüste Arabiens gekommen ist.

Der Prophet Mohammed

Begründer der Religion des Islam ist der um 570 n. Chr. geborene Mohammed, der als Kaufmann in Mekka lebte. In der Wüste des heutigen Saudi-Arabien offenbarte Gott Mohammed in arabischer Sprache den Koran. In Mekka und Medina, wo er Gottes Botschaft verkündete, stieß Mohammed zunächst auf Ablehnung, da Mekkas Kaufleute vor allem von Pilgern lebten, die eine Vielzahl von Göttern und Götzen verehrten. Im Jahr 622 wanderte er deshalb mit seiner islamischen Urgemeinde von Mekka nach Medina aus und konnte dort, weniger angefeindet als in Mekka, den ersten islamischen Staat gründen. Mit diesem Ereignis, genannt *hidschra*, beginnt für die Muslime die Zeitrechnung. Anders als die christliche Zeitrechnung, legt sie das Mondjahr zugrunde. Nach dem islamischen Kalender ist beispielsweise 2009 das Jahr 1430/31.

Die fünf Pfeiler des Islam

»La ilaha ill allah wa muhamed rasul allah«, lautet das Glaubensbekenntnis der Muslime: Es gibt keinen Gott außer Allah, und Mohammed ist sein Pro-

Hilfe sanften Drucks, wie die Erhebung von Sondersteuern für ›Ungläubige‹. In den Jahrzehnten nach Mohammeds Tod 632 regierten kurz nacheinander vier Kalifen, und der Kampf um die Nachfolge und die ›richtige‹ Fortführung der Religion spaltete schließlich den Islam. Die mit 90 % der Muslime bis heute weitaus größte Glaubensrichtung der Sunniten, der auch die meisten Ägypter angehören, hält die

phet. Das Wort Islam bedeutet soviel wie Hingabe an Gott, Ergebung in seinen Willen. Getragen wird er von den fünf Pfeilern des Islam: Einer ist das fünfmal täglich zu verrichtende Gebet *salah,* dem eine rituelle Waschung zur spirituellen Vorbereitung vorausgeht. Die vier weiteren Pflichten sind das Fasten *(saum)* im Monat Ramadan, die freiwillige Almosensteuer von 2,5 % *(sakat),* die Pilgerfahrt *(hadsch)* nach Mekka für den, der sie sich leisten kann, und – wichtigster Pfeiler – die *shahada,* das Zeugnis von der Einheit Gottes, die den Glauben an die Gottessohnschaft ausschließt.

Ausbreitung und Spaltung

Binnen zwei Jahrzehnten nach der Religionsgründung war fast der gesamte arabische Raum islamisiert, anfangs gewaltfrei, später zunehmend mit

vier ersten Kalifen für rechtmäßige Nachfolger. Die Schiiten, heute etwa 10 % der Muslime, erkennen als rechtmäßigen Nachfolger Mohammeds nur den vierten Kalifen Ali Ibn Abi Talib (regierte 656–661) und dessen Nachkommen, die zwölf Imame der Schia, als legitime Nachfolger an.

Koran und Hadith

Der Islam kennt keinen Klerus und untersagt jeden Personen- und Heiligenkult – deshalb verbietet sich auch die Bezeichnung ›Mohammedaner‹ für Muslime. Heiligendarstellungen sind verpönt, sodass man in Moscheen als Schmuck nur Kalligrafien, kunstvoll gestaltete Schriftzüge mit Koran-Texten, findet. Dennoch werden eine Anzahl Heilige verehrt und deren Geburtstage wie auch der des Propheten gefeiert. Als *kitab,* ›das Buch‹, wird der heilige Koran im Arabischen oft kurz bezeichnet. Koran ist abgeleitet von arabisch *qara*, ›lesen‹. In diesem Buch sind in 114 Suren die Offenbarungen niedergeschrieben, die Allah, vermittelt durch den Engel Gabriel, Mohammed verkündete. Dieses Offenbarungsbuch geht über die Bedeutung der Bibel für Christen im alltäglichen Leben weit hinaus.

Der Koran erlaubt allerdings aufgrund seiner vielen widerstreitenden Aussagen noch keine eindeutige Auslegung. Diese wird erst einigermaßen möglich durch ursprünglich primär mündlich überlieferte Sprüche und Auslegungen Mohammeds zum Koran sowie die dokumentierte Lebenspraxis des Propheten.

Dabei unterscheiden Islamgelehrte gesicherte, glaubhafte und unglaubhafte Berichte und Erzählungen, die sogenannten Ahadith (Einzahl: Hadith). Dieser Lebenspraxis eifern die Sunniten nach. Als oberste Instanz in Fragen der Auslegung wird von vielen die Moschee der Al-Azhar-Universität in Kairo angesehen, deren Entscheidungen aufgrund eines Zwei-Kammer-Systems aber häufig widersprüchlich sind. An diese Kammern kann jeder herantreten, um in Religionsgutachten klären zu lassen, ob etwas *halal*, religiös erlaubt, oder *haram*, religiös verboten, ist. In der alltäglichen Spruchpraxis geht es dabei ebenso um die Frage, ob Leggings als Bekleidung angemessen sind (Entscheidung: *haram*) wie beispielsweise um die Frage, ob man auf Reisen im Ramadan das Fasten unterbrechen darf (Entscheidung: ab ca. 80 km einfache Wegstrecke).

Die Minderheit der schiitischen Muslime hingegen betrachtet religiöse Gelehrte als weitere Quelle der Willensauslegung Allahs. Praktiziert wird dies z. B. im Iran des verstorbenen Ajatollah Khomeini und seiner Nachfolger.

Der Islam heute

In den meisten arabischen Ländern war Ende des 20. Jh. eine friedliche Renaissance des Islam zu beobachten. Eine gegenläufige Strömung stellt der militante Fundamentalismus dar. Dieser ruft zur Mobilisierung der Massen und zur Motivierung der Kämpfer häufig den *dschihad* aus, was mit ›Heiliger Krieg‹ recht unzutreffend übersetzt ist. Spätestens seit 9/11, Osama bin Laden und dem Al-Qaida-Terror gegen die Welt ist der Begriff ein Angstwort. *Dschihad*, arabisch für ›Bemühung‹, meint das Bestreben, Gottes Wort zu folgen, ein guter Mensch zu

Betende Muslimin auf dem Sinai

sein, sich für eine bessere Gesellschaft einzusetzen. Bestandteil des *dschihad* ist von jeher auch die Verfolgung der territoriale Ausbreitung des Islam mit friedlichen Mitteln. Gewalt ist erlaubt, wenn es um die Verteidigung der islamischen Glaubensgemeinschaft *(umma)* geht. Die defensive Komponente steht an erster Stelle, doch zeigt sich hier eine Schwäche des Islam und aller Offenbarungsreligionen, die sich für radikale Ziele in jede Richtung interpretieren, für politische Ziele bequem instrumentalisieren lassen, wie aus Christentum und Judentum ebenfalls bekannt ist. Die in Ägypten teils zu beobachtende, oftmals klammheimliche Sympathie für den radikalen Fundamentalismus erklärt sich eher als Protesthaltung gegen die eigene korrupte Regierung und die westliche, vor allem US-amerikanische Nahostpolitik, die Israel klar favorisiert. Im ägyptischen Alltag erlebt der Besucher einen gegenüber Touristen toleranten Islam.

Reform- und Modernisierungsversuche des Islam gab es viele. Doch die große Mehrheit – Anhänger der sogenannten reinen Lehre – hielt und hält am Überbrachten fest, verschließt sich Veränderungen und der Anpassung an moderne Gesellschaftsstrukturen und globale Entwicklungen.

Sinai und Rotes Meer als biblische Schauplätze

Eine wahrhaft überirdische Kulisse – auf dem Berg Sinai

Dem Sinai kommt in der Religionsgeschichte des Abendlandes große Bedeutung zu. Ob Exodus der Israeliten, Josephsgeschichte oder Zehn Gebote – viele biblische Geschehnisse trugen sich nach der Überlieferung in dieser prächtigen Kulisse aus Meer, Wüste und Bergen zu.

Das Alte Testament überliefert uns die Begebenheit von Joseph und seinen Brüdern, die ihn in die Sklaverei nach Ägypten verkauft hatten. Dort erweckte Joseph aufgrund seiner Neugier und Gelehrsamkeit die Aufmerksamkeit des Pharaos und gewann schließlich dessen Vertrauen. Zuvor hatte er zwei Träume des Herrschers gedeutet und Ägypten sieben fruchtbare und sieben unfruchtbare Jahre richtig vorhergesagt. Der Herrscher gewährte Joseph daraufhin die Erlaubnis, dass Joseph sein Volk durch den Sinai nach Ägypten führen dürfe.

Zahlreichen Überlieferungen zufolge wurde es dort von der Bevölkerung herzlich und wohlwollend empfangen.

Erst unter späteren Pharaonen begann die Unterdrückung und Versklavung der Israeliten.

Historisch zuverlässig?

Als historisch verlässliche Quelle versagt hier das Alte Testament. Es ist keine zeitlich schlüssige Zuordnung von Geschehnissen, Akteuren und tatsächlichen politischen Umständen möglich. Die Unterdrückung, die wohl viele, viele Jahrzehnte dauerte, be-

gann möglicherweise unter Hyksos->Pharaonen<, kleinasiatischen Hirtenkönigen, spätestens aber nach deren Vertreibung. Die Pharaonen Amenophis (Mitte 16. Jh. v. Chr.) und Thutmosis III. (Mitte 15. Jh. v. Chr.) werden ebenfalls in diesem Zusammenhang von Historikern genannt.

Der Auszug aus Ägypten wird häufiger einer Epoche nahe an Ramses II. (13. Jh. v. Chr.) zugeschrieben. Einer der Gründe dafür, dass die Israeliten bei den Herrschern am Nil in Ungnade gefallen waren, dürfte die Religion der Fremden gewesen sein, die nur einen, noch dazu unsichtbaren Gott verehrten, während in Ägypten Statuen des Gottes Amun und eine Vielzahl von Reichs- und Regionalgöttern angebetet wurden – Götzentum gegen Monotheismus.

Rund 400 Jahre liegen zwischen Joseph und Moses, der die Israeliten aus Ägypten herausführte. Welche Sprache dieses Volk sprach, wo und wie die Israeliten Jehova verehrten, wie sie überhaupt lebten, wer sie in der Zeit zwischen Joseph und Moses führte, all das ist weitgehend unbekannt. Ebenso unklar ist übrigens, ob die Schöpfungsgeschichte, Genesis, die Jahrhunderte vor Moses eben diese Versklavung vorhersagte, tatsächlich von Anfang an diesen Passus beinhaltete oder ob sie nachträglich erweitert wurde.

Die Geschichte Mose, wie sie in der Bibel niedergeschrieben ist, sollte man durchaus einmal lesen. Selbst ohne religiöse Beziehung zum Text gelesen, erschließt sich bei der Lektüre, profan gesprochen, allemal ein bedeutendes Stück Weltliteratur: Wie der Pharao die

Israeliten zu knechten versucht, wie Moses ihn auf Geheiß Gottes dazu bringt, sein Volk aus dem Land zu vertreiben – und zwar durch die zehn Plagen – und so weiter ...

So wird der Sinai zum Schauplatz des Exodus. 40 Jahre soll die Wanderung auf geheimen Wegen über den Sinai und durch den Negev gedauert haben. Von 600 000 Männern (Exodus 12,37) im Gefolge Mose spricht die Bibel, eine Zahl, die heute stark bezweifelt wird, da sie bedeuten würde, dass – Frauen und Kinder mitgerechnet – insgesamt 2–3 Mio. Menschen vier Jahrzehnte unterwegs gewesen sein müssten. Als wahrscheinlich gilt heute, eine Zahl von 6000, verteilt über mehrere Jahrzehnte, maximal 60 000 Israeliten.

Der Exodus

Der Auszug der Israeliten aus Ägypten begann am Schilfmeer (Roten Meer) mit einem Wunder für die Israeliten, die vom Pharao und den ägyptischen Heeren verfolgt werden: »Und Mose streckte seine Hand über das Meer aus, und der Herr ließ das Meer die ganze Nacht durch einen starken Ostwind zurückweichen und machte so das Meer zum trockenen Land, und die Wasser teilten sich. Dann gingen die Söhne Israel auf trockenem Land mitten in das Meer hinein, und die Wasser waren ihnen eine Mauer zur Rechten und zur Linken.« (14,21–22) Mit Streitwagen und Reitern verfolgten die Ägypter die Israeliten ins Meer hinein.

»Der Herr aber sprach zu Mose: Strecke deine Hand über das Meer aus, damit die Wasser auf die Ägypter, auf ihre Wagen und über ihre Reiter zurückkehren! Da streckte Mose seine Hand über das Meer aus, und das Meer

kehrte beim Anbruch des Morgens zu seiner Strömung zurück. Und die Ägypter flohen ihm entgegen. Der Herr aber trieb die Ägypter mitten ins Meer. [...] es blieb auch nicht einer von ihnen übrig. Die Söhne Israel aber waren auf trockenem Land mitten durch das Meer gegangen, und die Wasser waren ihnen eine Mauer zur Rechten und zur Linken gewesen.« (Exodus 14,26–29).

Der brennende Dornbusch

Mit dem Sinai verbunden ist auch die Geschichte vom brennenden Dornbusch (Exodus 3,2–5): »Da erschien ihm der Engel des Herrn in einer Feuerflamme mitten aus einem Dornbusch. Und er sah hin, und siehe, der Dornbusch brannte im Feuer, und ... wurde nicht verzehrt. Und Mose sagte: Ich will doch hinzutreten und dieses große Gesicht sehen, warum der Dornbusch nicht verbrennt. Als aber der Herr sah, dass er herzutrat, um zu sehen, da rief ihm Gott mitten aus dem Dornbusch zu und sprach: Mose! Mose! Er antwortete: Hier bin ich. Und er sprach: Tritt nicht näher heran! Zieh deine Sandalen von deinen Füßen, denn die Stätte, auf der du stehst, ist heiliger Boden!« Den brennenden Dornbusch pflegen bis heute die Mönche des Katharinenklosters (s. S. 222).

Wo sind die Tafeln mit den Zehn Geboten?

Auf dem Sinai sprach Gott schließlich zu Moses. »Mose aber führte das Volk aus dem Lager hinaus, Gott entgegen, und sie stellten sich am Fuß des Berges auf. Und der ganze Berg Sinai rauchte, weil der Herr im Feuer auf ihn herabkam. Und sein Rauch stieg auf wie der Rauch eines Schmelzofens, und der ganze Berg erbebte heftig. Und der Hörnerschall wurde immer stärker. Mose redete, und Gott antwortete ihm mit einer lauten Stimme. Und der Herr stieg auf den Berg Sinai herab, auf den Gipfel des Berges, und der Herr rief Mose auf den Gipfel des Berges, und Mose stieg hinauf« (Exodus 19,17–20). Auf dem Berg Horeb empfing Moses die Zehn Gebote Gottes, drei Gebote und sieben Verbote (s. S. 233), geschrieben auf zwei Steintafeln.

Selbst der texanische Abenteurer Cyril Jones, die leibhaftige Vorlage für die Indiana-Jones-Filme, machte sich schon mit Schaufel und Spaten auf die Suche nach den Steintafeln mit den Zehn Geboten. Jones versuchte sein Glück – vergeblich, wie schon viele vor ihm an vielen anderen Orten – bei Jericho im Westjordanland. Für Glücksritter ebenso wie für seriöse Forscher wäre der Fund der verschollenen Tafeln so bedeutend wie das Auftauchen des Heiligen Grals – wenn es sie denn überhaupt gibt. Denn mehr und mehr verdichten sich die Indizien, dass das gesamte Alte Testament ›Fiktion‹ ist.

In Exodus 20,1–17 finden sich die zehn Regeln, die, auch vom religiösen Kontext losgelöst, nicht mehr und nicht weniger leisten als allgemeine Regeln für ein zivilisiertes menschliches Zusammenleben aufzustellen. Nach der Überlieferung wurde die Bundeslade mit den Gesetzestafeln in der Stiftshütte aufbewahrt, einem Zelt, das während des Exodus der Israeliten als eine Art mobiler Ersatz-Tempel diente. Davids Sohn König Salomo (965/964–928 v. Chr.) ließ sie im Ersten Tempel von Jerusalem aufbewahren. Die Bundeslade war eine Truhe aus Akazienholz, die die beiden Gesetzestafeln Mose, den Stab Arons sowie das biblische Manna-Brot enthielt, eigentlich eine essbare honig-

In der Kapelle des brennenden Dornbuschs

81

süße Absonderung der Manna-Schildläuse, die die Israeliten in der Wüste Sinai vor dem Verhungern bewahrte.

Nebukadnezars Babylonier plünderten 586 v. Chr. den Tempel. Der Prophet Jeremias, der in seinen Klageliedern die Zerstörung des Tempels beweinte, versteckte die Bundeslade angeblich auf dem Berg Nebo im Ostjordanland. Sie ist bis heute verschwunden – wie der Heilige Gral, der Trinkbecher Jesu vom letzten Abendmahl.

Eine ähnliche Reihe von Geboten, wenn auch anders angeordnet und formuliert, gibt es übrigens nur im Islam, in Sure 17,22–39 des Koran unter dem Titel ›Die Kinder Israels‹. Auch dort wird von Gott berichtet, der mit dem Dekalog Moses die Führung des auserwählten Volkes überträgt.

Wer war Moses?

Auf dem Berg Sinai empfing Moses die Zehn Gebote. So steht es in der Bibel. Wer aber war der Mann? Findelkind einer jüdischen Familie? Ein Sammelname für mehrere Figuren? Steckt Echnaton hinter Moses? Die Forschung tut sich schwer mit einer Antwort auf eine Glaubensfrage.

Moses ist eine der rätselhaftesten Gestalten der Menschheitsgeschichte, den auch das Judentum und der Islam als Propheten verehren. Archäologen und Fachgelehrte aber bezweifeln die Bibelgeschichte und versuchen sich an Erklärungen anderer Art.

Dass der kleine Moses wegen der befohlenen Tötung aller Babys in einem Korb auf dem Nil ausgesetzt, von einer Pharaonentochter gefunden wurde, sei eher unwahrscheinlich. In nahöstlichen Erzählungen, z. B. im babylonischen Gilgamesch-Epos, kommt das Findelkind-Motiv häufig vor. Möglicherweise ist Moses ein Sammelname für mehrere historische Stammesfürsten. Fraglich ist für viele Forscher auch, ob er überhaupt Israelit war. Seine Frau Zippora hielt ihn anfangs für einen Ägypter; sein Sohn war nicht beschnitten.

Diese Bibelstelle griff Sigmund Freud, Jude und Vater der Psychoanalyse, in seinem Beitrag zur Mosesinterpretation auf. Moses sei wahrscheinlich kein Hebräer gewesen, sondern ein ägyptischer Prinz oder Hohepriester, der die Juden in Ägypten vom Monotheismus überzeugte – dafür habe er den Israeliten die Flucht aus der Sklaverei versprochen. Diese früher höchst umstrittene Deutung stünde im Kontext einer Periode von Unruhen, die Ägypten erschütterten.

Die Forschung geht mit Freud davon aus, dass das Alte Testament ›Fiktions-

Ob es sich so zugetragen hat? Moses empfängt die Zehn Gebote –
Bibeldarstellung des 19. Jh.

literatur‹ sei, wie es Rolf Krauss vom Ägyptischen Museum in Berlin nach über 20-jähriger Forschung belegt sieht. Das Buch habe in erster Linie dazu gedient, im Rückblick mit über 500-jährigem Abstand die Vergangenheit zu glorifizieren. Nach Krauss' Befund, der in Fachkreisen mit breiter Zustimmung quittiert wurde, ist Moses der Pharao Amenmesse, der 1203 v. Chr. versuchte, seinen Vater Sethos II. vom Thron zu stürzen. Den Stoff, so Krauss, könnte der Verfasser der dreibändigen Geschichte Ägyptens des alexandrinischen Gelehrten Manetho entnommen haben. Amenmesses und Moses' Biografien, soweit sie die Bibel und Quellen wie Josephus Flavius erzählen, ähneln sich bis ins Detail: Beide sind ägyptische Prinzen, ihre Eltern sind vom Verwandtschaftsverhältnis her Tante und Neffe, sowohl Moses wie Amenmesse heiraten eine Nubierin und müssen Ägypten wegen eines Totschlags und eines verlorenen Streits um den Thron verlassen.

Der Ägyptologe Jan Assmann geht in seinem Buch ›Moses ein Ägypter‹ der Frage nach, ob Echnaton der ägyptische Moses war. »Um die Mitte des 14. Jh. v. Chr. hat König Amenophis sich in ›Echnaton‹ umbenannt, alle traditionellen Kulte geschlossen, ... und nur noch den einen Gott Aton verehrt: der erste monotheistische Umsturz der Geschichte.« Hat also der Kopenhagener Alttestamentler Niels Lemche recht, der die Verfasser des Alten Testaments als ›Romanautoren‹ sieht, die geschichtliche Tatsachen bewusst umdeuteten und wo nötig erfanden, so wie den Bibelhelden Moses? Es gibt Fragen, die sind und bleiben Glaubenssache.

Christliche ›Urbevölkerung‹ – die Kopten und ihre Liturgie

Die Kopten beanspruchen für sich zu Recht, die direkten Nachfahren der altägyptischen Bevölkerung der Pharaonenzeit zu sein. Der Name hat dieselben Wurzeln wie das griechische Wort ›aigiptios‹, das im Deutschen zu Ägypten wurde.

Mit 5 bis 9 Mio. Mitgliedern stellt diese christliche Gemeinde die zweitgrößte Religionsgruppe Ägyptens dar, die als Minderheit in vielerlei Hinsicht benachteiligt wird. Hohe Regierungsämter sind für Kopten – mit Ausnahmen – so gut wie nicht erreichbar. Gewalttätige Übergriffe von radikalen Muslimen häufen sich, und Schutzgelderpressungen, ebenfalls durch Fundamentalisten, nehmen zu. Mit Geld wird zudem versucht, Kopten zur Konvertierung zum Islam zu bewegen. Neubauten von Kirchen und selbst kleinste Renovierungen müssen vom Präsidenten persönlich genehmigt werden.

Die ersten Christen

Über Alexandria brachte der Apostel Markus 68 n. Chr. das Christentum nach Ägypten, wo es sich rasch ausbreitete und in Konkurrenz zu dem verordneten Kaiserkult geriet. Kaiser Diokletian ließ im 3. Jh. Hunderttausende Kopten ermorden. Im 5. Jh. geriet die ägyptische Kirche in theologischen Streit mit der Kirche in Byzanz. Es ging um die monophysitische Lehre, wonach Jesus der Fleisch gewordene Gott ist. Die byzantinische Kirche ging von zwei Naturen aus: Gott und Jesus. Die Ägypter unterlagen bei dem Konzil von Chalcedon im Jahr 451 und spalteten sich von der orthodoxen Kirche ab.

Muslimische Eroberung

Bis zur muslimischen Eroberung Ägyptens im 7. Jh. beuteten die byzantinischen Herrscher – nur kurzzeitig von persischen Sassiniden abgelöst – das Land erbarmungslos aus. Im Einfallen der muslimischen Heere 641 sahen die Kopten die Befreiung ihres Landes von der Tyrannei. Und tatsächlich unternahmen die Muslime in den nächsten vier Jahrhunderten kaum Anstrengungen, die Kopten zu bekehren. Erst im 11. Jh. wurden sie mit Gewalt zum Religionswechsel gezwungen, die koptische Gemeinde schrumpfte zu einer Minderheit.

Die Kopten heute

Die Kopten gelten als besonders gut ausgebildet und haben deshalb überproportional viele herausragende Positionen (Ärzte, Lehrer, Anwälte) inne. Viele ägyptische Kopten tragen als Er-

Die Liturgie der Koptischen Kirche folgt uralten Traditionen

kennungszeichen am Handgelenk heute ein eintätowiertes Anch-Kreuz (Crux ansata; auch bekannt als ›Lebensschleife‹). Dieses Henkelkreuz, ein pharaonisches Hieroglyphen-Zeichen für das Leben und Weiterleben, das die frühen Kopten als ihr Christus-Kreuz erwählt hatten, steht häufig gleichberechtigt neben dem Kreuz Christi. Auf Ikonen werden die beiden Kreuze oft vom Alpha und Omega des griechischen Alphabets – das Zeichen für aller Dinge Anfang und Ende – flankiert.

Die koptische Sprache, geschrieben mit dem griechischen Alphabet und abgeleitet aus dem Altägyptischen, wird heute nur noch in den Gottesdiensten verwendet.

Wie die muslimischen Mitbürger halten die Kopten eine Reihe von langen, teils wochenlangen Fastenperioden ein, z. B. auch vor der Messe. Vorgeschrieben ist zwar nur der Verzicht auf Fleisch- und Milchprodukte – dies dafür aber schon in winzigsten Mengen. Im Alltag heißt das beispielsweise, dass nicht einmal Kekse gegessen werden dürfen, die Butter enthalten, da Butter tierischen Ursprungs ist. Im Gegensatz zu den Muslimen ist Kopten aber der Verzehr von Schweinefleisch erlaubt.

Das Oberhaupt der koptischen Kirche, Patriarch Shenuda III., residiert heute in Alexandria und Kairo. Seinen politischen Kurs hat der Baba (Papst) darauf festgelegt, sich im Dialog mit dem Staat zuallererst als Ägypter zu präsentieren. Seine Amtsführung kritisieren viele Kopten als despotisch, da er von innerkirchlicher Demokratie angeblich wenig hält, widersprechende Pfarrer und Bischöfe schnell des Amtes enthebt und Gläubige, die nach Jerusalem pilgern, exkommuniziert, da für ihn – als Ägypter – Israel, das Jerusalem besetzt halte, Feindesland sei. Nach innen hat der Patriotismus allerdings enge Grenzen. So werden Ehen zwischen Kopten und Muslimen von beiden Seiten rigoros sozial geächtet. Solche Verbindungen kommen nur höchst selten vor, bedeuten sie doch für die jeweiligen Paare und Familien zuallererst Schande und Ausgrenzung.

Traditionsverbundene Liturgie

Die koptische Liturgie wurde im Lauf der Jahrhunderte kaum verändert; sie unterscheidet sich trotz der gemeinsamen Wurzeln daher wesentlich von der katholischen oder der evangelischen.

Ein Kopte, der an einer Messe teilnimmt, muss neun Stunden zuvor fasten; ebenso lange darf zu Ehren Marias neunmonatiger Schwangerschaft der Altar nach einem Gottesdienst nicht erneut benutzt werden. Um dennoch mehrere Messen kurz hintereinander zelebrieren zu können, ist der Sanktuar (Altarraum) häufig mit mehreren Altären ausgestattet oder er verfügt über weitere Räume. Der Sanktuar wird nur während der Gottesdienste geöffnet; sonst ist er vom Gemeinderaum durch eine dreitürige, mit Ikonen besetzte Wand (Ikonostase) getrennt.

Männer und Frauen sitzen strikt voneinander getrennt, die Frauen auf der rechten, die Männer auf der linken Seite. Auch bei der Kommunion gilt Geschlechtertrennung. Der Altar bietet hier zwei entsprechende Bereiche. Frauen, die ihre Menstruation haben, dürfen nicht am Abendmahl teilnehmen.

Diakone als Engel

Am Anfang einer jeden Messe steht die Lesung (aaisheia) mit Kapiteln aus der Bibel. Anschließend folgt die taz-beha. Dabei werden koptische Lieder gesungen, die an die Urväter erinnern. Dazu spricht der Pater für sich leise das Gebet und bereitet derweil den Altar vor. Dann deckt er den mit einem Tuch geschützten Abendmahlskelch und den mit Brot gefüllten Bastkorb ab, seine Zwiesprache mit Gott setzt er unterdessen fort. Begleitet wird der Gottesdienst von mindestens zwei Diakonen, die rechts und links vom Altar auf Holzbänken sitzen bzw. im Lauf der Messe hinter dem Altar stehen. Sie stellen Engel dar.

Der Diakon rechts vom Pater hält einen runden Korb, der mit einem weißen Stofftuch ausgelegt und mit einem Kreuz bestickt ist; der Diakon auf der linken Seite hält den Kelch. Zuerst wird dem Pater der Korb gereicht, in dem neun runde Laib Brot aus der hauseigenen Bäckerei kreuzförmig arrangiert sind. Nur makelloses Brot und guter Messwein dürfen nach dem Gottesdienst gereicht werden. Die Auswahl des Brotes ist ein wichtiges Ritual, ebenmäßig und rein muss es sein. Unter diesem Aspekt wählt der Pater einen Laib mit der rechten Hand aus und prüft ihn mit kreisenden Bewegungen. Ist er nicht gefällig, nimmt er das Brot in die linke Hand und wählt ein Neues – so lange, bis er ein perfektes Stück gefunden hat.

Dies alles geschieht in Erinnerung an den Tod Jesu, der bei lebendigem, unversehrtem Körper gekreuzigt wurde. Mit seiner Wahl, noch immer in der rechten Hand, die als Zeichen für Macht und Stärke steht, schreitet er dreimal um den Altar und bekundet leise, das rechte Brot gefunden zu haben (agbeia). Während dieser Handlung kniet die Gemeinde, die Diakone singen.

Der Messwein wird der gleichen strengen Prüfung unterzogen. Ver-strömt der Wein einen sonderbaren Geruch, wird Gott um Vergebung gebeten und der Wein ersetzt. Einziges Ziel der koptischen Messe ist es, Brot und Wein symbolisch zu Körper und Blut Jesu zu transformieren (el tanauwil).

Der Danksagung an Gott, der schützend über der Gemeinde steht, folgen die sieben wichtigsten Gebete, wobei die ersten drei einen höheren Rang einnehmen: das Gebet für den Frieden, das Gebet für den Pater und Papst, das Gebet für die Gemeinde, das Gebet der Barmherzigkeit, das Gebet für Wasser, das Gebet für Pflanzen und das Gebet für Früchte.

Während der Messe werden Kapitel aus den Evangelien von Matthäus und Lukas gelesen. Die Gemeinde spricht das orthodoxe Glaubensbekenntnis, bevor das geheiligte Brot in drei Teile geteilt wird – im Namen des Vaters, des Sohnes und des Heiligen Geistes. Die Gemeinde verharrt in einmütigem Schweigen. Auch der Wein wird gesegnet, und wieder verstummen dabei die Gläubigen in Andacht.

Der Gottesdienst dauert bis zu drei Stunden und wird auf Arabisch oder auf Koptisch gehalten. Dafür sind auf dem Altar eigens zwei verschiedene Pulte errichtet, das koptische und die arabische mangaleia. Je nach Sprache findet die Lesung von einem der beiden Pulte statt.

Gäste sind bei Messen der Kopten herzlich willkommen.

Internet
www.coptic.net: umfassende Selbstdarstellung der Kopten in englischer Sprache mit Links zur internationalen Gemeinde mit Zentren auch in Deutschland.

Der Codex Sinaiticus
– Gestohlen oder verschenkt?

Kostbares Pergament: Manuskript des Codex Sinaiticus

Gleich am Eingang zum Katharinenkloster, rechts an den Stufen unter dem Bogengewölbe, hängt – so sehen es die Mönche – das Dokument eines Diebstahls: das Faksimile des Briefes, in dem der Schreiber verspricht, »dieses Manuskript unbeschädigt und in gutem Zustand dem Kloster zurückzugeben«.

Der Briefschreiber, Konstantin von Tischendorf (1815–74), weilte ab 1844 auf Order Zar Alexanders II., Schutzherr der Christenheit im Orient, mehrmals für Studienzwecke in St. Katherina und war dort auf das heute berühmte Manuskript gestoßen, das er schließlich an sich nahm. Auf die Rückkehr des Codex Sinaiticus, das älteste Neue Testament, wartete man im Kloster vergeblich. Seit 1933 liegt der größte Teil des Codex im Londoner British Museum, das 347 Bibelpergamente für 100 000 £ gekauft hatte (laut englischen Presseberichten soll der Codex für immer auf den Sinai zurückkehren). Weitere 53 Pergamente des Tischendorf-Fundes befinden sich als Codex Friederico Augustinus in Leipzig: von Tischendorfs Geschenk an König Friedrich August I., den großzügigen Finanzier seiner Forschungsreisen.

Zufallsfund im Papierkorb?

Angeblich war es ein Korb mit Pergamenten zum Verheizen, in dem Tischendorf den Codex entdeckt hatte, ein in griechischer Sprache verfasstes Pergament, dessen Bedeutung für die Bibelforschung er sofort erahnte, da der Sinai-Fund umfangreicher war als etwa der bis dahin bekannte Codex Vaticanus und sowohl Altes (teilweise) als auch Neues Testament (vollständig) umfasste. Vielleicht ist die Geschichte des Fundes aus dem Papierkorb als Rechtfertigung von Tischendorfs im Nachhinein erfunden worden, denn sie widerspricht Schilderungen, wonach die Mönche sehr genau wussten (und das ist bis heute so), welche Schätze sie besitzen.

beiden Evangelien von Matthäus und Lukas.

1975 machten die Mönche nach einem Brand hinter einer Wand eine weitere sensationelle Entdeckung: syrische und slawische Manuskriptrollen und ein Dutzend Pergamente, die Bestandteil des Codex Sinaiticus sind.

Künftig wird der komplette Codex für Forscher wie Laien zugänglich sein

Der Bibel auf der Spur

Von Tischendorf war auf der Suche nach unentdeckten Bibelhandschriften bereits viele Jahre unterwegs gewesen. Mit der ältesten Kopie hoffte er nun Inhalt und Wortlaut der ›echten‹ Bibel ein Stück näher zu kommen. Tatsächlich erwies sich bei der Übersetzung, dass die vier Schreiber, denen der Codex diktiert worden war, der Nachwelt die einzig bekannte Kopie des griechischen Neuen Testamentes hinterließen. Unsicher ist, wo der Codex entstand, möglicherweise bei Caesarea, nachdem Kaiser Konstantin das Christentum als Religion in seinem Reich anerkannt und 331 befohlen hatte, es in Wort und Schrift zu verbreiten.

Von Tischendorf revolutionierte mit Übersetzung, Vergleich und Analyse des Codex Sinaiticus die Bibelforschung: Seither ist z. B. klar, dass das Evangelium von Markus älter ist als die

– in digitaler Form. Schritt für Schritt werden die Blätter für die Präsentation im Internet bearbeitet, sodass es möglich wird, per Mausklick durch den Band zu blättern, Teile der Seiten zu vergrößern, den handgeschriebenen altgriechischen Text in Reinschrift darzustellen und sogar eine Übersetzung zur jeweiligen Passage aufzurufen.

Codex online

Die 43 Leipziger Blätter sind für jedermann auf dem Computer nach Installation von Microsoft Silverlight zu besichtigen unter www.e-manuscripts.org. Die virtuelle Zusammenführung des Codex startete unter Beteiligung aller namhaften Forscher und Institute (Katharinenkloster, British Library, Russische Nationalbibliothek, Universität Leipzig) im Internet unter www.codex-sinaiticus.net/de.

Zankapfel Sinai – die Friedenstruppe MFO

Der Sinai, das wird Besuchern angesichts der vielen Checkpoints und Passkontrollen bei der Anreise auf die Halbinsel klar, genießt einen Sonderstatus. 1979 schlossen Ägyptens Staatschef Anwar el Sadat und Israels Ministerpräsident Menachem Begin unter amerikanischer Schirmherrschaft den Frieden von Camp David. Damit die Vereinbarungen in Zusammenhang mit der Rückgabe des Sinai auch tatsächlich umgesetzt wurden, erteilten die Vereinten Nationen einer speziellen UN-Truppe das Mandat, auf beiden Seiten den Frieden zu sichern.

Das Mandat für die UN-Friedenstruppe lief bereits wenige Monate nach dem Friedensschluss 1979 aus – man rechnete mit einem Veto der Sowjetunion im UN-Sicherheitsrat; die UN-Friedenstruppe wurde ersetzt durch die MFO (Multinational Force and Observers, www.mfo.org), eine internationale Organisation, die von Israel, Ägypten und den USA finanziert wird. Etliche andere Geberstaaten steuern ebenfalls Geld bei.

Fahrzeugen mit dem Autokennzeichen MFO und der Friedenstaube begegnet man vielerorts auf dem Sinai. Die MFO-Soldaten haben die Aufgabe, weiterhin die Einhaltung des Friedens-

International überwacht: Der Sinai gilt als Pufferzone zwischen Israel und Ägypten

abkommens zu sichern, das beiden Seiten – Ägypten und Israel – nur teilmilitarisierte Grenzzonen erlaubt.

Zonen schaffen Distanz

Für den Sinai bedeutet dies, dass die Halbinsel in drei Zonen unterteilt ist: A, B und C. In Zone A (Rafah/Mittelmeer bis Ostküste am Golf von Aqaba einschließlich Sharm el Sheikh) darf die ägyptische Armee nur 22 000 Mann Infanterie samt Equipment stationieren – keinen Mann mehr. In Zone B (ein vom Mittelmeer inklusive El Arish reichender Keil über den gesamten Zentralsinai) darf Ägypten vier Bataillone mit je 4000 Mann und Kurzstreckenwaffen stationieren, dazu Personal und Gerät für die Überwachung der Küste. In Zone C (ein breiter Küstenstreifen von östlich von Port Said bis einschließlich Ras Mohammed) sind nur MFO-Soldaten gestattet. Ägypten darf keinerlei Militär, lediglich Polizei mit leichter Bewaffnung stationieren. Zone D in Israel unterliegt ähnlichen Einschränkungen für militärische Präsenz.

Multinationale Truppe

Die MFO-Soldaten, die hier einen unentbehrlichen Dienst tun, stammen u. a. aus Italien, Frankreich, Ungarn, Kolumbien. Italien garantiert mit drei Kanonen- und Minenräumschiffen, die in Sharm el Sheikh stationiert sind, die ungehinderte Fahrt durch die Straße von Tiran und den Golf von Aqaba. MFO-Hauptquartiere liegen in Sharm el Sheikh und in El Gorah nahe der Mittelmeerküste; die Oberste MFO-Leitung hat gemäß Vertrag ihren Sitz in Rom.

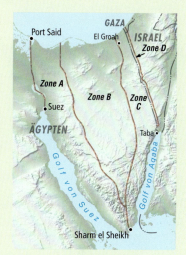

Der Sinai ist in Zonen aufgeteilt

Einsatz: Ende offen

Über einen Abzug der MFO-Truppen zu reden, das ist in Israel wie in Ägypten schon fast ein Tabu. Denn die Präsenz der neutralen Soldaten hat deeskalierende Wirkung und verführt keine der beiden Seiten dazu, in schwierigen Zeiten – wie etwa nach der Wahl des israelischen Hardliner-Premiers Benjamin Netanjahu – mit Truppenaufzügen an der Grenze den Nachbarn zu provozieren.

Der Auftrag der MFO wird sich erst erübrigt haben, wenn für den gesamten Nahen Osten ein umfassender Frieden, Syrien und Libanon eingeschlossen, ausgehandelt wurde. Und das kann noch sehr lange dauern.

Einen Vorteil hat der besondere MFO-Status des Sinai für Besucher aus Israel: Sie dürfen visafrei auf die Halbinsel, nicht aber über den Suezkanal ins ägyptische Kernland.

Den Frühling 2008 in Kairo wird niemand im Lande so schnell vergessen. Die Preisspirale für Grundnahrungsmittel, vom Fladenbrot über Reis bis zur Tomate, hatte sich immer schneller gedreht. Auf den Weltmärkten explodierten durch Ernteausfälle einerseits und rapide steigende Nachfrage andererseits die Preise für Weizen und Reis. Damit wurden die Grundnahrungsmittel beinahe so unerschwinglich wie Huhn, Fleisch und Fisch. Für weite Teile der Bevölkerung waren sie nicht mehr bezahlbar.

Kurzfristige Reaktionen, langfristige Probleme

Mit Knüppeln und Polizeikontrolle war das Problem nicht mehr beherrschbar. Ägyptens Regierung, in Panik ob drohender Brotunruhen, verhängte kurzfristig einen Exportstopp für Reis und Weizen, ließ nun die Bäckereien der privilegierten Militärs für die Armen produzieren und ordnete Rationierungen an. Mit drakonischen Strafen ging man gegen gewissenlose Bäcker vor, die subventioniertes Brot gewinnbrin-

Brot und die Welt – Ägypten und die Globalisierung

Die Zeitungen waren voll von Berichten über Großfamilien, die sich nur noch von trocken Brot ernähren konnten, da für sie selbst das wöchentiche Fleischgericht zum unerschwinglichen Luxus wurde. Die Lage drohte außer Kontrolle zu geraten: Das seit jeher für die Armen subventionierte Brot, verkauft in speziell lizenzierten Bäckereien, wurde plötzlich so knapp, dass es im Streit darum in den Käuferschlangen zu Schlägereien mit etlichen Toten kam. Auf den Straßen formierten sich erste Demonstrationen; das Grummeln im Lande steigerte sich mit jedem Tag zum Beben.

Exorbitant steigende Lebenshaltungskosten sorgen bei großen Teilen der Bevölkerung in Ägypten für Not – trotz staatlich subventionierter Brotpreise

gend unter der Hand z. B. an Hotels verkauften.

Gleichzeitig wurden – eher psychologische als tatsächliche Hilfsmaßnahme – die Gehälter der Staatsbediensteten von umgerechnet 12 € im Monat um 30 % angehoben. Den Zugewinn fraß aber eine kurz danach verordnete drastische Erhöhung u. a. der Treibstoffpreise wieder auf, deren Ursache wiederum im explodierenden Ölpreis auf den Weltmärkten zu suchen war.

Bis 2010 gesellte sich zur Versorgungskrise die weltweite Krise der Finanzmärkte. Genauso wie in Europa fanden die Ägypter, dass sie für den amerikanischen Immobilienwahn, die jahrelange unverantwortliche Verschleuderung von Krediten zur US-Häuserfinanzierung und die Geldgier von Fondsmanagern und Investment-bankern nun als Unbeteiligte gerade zu stehen hatten. Auch wenn die Regierung verkündete, die weltweite Rezession seit 2008 treffe Ägypten nicht, war allen klar, dass so eine Behauptung Unsinn sein musste. Geht der Welthandel zurück, dessen Produkte zu 7,5 % durch den Suezkanal transportiert werden, sinken die wichtigen Einnahmen aus den Passagegebühren. Greift in der Welt die Arbeitslosigkeit um sich, verreisen weniger Menschen, leidet der Tourismus.

Ist die Globalisierung schuld?

So stellt sich in Ägypten ebenso wie in einer Reihe anderer ähnlich gebeutelter Länder die Globalisierung dar, zu deren Gewinnern man sich nicht rechnet. Ist wirklich allein die Globalisieung schuld an allem? Um auf die Brotkrise zurückzukommen: Wie kam es in Ägypten überhaupt zu dieser Entwicklung?

Die Ursachen reichen weit zurück. Jahrzehntelang exportierten die USA aus ihrer Überschussproduktion Weizen an den Nil, der vor Zeiten der Überbevölkerung in Ägypten eigentlich gar nicht gebraucht wurde. Bis Anfang der 1970er-Jahre produzierten die ägyptischen Fellachen genug für das eigene Land. Also wurde der überflüssige und nicht konkurrenzfähige heimische Weizen zu Tierfutter verarbeitet, eine Fleischindustrie aufgebaut.

Die Ägypter bekamen, ohne es zu merken, plötzlich nur mehr Brot aus Importweizen zu kaufen. Der eigene Weizen, der mit immer größerem Ertrag geerntet wurde, füllte die Mägen von Schafen und Rindern.

Die Globalisierungsfalle schnappt zu

Als nun der Importweizen immer teurer wurde, weil die USA und der übrige Westen strikten Subventionsabbau betrieben, saß Ägypten in der Falle. Um den inzwischen lebensnotwendigen Weizen weiter importieren zu können, musste Ägypten sogar Schulden machen. Die Kredite dafür gewährte der Internationale Währungsfonds (IWF). Der aber stellte eine zentrale Bedingung: Die ägyptische Landwirtschaft musste auf Exportfrüchte umgestellt werden, die Devisen für die Kredittilgung bringen. Ägypten wurde in diesem Sog zum immer größeren Verlierer, und die Regierung konnte nach den Brotunruhen von 1977 gar nicht anders, als Weizen immer stärker zu subventionieren, um nicht von einer Brotrevolution hinweggefegt zu werden.

Lebensmittelexport trotz Unterversorgung

In der Zeit zwischen 2004 und 2008 verdreifachte sich der für die Lebensmittelsubventionen aufzubringende Betrag auf 20 Mrd. LE. Dazu exportierte Ägypten beispielsweise 2008, dem Jahr der dramatischen Unterversorgung, für 2 Mrd. US-$ Lebensmittel – ein Drittel mehr als 2007 (1,5 Mrd. US-$). Veränderungen sind kaum zu erwarten. Bis heute werden landwirtschaftliche Produkte angebaut – beispielsweise Erdbeeren –, die Dollar und Euro bringen, aber unbedingt die Ägypter sattmachen. Auf diesen Ackerflächen ließen sich Grundnahrungsmittel anbauen, die der Bevölkerung zugute kämen.

Eine der Säulen der ägyptischen Wirtschaft: der Suezkanal

Der Suezkanal – Ägyptens großer Devisenbringer

Der Suezkanal ist eine der wichtigsten Einnahmequellen für Ägypten und einer der Grundpfeiler der ägyptischen Wirtschaft. Die 162 km lange künstliche Wasserstraße zwischen Mittelmeer und Rotem Meer, die seit ihrer Einweihung 1869 den Seeweg zwischen Ost und West ganz erheblich verkürzt, passieren heute rund 22 000 Schiffe im Jahr.

Im Fiskaljahr 2008/2009 betrugen die Einnahmen aus der Suezkanal-schifffahrt ca. 4 Mrd. US-$ – und die Kurve stieg nach kurzem Absacken durch die Weltwirtschaftskrise steil nach oben. Im Herbst 2010 zeichneten sich für das Geschäftsjahr 2010/11 Zuwächse im Bereich von 15–20% ab. Bis zu 300 000 € kostet die Durchfahrt, die nur im Konvoi möglich ist – der Suezkanal ist eine Einbahnstraße. Die Gebühren sind u. a. abhängig von der Größe eines Schiffes und seiner Ladung. Für ältere oder nicht dem Stand der Technik entsprechende Schiffe gelten besondere Risikozuschläge.

Eine der größten Bauleistungen des 19. Jh.

Die Idee, Mittelmeer und Rotes Meer zu verbinden, hatte schon 1799 Napoleon während seines Ägypten-Feldzuges. Doch man ließ den Plan für den Durchstich fallen. Wegen falsch berechneter Vermessungen waren die Geologen von einem zu großen Wasserstandsunterschied ausgegangen.

Erst 1847 stellte eine Expertengruppe die nahezu gleiche Höhe der beiden Meere fest. 1856 schloss Ägypten einen Konzessionsvertrag mit der von Ferdinand de Lesseps gegründeten Compagnie Universelle du Canal Maritime de Suez. Der Abschluss der Arbeiten 1869 vollendete eine der größten Bauleistungen des 19. Jh. 1870, im ersten Jahr der Suezschifffahrt, passierten lediglich 468 Schiffe mit einer Nettotonnage von unter einer halben Million Tonnen den Kanal. Mehr als hundertdreißig Jahre später, 2010, waren es über 20 000 Schiffe mit über 390 Mio. Tonnen.

Moderne Supertanker bleiben draußen

Ölfracht machte 1966 etwa 73 % der Gesamtladung aus. Zehn Jahre später war dieser Wert auf 29 % gesunken, da die Öltanker zunehmend größer konstruiert wurden und der Suezkanal mit 19 m nicht mehr genug Tiefe bot.

In zwei Ausbaustufen wurde der Kanal seit 1980 erweitert, aber auch die neue Tiefe von 22 m erlaubt den modernen Tankerriesen keine Durchfahrt. Sie nehmen weiterhin den Weg um das Kap der Guten Hoffnung – oder pumpen das Öl an der Kanaleinfahrt an Land und pumpen es nach dem Transport durch Pipelines nach der Ausfahrt wieder an Bord. In den vergangenen Jahren begann die Kanalverwaltung die Fahrspur mit Hilfe von Absaugbaggern weiter zu vertiefen, um sie in der Zukunft für die Supertanker der neuesten Generation befahrbar zu machen. Als ›Suezmax‹ werden die größten passagefähigen Schiffe bezeichnet.

Rund 7,5 % der Waren des Welthandels werden heute durch den Suezkanal verschifft – Tendenz steigend.

Denn je höher die Treibstoffpreise für Schiffe liegen, desto unrentabler und kostspieliger ist der Umweg über das Kap der Guten Hoffnung. Die transportierte Ware eines Schiffes entscheidet mit, welche Route rentabel ist. Baumwolle und Maschinenbauwaren, Stahl, Tee und Kaffee gelten als Güter, auf die sich die Kanalgebühren problemlos umlegen lassen. Nicht so eindeutig ist es z. B. bei Elektronik und anderen Waren, die im Handel, also beim Endverbraucher mit knappen Margen im harten Preiskampf stehen. Konkurrenz droht dennoch: durch die dank Arktisschmelze leichter passierbare und 10 Tage kürzere Nordost-Passage im russischen Nordmeer.

Blockade im Sechstagekrieg

Ohne den Suezkanal als Abkürzung verteuerten sich Waren aus Fernost in

Europa um rund 10–15 %, wie man zwischen 1967 und 1975 feststellen konnte. Im Sechstagekrieg gegen Israel hatte Ägyptens Präsident Gamal Abdel Nasser, der schon 1956 mit einer Teilsperrung und der Verstaatlichung des Suezkanals die Suezkrise ausgelöst hatte, den Kanal blockiert. Acht Jahre lang mussten Tanker und Frachter wie früher Afrika umfahren. Durch den Kanal dauert heute die Fahrt Hamburg–Singapur und zurück 61 Tage – über das Kap der Guten Hoffnung sind es 16 Tage länger. Die Passage durch den Kanal dauert 10–15 Stunden.

Was bringt der Kanal der Region?

Der Kanal ist in erster Linie Durchfahrtszone, der keine große Anzahl von Arbeitsplätzen schafft. Doch einen immer größeren Anteil seiner eigenen Exporte wickelt Ägypten über die Suezregion ab, die mit ihren Zugängen zum Mittelmeer und zum Roten Meer strategisch doppelt gut aufgestellt ist. Wie wichtig Ägyptens Regierung diese gesamte Region ist, dafür sprechen diverse Großprojekte.

Electricité de France baute zwei Kraftwerke mit einer Kapazität von je 680 Megawatt für insgesamt 670 Mio. US-$. Südlich von Suez entstand in Ain Sukhna ein privat betriebener Containerhafen, der die Betriebe in der Industrieregion versorgt. Ein großes Düngemittelwerk ist fertiggestellt; dazu kommen ein Stahlwerk und ein petrochemisches Werk für Oriental Weavers, den größten Hersteller von Bodenteppichen und Polyesterfasern der Welt. Nach dem Willen der Regierung sollen bis 2020 über 10 Mrd. US-$ in neue Anlagen der Erdölchemie investiert werden. Eine Institution zur Förderung der petrochemischen Industrie wurde auf Order von Präsident Hosni Mubarak gegründet.

Blick nach vorn – der Suezkanal ist die wirtschaftliche Lebensader Ägyptens

Die Beja – der ›vergessene‹ Stamm

Ein karges Leben abseits der Zivilisation – Alltag für das Nomadenvolk der Beja

Die Beja leben am Südende der Arabischen Wüste, östlich des Nasser-Sees an der Grenze zum Sudan, gleichen in ihrer Physiognomie den Ägyptern der frühdynastischen Reiche vor ca. 5000 Jahren und sprechen einen hamitosemitischen Dialekt.

Womöglich wüsste heute noch niemand von den Beja, wenn nicht die ägyptische Anthropologin Shahira Fawzy bei einer Umweltstudie über den Nasser-See per Fernglas auf zwei Frauen aufmerksam geworden wäre, die mit drei Kindern vom See aus zu einem angeblich unbewohnten und unbewohnbaren Landstrich zogen. Die Wissenschaftlerin war auf einen 1000 Jahre lang vergessenen Nomadenstamm gestoßen, von dessen Existenz bis dahin niemand mehr gewusst hatte.

Die ›Leute vom Berg‹

Shahira Fawzy beschloss, mit dem Stamm, rund 20 000 Menschen, zu leben. Sie blieb zwölf Jahre unter den Nomaden, die seit Jahrhunderten so isoliert lebten, dass sie nicht einmal wussten, was Strom ist und wozu man ihn benutzen kann. Den Stausee, der einen Teil ihres Gebietes überflutete, hielten sie für eine Sintflut, die von selbst wieder abschwellen werde. Und wenn sie gelegentlich im Land Cruiser der Wissenschaftlerin mitfuhren, dann erklärten sie nicht der Fahrerin den Weg durch die Wüste, sondern sprachen mit dem Wagen selbst.

Die Beja nennen sich selbst *ness el gebel*, die ›Leute vom Berg‹, und stammen der mündlichen Überlieferung nach von der Arabischen Halbinsel. Ihre Erzählungen deutet die Anthro-

pologin Fawzy so, dass die Beja unter den Pharaonen, aber auch noch später unter den Römern die ergiebigen Goldminen vor Plünderern schützten. Nach dem Ende der Goldgräberzeit hatten sie kaum noch Kontakt mit Fremden und taten, was sie auch vorher getan hatten: Sie zogen dem seltenen Regen, wenn er denn fiel, hinterher, und blieben, wo sie waren, wenn es nicht regnete. Die Feuchtigkeit genügte für ein karges Weideland, das Schafe und Ziegen ernährte.

Der Weg in die Moderne – Fluch oder Fortschritt?

Kritisiert wurde Shahira Fawzy von unterschiedlichen Seiten oft für das, was sie schon während ihrer wissenschaftlichen Studien tat: Sie machte sich bei der ägyptischen Regierung stark dafür, dass die Beja eine minimal menschenwürdige Versorgung bekommen sollten: Brunnen, Erziehung, Kleidung. Die Verwaltung war alles andere als glücklich darüber und versuchte, Fawzys Engagement mit allen erdenklichen bürokratischen Mitteln (und auch Gewalt) zu Fall zu bringen; man wollte nicht noch ein Problem, das dem abgewirtschafteten Staat nur Kosten verursacht.

Ist es richtig, einen Stamm wie die Beja gleichsam in die Moderne zu katapultieren? Forscherin Fawzy sagt dazu nichts. Für sie ist es eine Verbesserung der Situation, dass die Beja-Kinder heute wissen, was ein Auto, ein Fernseher ist, wie eine Mango und wie Honig schmecken. »Aber«, fragen manche Kritiker, »ist es wirklich wichtig, dass sie das wissen?«

Die Sinai-Beduinen – auf der Suche nach einer besseren Zukunft

Die Wüstenstämme rechnen sich selbst nicht zu den Ägyptern – letztere leben im Niltal und im Delta, Beduinen und Nomaden auf dem Sinai und in der Wüste. So einfach war – ohne Berührungspunkte – das Nebeneinanderleben früher. Im Alltag des Tourismusgeschäfts zeigt es sich, dass Ägypter als Planer, Chefs und Manager selten gut mit Beduinen auskommen, auf deren Land sie sich ausgebreitet haben.

Der Begriff Beduine (arab. *bedu*) geht zurück auf die westsemitische Wurzel *badw* als Bezeichnung des Herdenbesitzers; in Ismael, in der Bibel der Sohn Abrahams mit Hagar, sehen die Beduinen ihren Stammvater. Auf dem Sinai leben 90–95 % der 500 000 Beduinen ägyptischer Nationalität. Sie bringen es auf knapp 20 Stämme, die ihre verschieden großen Gebiete selbst kontrollieren und verwalten. Planungs- und Polizeihoheit liegen indes bei der Regierung in Kairo und bei dem von ihr eingesetzten Gouverneur. Doch bei Streitigkeiten besitzen die Sheikhs, die Stammesältesten, Autorität. Ihr Wort zählt.

Verschiedene Beduinengruppen

Die Stammesgrenzen haben sich in den vergangenen 400 bis 500 Jahren nicht verändert. Sie sind nirgends niedergeschrieben, sondern allgemein bekannt und orientieren sich an markanten Punkten in der Landschaft.

Von Bedeutung sind auf dem Sinai zwei Gruppen: die Tiyaha-Beduinen der Ebene, die mit großen Kamelherden von Ort zu Ort ziehen und einst von Schutzgeldern der Handelskarawanen lebten, und die Tuwara, die Leute vom Berg Sinai. Die aus dem heutigen Jordanien stammenden arabischen Haweitat und die Suwarka, die als größter Stamm im Nordsinai leben, sind weitere wichtige Gruppen in der Region.

Die Leute vom Berg Sinai – die Tuwara

Die Tuwara sind bis heute nur als Halbbeduinen anerkannt, da Kaiser Justinian ihre Vorfahren im 6. Jh. aus Osteuropa, Bosnien, Anatolien und vom Schwarzen Meer für den Aufbau des Katharinenklosters auf den Sinai hatte bringen lassen; Ägyptens Statthalter schickte weitere hundert Familien aus Alexandria. Die Tuwara galten immer als Beschützer des Katharinenklosters; im Gegenzug verpflichteten sich die Mönche, sie regelmäßig mit Naturalien zu versorgen. Erst im Laufe der Zeit vermischten sich die ›Zwangsgastarbeiter‹ der Mönche mit den echten Beduinen, heirateten in arabische

Mit Schwung in eine bessere Zukunft

Stämme ein und konvertierten – spätestens im 7. Jh. – zum Islam.

Die Kultur der Beduinen

Die Kultur der Beduinen kennt keine schriftlichen Dokumente; alle Überlieferung erfolgt nach orientalischer Tradition mündlich. Was Europäern das Familienbuch mit Stammbaum ist, das ist dem Beduinen die Fähigkeit, seine Vorfahren zurück bis ins erste Glied aufzählen und benennen zu können.

Beduinen sind der Musik und der Poesie geradezu verfallen, und so treffen sich in uralter arabischer Tradition die Männer allabendlich, um gemeinsam auf ihren Instrumenten zu musizieren. Gewöhnlich spielen sie auf einer fünfsaitigen *simsimiyya,* einer der Lyra ähnlichen Leier. Die Saiten, die mit der linken Hand gezupft werden, produzieren fünf verschiedene Halbtöne. Aber auch auf Gitarren, Pfeifen und Trommeln werden von den Vorvätern überlieferte, teils sehr rhythmische, teils sehr sanfte Melodien und Weisen gespielt. In den Liedern und Gedichten gibt es stets wiederkehrende Motive, die von Karawanen und Kamelen, vom Fischeralltag, von der Wüste und den Freuden der Oasen sowie dem Lauf der Jahreszeiten erzählen. Die unterhaltsamen Sagen über die Ahnen, in denen sich Geschichte und Geschichten vermischen – oftmals kleine Juwele orientalischer Erzählkunst – erfüllen zudem die Funktion einer immerwährenden Chronik.

Entwurzelung durch Sesshaftigkeit

Sowohl Ägypten als auch Israel (während der Sinaibesetzung) taten viel, um die Nomaden sesshaft zu machen, wobei die Israelis geschickter vorgingen und noch heute die Sympathien der Beduinen genießen. Während die Israelis stetig Geld für Brunnen, Siedlungen und ärztliche Versorgung bereitstellten und die Sheikhs geradezu hofierten, versucht die Kairoer Zentralregierung immer wieder, den Nomaden die Sesshaftigkeit zu verordnen, sie aus den Wüstenzelten in kalte Betonsiedlungen zu verpflanzen, sie zum Militärdienst zu verpflichten und ihnen den ägyptischen Lebensstandard aufzuzwingen. Mit mäßigem Erfolg. Verwurzelt in der eigenen Kultur, gedrängt in eine fremde und obendrein konfrontiert mit dem importierten freizügigen Lebensstil der Touristen führen viele Beduinen ein Leben in innerer Heimatlosigkeit. Insofern ist der Sinai ein trauriges Lehrbeispiel, wie eine Kultur Schritt für Schritt von außen zerstört wird.

Und die Zukunft?

Viele Beduinen haben sich inzwischen im Tourismus eine neue, moderne Existenz aufgebaut. Sie arbeiten als Fahrer bei Wüstensafaris, organisieren Touren durch die Wüsten und Gebirge des Sinai – und das mit durchaus zeitgemäßen Geschäftsmodellen, beispielsweise mit Vertrieb übers Internet und über Reiseagenten zwischen Nuweiba und Sharm el Sheikh. Die Durchführung der Touren liegt aber ausschließlich in Händen von Mitgliedern acht verschiedener Beduinenstämme, die die Touristen in ihren jeweiligen Territorien vom Frühstück bis zum Reitkamel rundum versorgen. Die Startfinanzierung für dieses Modellprojekt zur Einbindung von Beduinen in den Tourismusbetrieb gab die EU.

Planet Sharm – Gastarbeiter im eigenen Land

Für Abu Bakr, Mitte 20, ist Sharm el Sheikh einer der merkwürdigeren Plätze dieser Welt. Ein Paradies, nah und fern, vertraut und entrückt gleichzeitig. Seit drei Jahren arbeitet der Ägypter hier als Kellner und Barmann in einem Fünf-Sterne-Hotel an der Naama Bay und er weiß nun, dass es hier genau zwei Welten gibt: Gehört man zur einen, badet man im Pool. Gehört man zur anderen, bedient man am Pool.

Drei Wochen am Stück arbeitet Abu Bakr jeweils täglich 14–16 Stunden. Dann fährt er mit dem Superjet-Bus nach Hause, nach Kairo, um seine monatlich sieben freien Tage zu verbringen. Die Reise dauert ein paar Stunden und sie erinnert an einen Trip im Raumschiff vom glitzernden Touristen-Planeten Sharm in die Welt des schmuddeligen Stadtteils Shobra, wo viele Straßen ungeteert sind, wo der Müll oft nicht abgeholt wird und deshalb an der nächsten Ecke liegt, wo oft der Strom stundenlang ausfällt.

Sharm von der anderen Seite des Tresens

Bakr, wie ihn Freunde rufen, mag seinen Job, auch wenn er umgerechnet nur 50 € im Monat verdient, Kost und Logis frei, Trinkgelder von rund 90 € extra. »Als ich hier anfing«, erinnert er sich, »war's ein Traum, in Sharm zu arbeiten, wo andere Urlaub machen« – in einem Hotel, wäre anzufügen, das

Oftmals Wanderer zwischen den Welten: das Hotelpersonal

103

Wenn es Nacht wird am Hotelpool …

er sonst nie auch nur betreten könnte, weil ihn die Sicherheitsleute schon am Eingang zum Marmorfoyer abweisen würden. In schwarzer Hose und weißem Hemd bei brütender Hitze am Pool Getränke zu servieren, nie genug Schlaf zu bekommen, den Preis hält der junge Ägypter für nicht zu hoch, wenn er an das andere Leben in Kairo denkt.

Pendler zwischen Welten

Bakrs Vater ist kleiner Beamter in der Kairoer Stadtverwaltung, die Mutter versorgt die vier jüngeren Geschwister und kümmert sich um die kränkelnde Großmutter. Zum Urlaub fuhr man, als noch Geld dafür übrig war, früher gerne für ein, zwei Wochen mit dem Bus ans Mittelmeer, ins schlichte Ras el Barr. Bevor Bakr, vermittelt von einem Freund, in Sharm antrat, schlief er lange, trieb sich in Cafés herum, spielte Backgammon, half ab und an im Supermarkt; ein Schicksal, das viele Schulabgänger teilen, denen das Land keine Arbeit, keine Zukunft, keine Perspektive zu offerieren hat.

Über Bakrs Pendlerjob in Sharm ist die Familie nur insofern froh, als man das Geld dringend braucht. Bakr werde verdorben, vom freizügigen Lebensstil der Touristen verführt, fürchtete die verschleierte Mutter. Er werde nicht mehr fünf Mal am Tag beten, ein Haltloser werden. Die Befürchtungen der Mutter hat Bakr zerstreut. Zu Hause betet er, geht mit Freunden weg, kümmert sich um seine Geschwister. Er ist der gute Sohn geblieben – er hat für zuhause eine Legende aufgebaut, die vieles von Abu Bakrs Leben in Sharm unterschlägt.

Abends an der Strandbar trinken er und die anderen Jungs zu vorgerückter Stunde gerne mal ein paar Gläser Gin oder Whiskey, wenn's auch von den

Gästen niemandem mehr auffällt, dass die Barleute leicht beschwipst sind. »Mein Vater erschlägt mich, wenn er das je erfährt«, sagt Bakr, ganz zu schweigen von den Affären, die er öfter mal mit einsamen Touristinnen hat, obwohl ihn ein solcher Fehltritt den Job kosten könnte. Aber da lacht Bakr. »Neulich bin ich kurz vor der Dämmerung meinem Chef über den Weg gelaufen. Er kam wie ich aus einem Gästebungalow.« Am nächsten Morgen haben sich die beiden nur schweigend angelächelt.

Der Spagat zwischen Sharm und Shobra, dem geordneten Heim und dem vergleichsweise zügellosen Badeort ist für Abu Bakr nicht so leicht absolviert, wie er glauben machen möchte. Dass Touristinnen am Pool oder am Strand nahtloser Bräune zuliebe das Bikinitop ablegen, mit Männern reisen, mit denen sie nicht verheiratet sind, also Dinge tun, die die ägyptische Kultur nicht kennt, daran hat sich Bakr gewöhnt. Doch eine Erfahrung sitzt tief bei ihm.

Luxus der Reichen

In Sharm, beliebtester Treff wohlhabender Ägypter am Roten Meer, erlebt Abu Bakr auch, wie die Reichen seines Landes leben und Urlaub machen. Sie reisen mit philippinischen Kindermädchen an, ordern Champagner zum Aperitif, lassen sich die Cocktails am Pool tagsüber im Saftglas servieren. Oder die reichen Teenager, die mit Freunden übers Wochenende einfliegen, ägyptische Mädchen, die ihren Freund öffentlich küssen, im Meer vor aller Augen schmusen, nachts zusammen im Zimmer verschwinden. »Es sind natürlich nicht alle so«, sagt Bakr, »aber bis ich hierher kam, wusste ich zwar dass es Reiche gibt, die Mercedes fahren und in großen Wohnungen leben, aber ich hatte keine Ahnung, was es bedeutet, sich über Geld keine Gedanken machen zu müssen, alles tun zu dürfen, was man will.«

Es ist diese Erkenntnis, die Ägyptens Filmemacher und Literaten überaus gern als Motiv in ihren manchmal sehr groschenromanhaften Geschichten aufgreifen: den tragischen Helden, der verzweifelt, zum Menschenverächter wird und den sie zum Glaubensfanatiker oder gar zum Terroristen mutieren lassen.

Sozialneid, Verzweiflung? Nein, bei Abu Bakr ist nichts davon zu erkennen. Er erzählt von seinem Freund Hisham. Der hat eine Urlauberin kennengelernt. Sie kam schon zweimal wieder nach Ägypten, hat von Heirat gesprochen, vom gemeinsamen Leben in Deutschland. Wäre doch gelacht, wenn Abu Bakr nicht Ähnliches widerfahren könnte.

Mal Lastesel, mal Renntier – meilenweit mit dem Kamel

Spektakel in der Wüste: Kamelrennen

Das Kamel, genauer das einhöckerige Dromedar, ist seit jeher treuester Begleiter der Beduinen und Wüstenvölker. Es dient vor allem dem Lastentransport sowie als Lieferant von Milch, Fleisch und Fell. Auch im Tourismussektor hat es sich als nützlich erwiesen: Der Besucher auf dem Sinai findet vielerorts Beduinen, die mit ihm einen kurzen oder auch mehrtägigen Wüstentrip mit Kamelen unternehmen. Vom schaukelnden Gang des Wüstenschiffs sollte sich niemand abschrecken lassen.

»Einmalig in der Natur«, so der Kamelspezialist Dr. Ulrich Wernery aus Dubai, »ist die wüstengerechte Physiologie der Tiere.« Der Körper des Menschen taugt für die Wüste wenig, wie jeder schnell bemerkt, Kamele dagegen besitzen organische Kühlaggregate.

Dem Klima angepasst

Die Nase des Kamels ist eine Klimaanlage, die den Wasserdampf der ausgeatmeten Luft zur Kühlung von Blut, Gehirn und Augen nutzt. Mit der Oberlippe können stachelige Zweige abgerissen werden, die im Maul durch verstärkten Speichelfluss aufgeweicht werden. Bei extremer Hitze steigt die Körpertemperatur des Kamels auf 43 °C, reduziert dadurch das Schwitzen und senkt damit wiederum den Flüssigkeitsverbrauch. Die Niere filtert Salzwasser und gewinnt aus dem verdickten Harn in einem chemischen Recyclingverfahren Restwasser, das dem Körper wieder zugute kommt. Die roten Blutkörperchen können sich um das 200-fache vergrößern und Wasser speichern. In nur einer Viertelstunde können Kamele ihren natürlichen 200-Liter-Tank, Zellen einer Magenwand, mit Wasser füllen und damit mehr als eine Woche lang ohne Wasser auskommen. Der Höcker ist kein Wasser-, sondern ein Fettreservoir, beinhaltet also Energiereserven. Knie, Ellenbogen und Brustbein sind knorpelig und schildförmig verdickt, um die Gelenke beim Niederknien zu schonen und die Bauchhöhle vor der Bodenhitze abzu-

gen (die Hotels wissen normalerweise Bescheid). Bei großen Rennen werden die teilnehmenden Renntiere eigens aus Qatar, Kuwait und den Emiraten mit Spezialmaschinen eingeflogen und während einer Akklimatisierungsphase am Ort des Rennens auch trainiert. Alleine das ist ein Spektakel, wenn die Trainer neben den Kamelen in Pickups fahren und die oft eigensinnigen Tiere anfeuern, die es allerdings

schirmen. Die Füße des Kamels sind tellerförmig gespreizt – eine Form, die das Einsinken im Sand verhindert. Hornschwielen schützen vor der Hitze des Bodens und scharfen Steinen.

Wüstensprinter

Obwohl das Kamel geradezu wie für die Wüste geschaffen scheint, wird es, selbst in den abgelegensten Wüstenregionen Arabiens, mehr und mehr durch moderne Technik verdrängt: Vierradantrieb und Pickups sind die PS-starken Feinde des Kamels.

Eine Domäne hat sich das Kamel allerdings erobert: den Rennsport. Kamelrennen erfreuen sich in ganz Arabien höchster Beliebtheit. Auf dem Sinai finden solche Rennen im Frühjahr und Herbst in El Arish und am Katharinenkloster statt. Da es keine festen Termine gibt, muss man die Daten vor Ort in Nuweiba, Dahab, El Arish erfra-

nur kurzzeitig auf Spitzengeschwindigkeiten von 50–60 km/h bringen.

Solchen trainierten und mit Energiefutter verwöhnten Luxus-Sprintern unter den Kamelen wird der Tourist in der Wüste kaum begegnen, sondern robusten Tieren, die teils Lasten tragen, teils auch die Safariteilnehmer aufsitzen lassen. Bei großer Hitze und schwierigen Pfaden muss man darauf vorbereitet sein, abzusteigen, um die Tiere zu schonen.

Kamelsafaris

In allen Touristenorten des Sinai bieten Agenturen Kamelsafaris in die Wüste an, meist eintägige Ausflüge. Wer eine längere Kamelsafari unternehmen möchte, wendet sich an: Sheikh Sina Bedouin Treks, St. Katherine, Tel./Fax 069 347 08 80, mobil 011 255 11 50, www.sheikhsina.com

Tourismus versus Ökologie – Umweltschutz am Roten Meer

Wie viel Tourismus verträgt ein Ökosystem? Was hat im Zweifelsfall Vorrang: der wichtige Wirtschaftszweig Tourismus oder der Erhalt eines Naturraumes, wie am Roten Meer? Vereinigungen wie die Umweltschutzorganisation HEPCA suchen Kompromisse – mit ersten Erfolgen.

Man darf sich keine falsche Hoffnung machen: Die Ökologie-Debatte ist in einem Entwicklungsland wie Ägypten, dessen Bevölkerung von einer Dauerkrise der Wirtschaft gepeinigt wird, nur in wenigen Kreisen überhaupt ein Thema. Umweltschutz betrachten die meisten als Luxus – und das ist nur zu verständlich. Dem Kapitän eines Tauchbootes ist seine darbende Familie näher als ein durch sein tägliches Ankern lädiertes, langsam sterbendes Riff.

Erste Erfolge im Meer

Nur zögerlich wird gesehen, dass der scheinbare Widerspruch zwischen Ökologie und Ökonomie einen Kompromiss fordert. Denn die ökologischen Alarmglocken läuten schon seit langem am Roten Meer – seit über zehn Jahren nun aber auch mit positiver Resonanz.

In den 1990er-Jahren wurde Hurghadas regierungsunabhängige Umweltschutzorganisation HEPCA (Hurghada Environmental Protection Association) gegründet, die mit finanzieller Unterstützung der Entwicklungshilfe-Organisation USAID (United States Agency for International Development) mit praktischer Arbeit zum Schutz der Riffe und des Meeres begann. In einer ersten Phase wurden 60

Trinkwasser wird aus dem Niltal in die Pools der Touristen am Roten Meer gepumpt

Ankerbojen gesetzt, um weitere Beschädigungen von Riffen durch Anker werfende Schiffe einzudämmen. Bis 2009 waren es weit über 1000 Bojen; Gesamtkosten der Bojen-Pflanzaktion: über 7 Mio. US-$.

HEPCA hat auch begonnen, den Zustand der Riffe zu untersuchen, systematisch zu erfassen und ein ökologisches Gesamtkonzept für Hurghada zu entwickeln. Darüber hinaus initiierte die Organisation eine Sensibilisierungskampagne: Bootsunternehmer, Hotels, Tauchschulen und alle, die touristisch mit dem Meer zu tun haben, werden mit den Problemen der Unterwasserwelt Hurghadas vertraut gemacht und darauf geschult, umweltgerechtes Verhalten zu praktizieren bzw. in den Tauchschulen zu lehren.

Als Gesprächspartner stehen Meeresbiologen zur Verfügung, die auch an der Rettungsaktion für bereits kranke Riffe und Meeresabschnitte beteiligt sein werden. HEPCA ist es zu verdanken, dass ein Gebiet in Samadai Bay am Südzipfel des Roten Meeres für Taucher und Boote unzugänglich gemacht wurde, um den Lebensraum der Delfine zu schützen.

Einen ihrer größten – vorläufigen – Erfolge feierte HEPCA mit der Rettung des Naturschutzgebietes Giftun Island (s. S. 150). 1997 wurde der Aktionsradius der HEPCA von Hurghada auf fast die ganze Küste am Roten Meer ausgeweitet.

Knappes Trinkwasser

Auch thematisch stellen sich neue Herausforderungen. Umweltschutz betrifft nicht nur das Meer alleine. Angesichts ungebremst steigender Touristenzahlen drängen weitere Probleme: Wie bekommt man ausreichend Trinkwasser an die – man vergisst das leicht – am Rande der wasserkargen Wüste liegenden Badeorte am Roten Meer und auf dem Sinai? Meerwasser-Entsalzungsanlagen gibt es etliche, aber wegen der hohen Kosten für Bau und Betrieb nur in geringem Umfang. Der Kubikmeter Wasser kostet hier nach Schätzungen zwischen 0,50 und 0,70 €.

Derzeit wird Wasser per Pipeline aus dem Niltal ans Meer gepumpt und mit Hilfe von Tanklastwagen zu den Hotels gebracht. Mit wie viel CO_2 dadurch pro Liter Wasser die Atmosphäre belastet wird, wäre sicher eine im Ergebnis schockierende Rechnung.

HEPCA setzt seit einiger Zeit verstärkt da an, wo man sparen kann: beim Verbrauch. Da kann jeder Tourist seinen Beitrag leisten und z. B. Handtücher länger als einen Tag nutzen. Den Hotels stellen sich aber deutlich größere Aufgaben: HEPCA wirbt dort u. a. für Brauchwassersysteme zum Spülen oder Bewässern von Rasen.

Bei neuen Tourismusprojekten, wie etwa dem Prestigeprojekt Port Ghalib (s. S. 167) bei Marsa Alam an der südlichen Küste am Roten Meer, organisieren die Ökostreiter – gesponsert von Vodafone – für Hotels und Flughafen Mülltrennung sowie professionelle Wertstoffsortierung. Arbeiter, Servicepersonal und alle anderen Beteiligten werden in ökologisch richtigem Verhalten ausgebildet, ihr Bewusstsein geschärft. Wichtigstes Motto: Krankheiten, denen man jetzt vorbeugt, müssen später nicht langwierig kuriert werden.

Infos im Internet
www.hepca.com
www.redsea-ec.org
www.eeaa.gov.eg

Korallenärzte –
Erste Hilfe für die Unterwasserwelt

Der boomende Tauchtourismus in Ägypten ist aus ökologischer Sicht mehr Fluch als Segen, bis jetzt zumindest. Die Einbindung der Unterwasserwelt in den täglichen Erlebnistourismus macht eine weithin unbekannte wissenschaftliche Disziplin immer bedeutender: Heilung, Wiederaufbau und Neugestaltung von Riffen. Es ist die Arbeit der Korallenärzte.

Die ganzjährig hohen Wassertemperaturen des Roten Meeres von 20–30 °C ermöglichen eine subtropische Fauna mit 1200 Fisch- und 250 Korallenarten. Korallen sind in Kolonien auftretende Nesseltiere, zu deren bekannten und weitverbreiteten Gruppen Steinkorallen sowie Weich-, Leder- und Röhrenkorallen gehören. In den lichtdurchfluteten, korallenreichen Zonen tummeln sich außerdem Falterfische, gelbe Schwefeldemoisellen und Sergeanten.

Symbiose als Lebensprinzip

Typisch für den Lebensraum Riff ist das symbiotische Zusammenleben. Ein Beispiel dafür sind die nesselnden Seeanemonen und die Rotmeer-Anemonenfische, bekannt auch als Clownfische. Die Fische bewohnen die sie schützenden Anemonen in kleinen Gruppen, dafür putzen und pflegen sie sie und vertreiben ihre Feinde durch

Laute und Drohgebärden mit ihren bunten Körpern.

Das überwältigende Farbenspiel der Korallen resultiert ebenfalls aus einer Symbiose. Algen (Zooxanthellen), die sich in der Außenhaut der Korallen-›Finger‹ (Polypen) ansiedeln, betreiben mit Wasser und dem Kohlendioxid, das der Polyp ausscheidet, Photosynthese. Die Energie dazu liefern die Sonnenstrahlen (in deren Richtung die Korallen wachsen). Im Gegenzug versorgen die Polypen die Zooxanthellen mit lebenswichtigen Nährstoffen. Millionen von Algenzellen an den Polypen geben den Korallen ihre schillernden Farben und bestimmen zugleich die bizarren, faszinierenden Formen.

Die Begeisterung bei Tauchern ist bekannt. Deren nicht immer umweltschonendes Auftreten und Abtauchen ist selbst durch noch so scharfe Kontrollen nicht gänzlich einzudämmen. Was trotz Vorbeugung an Schäden verursacht wird, ruft die Wissenschaft auf den Plan, die Korallenärzte.

Korallen-transplantationen

Taucher in Scharen, Schiffsunfälle, Fischen mit Dynamit, Ankern an Korallenbänken statt an Bojen – das waren und sind, zum Teil bis heute, die gro-

Überwältigendes, aber gefährdetes Farbenspiel – Taucher mit Lederkorallen

ßen Riffkiller im Roten Meer. Doch man kann Riffe heilen, naturnahe Riffstrukturen aufbauen, ganze Riffe verpflanzen, wie ein von Veba Oil & Gas und RWE DEA AG finanziertes Projekt von Hydrobiologen der Universität Essen und des Nationalparks Ras Mohammed zeigt.

Als der Containerfrachter Lovilla auf das Gordon Reef auflief und es über hunderte Quadratmeter zermalmte und einebnete, begannen die Essener Hydrobiologen um Dr. Peter van Treeck ihr Experiment, durch ein ausgeklügeltes Elektrolyseverfahren (Electrochemical Reef Construction, kurz: ERCON) natürlichen Korallenwuchs zu initiieren.

In der nahen Bareika Bay errichteten die Forscher unter Wasser ein Titan-Draht-Gitternetz, das Gerüst für den Neuwuchs und das Aufforsten der Riffe. Bei Anlegen von Gleichstrom, gewonnen aus Solarenergie, bildeten die im Meerwasser reichlich gelösten Kalzium- und Magnesiumionen harte Krusten.

In diese transplantierten die Forscher nun den vom zerstörten Gordon Reef eingesammelten Korallenschotter. Diese Korallenstecklinge wurden an ihrer Basis fixiert und wuchsen an den Enden weiter. Der Verbundstoff entstand durch die stete Elektrolyse gänzlich aus dem Meer. Schon nach wenigen Wochen leuchteten Korallen auf dem Gerüstriff in kräftigen Farben. Sogar Fische begannen sich in dem neuen Riff anzusiedeln, offenbar ohne sich vom Vorgang der Elektrolyse beeinträchtig zu fühlen.

Die Meeresbiologen sagen über ihre Korallentransplantation: »Riffe sind im biologischen Sinne charakterisiert als selbst wachsende Strukturen. Die bislang einzigartige Verknüpfung von künstlicher Riffbildung und Steinkorallenansiedlung ermöglicht es, in kurzer Zeit die wichtigsten Karbonatbildner und Riffbaumeister, Korallen, zu etablieren und so aus einer künstlichen Struktur ein echtes Riff zu machen.«

Als Matrix, als Gerüst für die elektrolytische Kalkabscheidung können nach der Beschichtung mit naturidentischem Karbonat sogar Altmaterialien, z. B. Stahlschrott, recyclet werden.

Künstliche Riffe für Taucher

Ihre Technik wollen die Forscher aber nicht nur als Rehabilitationsmaßnahme für kranke oder fast tote Riffe sehen, schon gar nicht als Heilmethode für von vornherein absehbare Schäden, die der Tauchtourismus anrichtet. Vielmehr stellen sie sich für die Zukunft vor, dass überall Küstenschutzbauten errichtet werden – neue Habitate für Fische und Krebse.

Zudem wird man für die Taucher Elektrolyse-Riffe in allen erdenkbaren Formen und Ausdehnungen, in allen möglichen Schwierigkeitsgraden anlegen können. Sie sind von echten Riffen nicht zu unterscheiden. Korallenbänke vom Great Barier Reef ließen sich vor Sharm el Sheikh fast identisch und beliebig oft im gesamten Roten Meer nachbilden, ohne Verwendung milieufremder Rohstoffe. Schäden an einem Riff werden durch erneutes Anlegen von Strom repariert. Durch Umpolung des Stromes kann ein Riff jederzeit auch wieder aufgelöst werden.

Starke Gefährdung des Bestands

Die echten, die natürlich gewachsenen Riffe aber, sie werden zu Schutzzonen im Meer. Denn nichts bräuchten sie mehr, als den Schutz vor dem Menschen. Die Zahlen belegen es. Rund ein Drittel aller riffbildenden Korallenarten sind in ihrem Bestand gefährdet oder vom Aussterben bedroht. Damit habe sich die bedrohliche Lage der Korallen in den vergangen zehn Jahren deutlich verschärft, berichtete im Sommer 2008 ein internationales Forscherteam nach der Untersuchung von weltweit mehr als 700 Korallenarten im Wissenschaftsjournal »Science«.

Die Hauptursache für diese Entwicklung sehen die Wissenschaftler in den von Menschen produzierten Treibhausgasen, die die Wassertemperaturen ansteigen und die Meere versauern lassen. Lokal würden die Korallen, und hier sind wir wieder bei Ägypten, durch Wasserverschmutzung, Überfischung und starke wirtschaftliche Nutzung der Küstenregionen bedroht. »Riffbildende Korallen sind stärker bedroht als alle Landlebewesen mit Ausnahme der Amphibien«, so Roger McMaus von der Organisation Conservation International. McMaus: »Der Verlust der Korallen hat schwerwiegende Auswirkungen auf Millionen von Menschen, deren Existenzgrundlage von den Korallenriffen abhängt.«

Für die Studie hatten Forscher der Old Dominian University in Norfolk (Virginia, USA) 704 Arten von riffbildenden Steinkorallen nach Kriterien der Weltnaturschutzunion IUCN in jeweils eine von acht Gefährdungskategorien eingeteilt. Insgesamt 231 Arten sind danach gefährdet, stark gefährdet oder vom Aussterben bedroht; weitere 176 sind potenziell gefährdet. »Die Ergebnisse sind sehr bestürzend«, sagte Carpenter. »Wenn Korallen sterben, tun es auch Pflanzen und Tiere, die in Korallenriffen Nahrung und Schutz finden.« Dies könne zum Kollaps dieser sensiblen Ökosysteme führen.

Dramatisch verschlechtert habe sich die Lage nach dem großen Korallensterben 1998, so die Studie. Damals kam es in weiten Teilen der Ozeane infolge einer lange währenden Erhöhung der Wassertemperaturen zur sogenannten Korallenbleiche, dem Ausbleichen und dem anschließenden Absterben der Steinkorallenstöcke. Besonders betroffen: der Indische Ozean und der westliche Pazifik.

Ob die Korallen in diesem Jahrhundert ganz aussterben, hänge vom Ausmaß des Klimawandels und anderer Umweltbeeinträchtigungen sowie der Anpassungsfähigkeit der Tiere ab, stellen die Wissenschaftler fest. Wenn Korallenbleichen immer häufiger aufträten, dann seien viele Arten vermutlich nicht mehr in der Lage, sich rechtzeitig zu erholen. Die Bestände würden unumkehrbar zurückgehen.

Das Tempo des Riffsterbens ist heute schon doppelt so schnell wie das Sterben des Regenwaldes. Neben unabsehbaren ökologischen Folgen drohen tiefgreifende Auswirkungen auf die Wirtschaft. Allein der touristische Wert von Ägyptens Riffen liegt bei zig Milliarden Euro. Die gesamtwirtschaftliche Rechnung des schlimmsten Szenarios ist einfach: ohne gesunde Riffe weniger Touristen am Meer. Ohne diese Touristen weniger Devisen, weniger Jobs – mehr Not im Land. Sieht so aus, als ob die Korallen schon aus ökonmischen Erwägungen heraus allen Schutz und alle Pflege verdient hätten.

Internet
www.uni-duisburg-essen.de/hydrobiologie/forschung/ercon

Unterwegs am Roten Meer und auf dem Sina

Kamelritte durch die Wüste sind eine Hauptattraktion auf dem Sinai

Das Beste auf einen Blick

Rotes Meer – Nördliche Küste

Highlights!

Antoniuskloster: Das im Jahr 250 gegründete und von Mönchen bewohnte Kloster erhebt sich am Fuß des steilen Berges El Galala el Qibliya. Zu sehen sind sehr schöne, restaurierte Fresken. Zu erleben gibt es eine geführte Bergwanderung zur Eremitengrotte des Hl. Antonius. S. 119

Pauluskloster: Von Weitem sichtbar sind die blauen Kuppeln. Auf ihrer Innenseite befinden sich herrliche Fresken mit christlichen Motiven von der Apokalypse bis zur Apostelgeschichte. In die Krypta lockt zudem der weiße Sarkophag des Hl. Paulus. S. 123

Auf Entdeckungstour

Ain Sukhna: Die Kairoer haben den nur zwei Autostunden entfernten Ort schon vor längerer Zeit als Naherholungsgebiet entdeckt. Allmählich kommen nun auch die internationalen Badetouristen nach Ain Sukhna (›heiße Quellen‹) und profitieren von der Nähe des Ortes zu den Pyramiden von Giza, dem Sphinx und allen anderen Sehenswürdigkeiten Kairos. S. 120

Kultur & Sehenswertes

Frühchristliche Fresken: Umringt von Engeln, Eremiten und Propheten erstrahlt Christus auf den wundervollen Fresken in der Antoniuskirche des Antoniusklosters. Die wertvollen, recht gut erhaltenen Fresken sind Ikonen nachempfunden. S. 122

Aktiv & Kreativ

Wandern mit Ausblick: Ein steiler Pfad führt zur Grotte des Antonius, 2 km vom Antoniuskloster entfernt. Belohnt wird der müde Wanderer mit einem grandiosen Ausblick über die wilde Gebirgswüste. S. 122

Genießen & Atmosphäre

Wellness-Himmel: Angsana Spa heißt der Wellnessclub in El Gounas Mövenpick-Hotel – es ist der Wellness-Himmel. Der Gast wird mit Massagetechniken aus Schweden, Thailand und Bali verwöhnt. S. 132

Wüstenidylle: Das kulinarische Folklore-Erlebnis ist in El Gouna die »Oasis Night« in der Wüste. S. 133

Abends & Nachts

El Gouna: Der Ort bietet ein buntes Nachtleben: Am Abend trifft man sich Downtown, flaniert an der Marina, findet dort arabische, fernöstliche, italienische Restaurants, dazu zahlreiche Bars. Ein Tanzspaß sind die Standpartys am Mangroovy Beach. S. 133

Von Suez nach El Gouna

Es ist nicht gleich nachvollziehbar, wenn man nördlich von Suez von der Straße aus die Erdöl- und Schwerindustrie sieht – aber ab Ain Sukhna versteht man, dass die Ägypter die Küste des Roten Meeres in ihre eigene Riviera verwandeln wollen. Es ist ein Gottesgeschenk, das da an Stränden und

Infobox

Internet
www.elgouna.com

Red Sea Coastal Road
Die Red Sea Coastal Road am Rand der Arabischen (östlichen) Wüste verläuft entlang der drei großen Wüstenabschnitte Nordgalala, Südgalala- und dem Maazaplateau. Die inzwischen gut ausgebaute Straße führt anfangs zwischen den Bergen und der steilen felsigen Küste entlang, danach ziehen sich die Berge zurück, während die mehrspurige Route nahe am Meer bleibt und an unzähligen Stellen zum Baden einlädt (sofern nicht am Golf von Suez Teer und ölige Schlacke den Strand verschmutzen). Die Straße selbst ist in gutem Zustand, erlaubt aber wegen vieler, auch unerwartet auftauchender Kurven und unerklärlich tiefer Schlaglöcher nicht durchweg hohe Geschwindigkeiten. Die ägyptischen Militärs betrachten den gesamten Küstenstreifen als sensibles Verteidigungsterritorium. Starke Präsenz in der Region und kilometerlange bewachte Stacheldrahtzäune sind die Regel. Zwischen Suez und Hurghada verlaufen die jeweils zweispurigen Fahrbahnen auf getrennten Trassen – eine Maßnahme, um auf der gefahrenträchtigen Route wenigstens die Unfälle durch Zusammenstöße im Gegenverkehr zu unterbinden.

Übernachten im Kloster
Die wenigen Übernachtungsplätze im Antoniuskloster sind Pilgern vorbehalten, die vorab beim koptischen Patriarchat in Kairo (Tel. 02 25 90 02 18) eine Genehmigung einholen müssen. Die Besucher werden vor Ort schriftlich gebeten, sich zurückhaltend zu benehmen, dezente Kleidung zu tragen und das generelle Rauchverbot zu beachten.

Auch das Pauluskloster nimmt Gäste auf. Die Übernachtungsmöglichkeiten sind einfach (an Ostern dürfen Frauen nicht in das Kloster).

Vorsicht Strandminen!
Am Roten Meer sind viele Strände und auch Areale in der Wüste umzäunt. Betreten Sie diese Flächen keinesfalls! Noch immer liegen unzählige Minen im Sand, sie wurden im Zweiten Weltkrieg und bei diversen Kriegen mit Israel meist ohne geografische Erfassung gelegt. Bei den kaum systematisch zu nennenden Räumungsarbeiten fand man nur einen Teil wieder.

Nicht genug der Warnungen: Da Zäune und Warnschilder oft weggerissen und nur schleppend oder gar nicht erneuert werden, sollte man Strände und Buchten, die keine Spuren von vorherigen Besuchern aufweisen, lieber meiden.

Küstenabschnitten brachliegt. Im Meer tun sich Riffe auf, die zu den schönsten der Welt zählen, aber auch durch den ununterbrochenen Tauchbetrieb in beträchtlichem Maße gefährdet sind. Neben den Tauchern sind es Surfer und in der Mehrheit Badeurlauber, die hier ganzjährig ihre Urlaube verbringen können. Es sollen jedes Jahr mehr werden. Zum Glück – man muss auch das erwähnen – haben Umweltaktivisten längst die Initiative ergriffen, schützen und bewahren, was nicht bereits zerstört ist.

Am Roten Meer liegen die Hoffnungen Ägyptens, aus dem boomenden Tourismus so viel abzuschöpfen, dass am Ende eine erfolgreiche Tourismusbranche steht, die dem Land wirtschaftliche Stabilität sichert. Ein Großteil der Grundstücke mit Meerzugang ist bereits an Investoren verkauft oder mit Optionen belegt. Kritiker monieren allerdings, dass dem Tourismus zuliebe eine wunderbare Landschaft und ihre noch intakte Ökologie der Hotellerie und den Tauch- und Surfschulen nun vollends geopfert wurden.

Von Suez bis zum ersten Halt sind es 60 km. Der Ort heißt **Ain Sukhna**. Er war bisher ein größtenteils von Ägyptern dominierter Badeort, was sich derzeit ändert (s. S. 120).

Zafarana ▶ C 6

75 km von Ain Sukhna entfernt liegt der kleine Hafenort **Zafarana**. Schön ist der Blick auf die Berge der Wüste und die vorbeiziehenden Tanker im Golf. Von Zafarana aus führt eine befestigte Straße in westlicher Richtung nach **Beni Suef** (Niltal). Auf ihr fährt man 40 km im Wadi Araba, biegt dann links ab und erreicht nach 12 km eine der wenigen historischen Sehenswürdigkeiten am Roten Meer.

Antonius- und Pauluskloster

Antoniuskloster ▪ ▶ C 7

Geschichte

Inmitten eines wilden, ungastlichen Geländes tut sich eine riesige 6 ha große Klosteranlage auf, in der – umgeben von einer 1180 m langen und 12 m hohen Mauer – noch heute Mönche und ein Abt leben. Auf der Fahrt dorthin kann man sich auf den letzten Kilometern gut vorstellen, dass die Araber das Antoniuskloster schlichtweg übersahen, als sie – unter dem Feldherrn Amr Ibn el As – im Jahr 641 Ägypten einzunehmen begannen.

Das Antoniuskloster, arabisch **Deir el Qaddis Antwan**, gründete der im Jahr 250 in Qoma (Mittelägypten) geborene Antonius. Er wird heute als Antonius der Heilige oder auch der Große verehrt und gilt als Patron der Verfolgten und der Haustiere. In Antwan vermischt sich seine eigene Lebensgeschichte mit der Entstehung der christlichen Kirche Ägyptens.

Als Antonius' Eltern 268 starben, verkaufte der 18-Jährige sein Hab und Gut und verteilte den Erlös an die Armen. Nach einem Streit mit einem Mönch in Deir el Meimun, wo er sich niedergelassen hatte, zog er sich in die Berge am Roten Meer zurück. Er gründete die erste Einsiedlergemeinde Ägyptens. Pilger von nah und fern reisten an, um ihn predigen zu hören. Nach seinem Tod Anfang des 4. Jh. begannen Verehrer mit dem Bau des ihm geweihten Klosters.

Es steht am Fuß des steilen **El Galala el Qibliya,** nahe einer Quelle (eine Stunde Fußmarsch) unterhalb der Felswand, in der Antonius' Eremitengrotte gelegen haben soll. Im 11. ▷ S. 122

Auf Entdeckungstour

Ain Sukhna – relaxen an Kairos Hausstrand

Wenn die Hitze Kairos gar zu drückend wird und selbst in der Nacht kaum Abkühlung zu erwarten ist, dann setzen sich die Hauptstädter ins Auto und fahren ans Rote Meer, nach Ain Sukhna. Nur eineinhalb bis zwei Autostunden entfernt bietet der Ort schöne Strände und viel Ruhe. Ein Stopp liegt auch nach einem Besuch der Paulus- und Antoniusklöster nahe.

Reisekarte: ▶ C 5

Zeit: Einige Stunden bis mehrere Tage.

Planung: Außer an ägyptischen Feiertagen bekommt man hier fast immer Hotelzimmer. Unter dem Kostenaspekt ist aber eine vorherige Buchung anzuraten. Campieren ist noch verboten.

Ain Sukhna – der Name des Ortes heißt übersetzt ›heiße Quelle‹. Doch es ist nicht die eher unspektakuläre Schwefelquelle, die die Reisenden in den kleinen Ort zieht, sondern die schönen, weitläufigen Strände am Roten Meer. Hier – in der Ruhe der Arabischen Wüste und an den Ufern des Meeres – erholen sich die Einwohner der Hauptstadt von dem fortwährenden Gehupe, vom Staub auf den Straßen der Stadt, von der manchmal drückenden Hitze und natürlich von ihrem Alltag.

Nur wenige ausländische Touristen verirren sich bislang nach Ain Sukhna, und so entstanden in dem Naherholungsgebiet private Resorts für wohlhabende Ägypter: wie das über der gut ausgebauten Küstenstraße thronende **La Siesta Mountain Resort** (www.lasiestaegypt.com). Das Prinzip: Villa mit fantastischem Blick am Berg, Privatstrand und Jachthafen jenseits der viel befahrenen Straße, erreichbar über eine Fußgängerbrücke. Wo die Tourismus- in die Wirtschaftszone übergeht, erstreckt sich – westlich der Straße – eine mit dänischer Hilfe errichtete **Windfarm**, Ägyptens bisher größte und eine von noch viel größeren, die bald helfen sollen, den Strom zu erzeugen, den der Tourismus am Roten Meer braucht.

Das Einzugsgebiet von Ain Sukhna (das in etwa auf der Höhe von Ras Sudr an der Sinai-Westküste liegt) erstreckt sich nach Norden und Süden über 60 km. Es gibt Tankstellen, Supermärkte, Restaurants und schon gut zwei Dutzend Unterkünfte von einfacher bis gehobener Kategorie. Unübersehbar entwickelt sich hier ein kleiner, bisher von Ägyptern dominierter Badeort. Erst langsam finden sich auch internationale Gäste ein; Tagesausflüger aus Kairo oder Touristen, die die Nähe zu den zahlreichen Sehenswürdigkeiten in und um die Hauptstadt – etwa den Pyramiden von Giza – zu schätzen wissen, in erster Linie aber einen Badeurlaub ohne Tauch- und Surfpräferenzen machen möchten.

Auch wenn man vom Suezkanal oder den **Klöstern der Heiligen Paulus und Antonius** (s. S. 119) kommt, um in den hochtouristischen Süden zu fahren, lohnt hier ein Badestopp.

Wer länger bleiben will, der bucht sich im **Hotel Stella di Mare**, Beach ein (Tel. 062 325 01 00, www.stelladimare.com, DZ ab 90 €; Strandbenutzung für Nichtgäste tgl. außer Fr und Sa 30 €/Tag inkl. Lunch). Das Hotel hat sehr komfortable Zimmer, gute Restaurants, eine nette kleine Bar, die darüber hinwegtröstet, dass der Ort selbst wenig zu bieten hat (eine kleine Shopping Mall gibt es 10 Autominuten südlich im Hotel- und Apartmentkoloss Porto Sukhna). Der Sandstrand des Stella ist schön, das Meer sehr seicht, der Pool ordentlich und gepflegt. Wem im Hotel langweilig wird: Eine gute Autostunde nördlich liegt an der Suezkanaleinfahrt das Städtchen **Suez**.

Auch archäologisch ist der Ort ganz bemerkenswert. Auf einer nahen Hügelkette haben Ägyptologen **pharaonenzeitliche Inschriften** entziffert, die auf die Existenz einer viertausend Jahre alten Straße zwischen Memphis und der Halbinsel Sinai hinweisen. »Die Inschriften zeigen, dass dieser Weg für Warentransporte und Truppenaufmärsche in der Zeit des Alten und Mittleren Reiches genutzt wurde«, befand Victor Ghica vom Französischen Archäologischen Institut in Kairo. Die Inschriften auf mehreren Felswänden waren bereits in den 80er-Jahren von einem Geologen entdeckt worden; erst jüngst begann die Entzifferung. Ghica ist überzeugt, dass die Straße bis auf den Sinai führte.

Rotes Meer – Nördliche Küste

Jh. wurde das Kloster von Arabern teilweise zerstört, Ende des 15. Jh. brannten Teile davon nieder. Brandschatzende Araber hausten zeitweise sogar in der Antoniuskirche; ihre Lagerfeuer schwärzten – bis heute sichtbar – die Decke. Im 16. Jh. bauten die Mönche das Kloster jedoch wieder auf. 1997 entstand eine Mauer, die gegen den zunehmenden Touristenstrom aber kaum etwas auszurichten vermag.

Klosteranlage

Prunkstück der Anlage mit ihren Lehmhäuschen, Gärten, Gassen und einem neuen Gotteshaus (Antonius und Paulus geweiht, beginnendes 20. Jh.) ist die **dreischiffige alte St. Antoniuskirche** aus dem 6. Jh. Wie jede koptische Kirche ist sie dreigeteilt: Das Portal führt in den Bereich für die nicht Getauften, gefolgt vom Raum der getauften Sünder (die Gläubigen); ganz vorn befindet sich der Altarbereich mit drei **Altären**. Diese sind – von rechts nach links – den Heiligen Markus, Antonius und Athanasios (von 327–373 Papst von Alexandrien) geweiht.

Die Apsis zeigt zum Teil gut erhaltene, **Ikonen nachempfundene Fresken**, die Christus darstellen, umringt von Maria, Engeln, Eremiten und Propheten. Die Fresken wurden Mitte 1990 vom Byzantinischen Institut Kairo restauriert. Die Apsis beginnt linker Hand mit Darstellungen von Bischof Anba Moses und zwei von Jesus gesegneten Mönchen; rechter Hand stellt möglicherweise einer der beiden Mönche neben Isaak den Heiligen Antonius dar. Die kleine Apostelkirche nebenan stammt aus dem 18. Jh. Sehenswert sind die Ikonen, die die Gottesmutter, Peter und Paul, die Erzengel Michael und Gabriel sowie den heiligen Georg hoch zu Ross zeigen.

Östlich der Apostelkirche liegt die 1766 erbaute, an den zwölf Kuppeln leicht zu erkennende **Markuskirche** mit dem lateinischen Kreuz über dem Eingang. Markus der Asket, im 16. Jh. ein Mönch des Klosters, wird wegen seiner hilfreichen Wunder verehrt.

Neben der **Kirche der Jungfrau Maria (Refektoriumsgebäude)** befindet sich eine **Bibliothek** mit 2500 Handschriften und Büchern. Außerdem befinden sich fünf weitere Gotteshäuser auf dem Gelände.

Vom **Wehrturm der Michaelskapelle** hat man einen wunderbaren Ausblick. Die Grotte des Antonius kann man

Pauluskloster

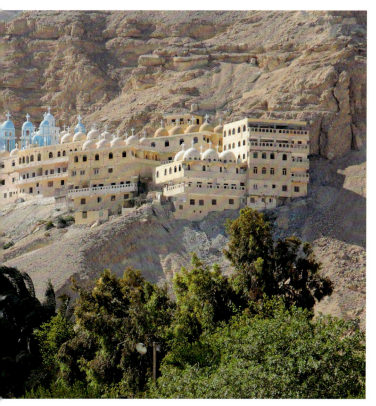

Weithin sichtbar: die Kuppeln des Paulusklosters

vom Kloster aus nicht sehen, sie ist aber über einen steilen, 2 km langen Weg zugänglich. (Man sollte unbedingt Trinkwasser mitnehmen). Mittelalterliche Inschriften von Pilgern und Verehrern schmücken die Wände im Zugang zur Grotte. Der Ausblick von dort oben ist grandios.

Pauluskloster ▶ C 7

Wenige Kilometer vom Antoniuskloster entfernt liegt ein weiteres sehenswertes koptisches Kloster: das Pauluskloster, arabisch **Deir Anba Bula**. Von der Küstenstraße biegt 27 km weiter nach rechts ein befestigter Weg ab, über den man nach 15 km das Pauluskloster erreicht. Oder man wandert mehrere Stunden vom Antoniuskloster aus auf schwierigem Pfad, der jedoch nur mit einem der Mönche gegangen werden darf (im Kloster nachfragen).

Hoch auf einem Felsen befindet sich das Kloster, in dem der **heilige Paulus von Theben begraben** liegt. Die Mönche, die ein von der Außenwelt weit-

123

Lieblingsort

Auf Paulus' Spuren ▶ C 7
In der **Pauluskirche des gleichnamigen Klosters** ist Bibelgeschichte spürbar: Als der Eremit und spätere Heilige Paulus im 4. Jh. mit etwa 113 Jahren gestorben war, begrub ihn der Überlieferung nach der Hl. Antonius in der Krypta unter der Kirche. Ihr Herzstück ist ein weißer Marmorsarkophag, der Überreste der Gebeine des Paulus enthält. Ähnlich schön wie die Wandmalereien der Grabkammer sind die wundervollen Kuppelfresken der Kirche. Sie vereinen, dargestellt in klaren Farben, christliche Motive von der Apokalypse bis zur Apostelgeschichte.

Rotes Meer – Nördliche Küste

gehend unabhängiges Leben führen (eigene Landwirtschaft und Viehzucht), sind sehr freundlich und Besuchern gegenüber aufgeschlossen.

Der heilige Paulus von Theben (ca. 228–341) musste mit 16 Jahren aufgrund der Christenverfolgung durch den römischen Kaiser Decius fliehen. 80 Jahre versteckte er sich angeblich in einer **Felshöhle**, in der ihn Antonius regelmäßig besuchte. Als Paulus im Alter von 113 Jahren starb, soll ihn der 90-jährige Antonius beerdigt haben. Über der Grotte entstand im 4. Jh. eine bescheidene Kapelle, vom 13. bis 18. Jh. wurde sie zur **Pauluskirche** erweitert.

Ab dem 5. oder 6. Jh. wurde das Kloster Haus um Haus um die Grotte errichtet. Die Mauer stammt aus dem Mittelalter. In der Krypta der Kirche steht der **weiße Sarkophag** aus Marmor mit dem Gebeinen des Heiligen. Sehenswert sind hier wie in den Klosterkirchen die Fresken, eine bunt zusammengewürfelte Kollektion christlicher Motive von der Apokalypse bis zur Apostelgeschichte, dazu Bilder von den Erzengeln Michael, Gabriel und Raphael und dem Engel vom brennenden Dornbusch. In den Felsen gibt es noch mehrere **Gräber von Einsiedlern.**

Die **größte Kirche** innerhalb des Klosters ist dem Erzengel Michael geweiht. Sie hat zwei Altarräume, einen für Michael, einen für Johannes den Täufer. Ausschließlich während der koptischen Fastenzeiten wird die **Markoriuskirche** mit der Kapelle der Gottesmutter geöffnet.

Entlang der Küste nach El Gouna ► C7–E10

Zurück zur **Straße Suez–Marsa Alam:** Die nächsten 230 km – außer zwischen Ras Shukheir und Ras el Barr – verläuft sie nahe der Küste. Die Orte mit den Öllagern und Quartieren der Ölsucher haben Barackencharakter und laden allenfalls zum raschen Durchfahren ein. Nördlich von Ras Zeit und Ras Ush, dem Übergang zwischen dem Golf von Suez und dem Roten Meer, liegen tote Korallenbänke vor der Küste, viele Strände sind ölverschmiert. An Baden ist hier nicht zu denken.

El Gouna ► E/F 10

An **El Gouna,** zu Deutsch ›Die Lagune‹, scheiden sich die Geister. Die einen sehen in El Gouna den orientalischen Ferientraum schlechthin, die anderen den Albtraum eines Feriendorfs in Micky-Maus-Architektur. Wie auch immer, der aus dem Wüstensand gestampfte Lagunenort erweist sich als durchschlagender touristischer Erfolg, lockt viele Stammgäste an, die in El Gouna so etwas wie ein **ägyptisches Klein-Venedig** sehen. Den Planern ist das venezianische Flair durch Kanäle und Brücken wohl gelungen. Als nächstes ehrgeiziges Ziel hat man sich vorgenommen, El Gouna zur ersten CO_2-freien Stadt Ägyptens zu machen. Man will durch Wassersparmaßnahmen, Recycling sowie Energie- und Abfallmanagement in Sachen Umweltschutz und Nachhaltigkeit Vorreiter in Ägypten werden.

Feriendorf

Gounas ›Schöpfer‹ ist der ägyptische Bau-Tycoon Samih Sawiris. Etwa 30 km nördlich von Hurghada legte er dieses Feriendorf mit seinen künstlichen Lagunen im Wüstensand an. Die Architekten Alfredo Freda und Michael Graves (ein Meister des ironischen

126

El Gouna

Klassizismus, der auch schon bei Disney in Orlando tätig war) haben dem Ort einen Touch von Disneyland, Venedig und Toskana verliehen. Mittlerweile werden ihr leichter Stil, die leuchtenden Farben – bis dahin in Ägyptens Hotelarchitektur nicht zu finden – immer wieder kopiert, und zwar aus dem einfachen Grund: Der Urlauber fühlt sich hier wohl und kommt wieder (www.elgouna.com).

El Gouna ist also eine Art ›Gesamtkunstwerk‹ aus Architektentraum und abgeschlossener Touristensiedlung – samt Krankenhaus, Schule, deutschägyptischer Hotelfachschule und kleinem Flughafen. **Kafr el Gouna**, das ›alte‹ Ortszentrum, ist gemütlich: Fußgängerzonenatmosphäre, Kopfsteinpflaster, kleiner Basar, Künstlerviertel, Restaurants und Bars – alles sehr mediterran.

Jachthafen

Im malerischen Jachthafen **Abu Tig Marina** (125 Anlegeplätze) liegen Segelboote, Motorboote, Jachten aus den USA, Gibraltar und Norwegen. Unter den Arkaden rund um die Marina ist eher teures Shopping angesagt.

Gouna Museum

Kafr El Gouna, tgl. 18–22 Uhr
Das Gouna Museum präsentiert die Fischwelt des Roten Meeres: Napoleonfisch, Muränen, Hummer, Papageienfische, Rochen, dazu Babykrokodile (aus dem Nil). Außerdem sind Kopien ägyptischer Altertümer aus dem Alten, Mittleren und Neuen Reich zu sehen.

Übernachten

In El Gouna gibt es 16 Hotels, von der Luxuskategorie bis zum gemütlichen Gästehaus. Weitere Hotels befinden sich im Bau. Nicht alle haben einen eigenen Sandstrand, Gäste können jedoch andere Hotelstrände benutzen. Sämtliche Hotels findet man im Internet unter www.elgouna.com.

Top-Standard – **Steigenberger Golf Resort:** Tel. 065 358 01 40, Fax 065 358 01 49, www.el-gouna.steigenberger.de, DZ ab 170 €; All-Inklusive ist für 35 Euro/Person vor Ort buchbar. Stararchitekt Michael Graves entwarf Gounas bestes Hotel; mit dem Motorboot setzt man zum Club mit 18-Loch-Golfplatz über.

Weitläufig – **Mövenpick Resort & Spa:** Tel. 065 354 45 01, Fax 065 354 51 60, www.moevenpick-hotels.com. DZ ab 150 €. Wer hier wohnt, muss unter Umständen gut zu Fuß sein. Die Anlage ist alles andere als kompakt, der Weg von den abgelegeneren Zimmern zu Rezeption und Restaurants weit. Es gibt drei Pools – am schönsten ist der Lagoona-Pool, mit 1,55 m fast doppelt so tief wie die beiden anderen eher seichten Pools. Großes Plus: Es gibt Strände an der Lagune, an denen man selbst bei ausgebuchtem Hotel Stille, ja fast Abgeschiedenheit genießen kann. Hervorragend ist das Angsana Spa (s. S. 132).

Orientalisch – **Dawar El Omda:** Tel. 065 354 50 60/62/63, Fax 065 354 50 61, DZ ab 90 €. Omda bedeutet Bürgermeister und beeindruckend wie ein orientalisches Amtshaus wirkt das Restaurant mit seinen schweren, drapierten Vorhängen und Mosaikböden. Mit nur 66 Zimmern ist das im Zentrum gelegene Hotel für Gouna-Verhältnisse geradezu intim.

Aussichtsreich – **Captain's Inn:** Tel./Fax 065 358 01 70/71, captain_turtle@oras com.net, DZ ab 45 €. Gästehaus mit Ausblick auf den Jachthafen Abu Tig Marina. Auch das nahe gelegene Turtle's Inn, gleiches Management, bietet einen wunderbaren Blick über die ganze Marina. Stilvoll und modern.

Lieblingsort

Mediterranes Flair ▶ E/F 10
In den Gründerjahren war **El Gouna** für den Autor eher Hass- als Lieblingsort: Am grünen Tisch erdacht, Mickey-Maus-Architektur, aus dem Wüstensand gestampft. Was Anfangs Anlass zu Groll gab, hat sich zu einem bemerkenswerten Ferienort gemausert. Das Disneyhafte der Farben und die venezianisch anmutenden Kanäle in orientalischer Umgebung fügen sich inzwischen zu einem Ensemble, das den Sinnen schmeichelt.

Rotes Meer – Nördliche Küste

Kunst aus Ägypten
Ägyptischer Kunst widmet sich Downtown die **Safarkhan Art Gallery**. Sie ist ein Ableger des gleichnamigen Kairoer Kunstetablissements, das die ehemalige TV-Direktorin und Kulturexpertin Sherwet Shafie gegründet hat.
www.safarkhan.com

Essen & Trinken

Die Auswahl an Speisen und Restaurants ist vielfältig: Von Mezze, den arabischen Vorspeisen, bis hin zu Steak au poivre, Lobster und Nürnberger Würstchen gibt's alles. Hotelgäste können am ›Dine Around El Gouna‹-Programm teilnehmen, d. h. die Küche der anderen Hotels versuchen; Indisch, Thailändisch, Italienisch, Vietnamesisch, Französisch und vieles mehr.
Schick – **Bleu Bleu:** Abu Tig Marina, ext. 779 28, tgl. 17 Uhr bis nach Mitternacht. Chef Mustafa grillt exzellenten Fisch, dazu gibt es ägyptischen Salat mit Gurken in einer Zitronen-Öl-Marinade. Hauptgericht ab 75 LE.
Elegant – **La Deauville:** Abu Tig Marina, ext. 779 02, tgl. 17 Uhr bis nach Mitternacht. Elegantes Bistro-Restaurant, Eigentümer ist Tarek Sharif, Sohn von Omar Sharif. Menü rein französisch, Chef ist Stéphane. Es gibt aus Frankreich importierten Wein und Käse. Hauptgericht ab 70 LE.
Köstlich – **Mamounia:** Abu Tig Marina, ext. 778 55, tgl. 17–1 Uhr. Mit marokkanischen Spezialitäten (Couscous, Harisa, Tajines) wartet der marokkanische Chef in liebevollem Ambiente auf seine Gäste. Hauptgericht ab 45 LE.

Gourmet-Junk – **Le Garage:** Abu Tig Marina, ext. 779 63, www.legarage-el gouna.com, tgl. 16 Uhr bis spät, ab 120 LE. Burger verfeinert mit Trüffel, dekoriert mit hauchdünnem Goldblättchen – Le Garage (mit Filiale Buzzha-Beach) ist das Lokal für Hamburger-Tuning, die Gold-Variante für 292 LE.

Einkaufen

Keine weiten Wege – El Gouna hat drei Shoppingzentren für Mode, Souvenirs, Reisebedarf. Im kleinen Basar **Kafr El Gouna** kann man Gold und Silber kaufen, Lederwaren, orientalische Schals, Kerzenständer, esoterische Amulette, Galabeyas und kleine Parfümflaschen aus Glas. In **El Balad**, wenige Gehminuten entfernt, gibt es das Reader's House, das Reisemagazine, Postkarten und Landkarten anbietet, Klamottenläden und einen Supermarkt. **Beit Sitti** hat schöne Baumwollstoffe in matten Farben, Handtücher, Bastkörbe, elegante Glasflaschen. In Abu Tig Marina shoppt man exklusive Marken, u. a. Calvin Klein und Georgio Armani.
Betörend – Für orientalische Düfte besucht man **Lotus Perfumes**, Tamr Henna: kräftig rote und dunkle Holzpaneele, Parfümflaschen in allen Größen und Farben, reine Essenzen von Amber bis Sandelholz; die Düfte heißen ›Geheimnis der Wüste‹ oder ›Omars Duft‹. Bevor Omar, der Besitzer, einen Duft vorschlägt, macht er eine Schnupperprobe an der Haut des Kunden. Wenn er den Geruch eingesogen hat, kreiert er einen ganz persönlichen Duft. Die Essenz reibt er dann in die Haut ein. Sehr charmant!

Aktiv & Kreativ

Wassersport – In El Gouna gibt es alles: Wasserski, Windsurfen, Katamaran se-

El Gouna: Adressen

geln, Bananenboot fahren, Tiefseefischen – und vor allem Kitesurfen. **Kiteboarding-Club:** Mangroovy Beach. Der Basiskurs (10 Std.) kostet ca. 255 €, Brett- und Kiteverleih pro Tag rund 70 €. Refresh-Kurse, Fortgeschrittenenkurse etc. mit VDWS-Lizenz; die Trainer haben eine sportwissenschaftliche Ausbildung; mehr Infos unter: Kiteboarding-Club El Gouna, Buzzha Beach, Mobil 012 884 28 39, www.kiteboarding-club.de, elgouna@kiteboardingclub.de. Weiterer Anbieter: www.kitepower-elgouna.com.

Tauchen und Schnorcheln – Es gibt Angebote für Anfänger, aber auch professionelle Tauchgänger. Die Tauchplätze rund um El Gouna sind artenreich und schön. Interessant ist z. B. das Dolphin House, wo manchmal Delfine mit den Tauchern spielen. Bei Umm Gamar gibt es bis zu 10 m hohe Korallentürme und Höhlen. Tauchkurse und Schnorchelausflüge werden von allen **Hotels** angeboten. **Red Sea Diving & Snorkeling mit TGI Diving:** ext. 110, Gratis-Schnuppertauchen im Schwimmbecken, komplette Tauchausbildung vom Anfänger bis zum Profi, tägliche Schnorchelausflüge und Ausrüstungsverleih. Die Center befinden sich im Sheraton Miramar, Hotel-Durchwahl 19, und im Club House, Downtown, ext. 324 13, 324 14, E-Mail: gouna@tgdiving.com, www.tgdiving.com. Weitere Tauchzentren: **The Dive Tribe:** ext. 120, www.divetribe.com; **Blue Brothers Diving:** ext. 323 26, www.bluebrothersdiving.de; **Easy Divers:** ext. 323 27, www.easydivers-redsea.com; **Colona Dive Center:** ext. 168, www.colona.com.

Tennis- und Squash – Plätze und Hallen (für alle in El Gouna benutzbar) in allen großen **Hotels.**

Golf – **Golf & Fitness Club:** ext. 322 85, golf@elgouna.com. Der amerikanische Architekt Gene Bates entwarf diesen 18-Loch-Platz. Er besitzt ein gültiges Course-Rating des Deutschen Golfverbandes und auch der USPGA (Par 72). Zum Gelände gehören zwei Putting-Greens und ein Übungsareal für Pitch-,

Wegweisend für die Hotelarchitektur Ägyptens: die farbigen Hotelbauten El Gounas

Rotes Meer – Nördliche Küste

Chip- und Bunkerschläge. Ausgebildete PGA-Golfer bieten qualifizierten Golfunterricht auf Deutsch oder Englisch an. Die Schnupperstunde gibt es in der Nebensaison ab 7 €.
Reiten – **Reitstall Yalla:** Mobil 010 136 67 03 bzw. ext. 323 44, www.yallahorses.ch.vu. Wüsten-, Strand- und Sonnenuntergangsausritte mit Pferden, Kamelen und Ponys.
Gokart – **Sun Cart:** Mobil 012 254 21 23 oder ext. 321 88, hier ist man mit den kleinen Flitzern rasant unterwegs.
Kino – **Renaissance Cinema Complex:** ext. 322 57 und 322 58. Drei Säle. Jeden Abend um 18, 21 und 24 Uhr Blockbuster-Filme (in englischer und arabischer Sprache).
Wüsten-Safaris – **Pro Tours** und **Gouna-Hotels** organisieren Wüstensafaris mit Kamelkarawanen und einem Beduinen-Dinner in der Wüste, ext. 321 75/6, Tel. 065 358 00 85/86, Fax 065 358 00 84, info@elgouna.com, www.protourstravel.com.
Quad-Bike-Safaris – **Desert Dreams:** ext. 340 44, Mobil 012 674 68 96. Mit dem Motorrad (4 Räder) durch die Wüste. Trips jeweils morgens und nachmittags, maximal 10 Teilnehmer, die in zwei Fünfergruppen fahren.
Städte-Ausflüge – **ProTours:** Tel. 065 358 00 85/86, Fax 065 358 00 84, protours@hh.com.eg, info@elgouna.com. Von El Gouna aus sind Trips nach Luxor, Assuan und Kairo möglich.
Angel-Safaris – **Yellwo Finn:** www.yellow-fin.net, Mobil 010 301 72 00. Bietet Ausflüge für Hobby- und Sportangler.
Segelausflug – **M/S Galatea:** Info/Buchung Mobil 012 228 22 18, www.neptunedreams.com. Von der Abu Tig Marina fährt der Motorsegler M/S Galatea zu Tagesausflügen auf die Gobal-Inseln. Dort kann man sich sonnen, baden, tauchen, schnorcheln und sehr schöne Korallenriffe bestaunen. Gelegentlich begleiten Delphine das Schiff. Rückkehr ist jeweils zum Sonnenuntergang. Buchbar sind auch kürzere Trips und Privatexkursionen.
Insel-Ausflüge – **Mahmya:** www.mahmya.com. Ausflug Giftun Island/ Mahmya Beach: einen Tag auf der einzig zugänglichen Insel im Roten Meer verbringen, einem kleinen, unter Naturschutz stehenden Paradies zum Baden, Tauchen, Schnorcheln. **ProTours:** ext. 321 00, Infos und Buchung. Ausflüge zu den Inseln Tawila und Gobal.
Marathon – Im Dezember findet seit dem Jahr 2008 der **El-Gouna-Marathon** statt. Die Abu Tig Marina des Ortes bildet Start und Ziel. Die Strecke führt durch Parks, am Meer entlang und über Wüstenpisten. Zwei kür-

Mein Tipp

Die Angsana-Spas
Man muss es sich einfach gönnen: Der **Healthclub Angsana Spa Golf**, ext. 130, neben dem Golfclub, besteht aus einem Fitnessraum, Massagebereichen, Sauna, Dampfbad und einem Pool in orientalischem Design. Angeboten werden thailändische und Shiatsu-Massagen sowie Aromatherapie-Behandlungen.

Nicht minder gut: Das **Angsana Spa El Gouna**, im Mövenpick Hotel, ext. 120, ist ein Wellness-Himmel. Der Gast wird mit Massagetechniken aus Schweden, Thailand und Bali verwöhnt. Fachleute kümmern sich eingehend um das ›Body Polish‹ – tiefenreinigende Peelings mit Joghurt, Limone, Mineralsalzen, gemischt mit Jasmin, Mandeln oder Zimt.

El Gouna: Adressen

zere Läufe über 5 und 10 km gibt es ebenfalls.

Abends & Nachts

Schillernd und vielfältig ist das Nachtleben El Gounas, das genau genommen schon mit dem Sonnenuntergang beginnt. Man sitzt im Freien, nimmt den »Sundowner« zu sich, geht essen – und ab ca. 22 Uhr mischt man sich unter die Nachtschwärmer. Besonders schön ist es, den Abend am Aussichtsturm des Golfplatzes mit einem Cocktail zu beginnen, später in El Gounas Nachtleben einzutauchen: Tanz, Karaoke, Barhopping. Oder: Am äußersten Ende der Abu Tig-Marina liegt das **Moods** (ext. 779 66) schön am Meer, ein Biergarten am Strand. Ebenfalls idyllisch: Bar und Restaurant **Pier 88**, Mobil 018 410 88 20, direkt neben den Jachten.

Cool – **Clubhouse:** Downtown, ext. 324 12, 12–1 Uhr. Der Hotspot am Strand mit Pool, rundherum grün. Unbedingt essen: Ful mit Gibna Beda (cremiger Käse mit Tomate angerichtet), dazu Assir Lamun (Zitronensaft). Bands aus Kairo oder Holland spielen manchmal orientalischen Jazz. Drinks ab 40 LE.

Behaglich – **Le Tabasco – Bar/Bistro:** Kafr el Gouna, ext. 355 15. Relaxte Atmosphäre, Musik und gutes Essen, auf zwei Ebenen mit drei Terrassen.

Flippig – **Palma Karaoke Café:** Kafr el Gouna, ext. 32 25, 19–1 Uhr. Das erste Karaoke-Café Ägyptens, mit über 300 000 Songs, Snacks, Drinks, Shisha mit von Honig gesüßtem Tabak, Billard und Bildschirm für DVD-Videos; es ist sogar mit einer Umkleidekabine ausgestattet. Drinks ab 40 LE.

Tanzbar – **Palladium Discotheque:** Kafr el Gouna, ext. 23 06, 22 Uhr bis in den Morgen. Open-Air-Disco mit moderner Lasertechnik. Tanzen zu Hits aus den internationalen Charts bis in die frühen Morgenstunden. Donnerstags ist Ladies' Night, freitags gibt es Songs aus den 1970er- und 80er-Jahren. Drinks ab 40 LE.

Casino – **Aladin Casino:** Downtown, ext. 324 00. An Spielautomaten und Jackpot-Maschinen, bei Roulette und Blackjack kann man hier seine Urlaubskasse aufbessern – oder sich ruinieren. Das Casino holt und bringt seine Gäste vom/zum Hotel; Pass mitnehmen.

Gemütlich – **Biergarten:** Kafr el Gouna, ext. 324 16. Auch in der Nebensaison hat dieser Treff immer Gäste, nicht nur zur Happy Hour. Drinks ab 30 LE.

Strandpartys

Romantisch – **Mangroovy Beach:** 5 Min. von Kafr el Gouna mit dem Shuttlebus, ext. 322 60. Schöner Sandstrand mit Volleyballfeld; Schnorcheln und Windsurfen möglich, Beach-Partys mit Barbecue, Lagerfeuer und toller Musik.

Vergnüglich – **Zeytuna Beach:** Auf einer Insel, zugänglich über El Kafr und Sultan Bey Hotel, ext. 353 17. Im Sommer Beach-Partys mit DJ.

Familienfreundlich – **Buzzha Beach:** 15 Min. von Downtown gibt's am Strand Kinderspielplatz, Billard, Restaurant, Mobil 012 741 21 00.

In der Wüste

Barbecue – **Peak Safari:** Mobil 010 141 31 36, tamer_surf@yahoo.com, bietet Trips in die Wüste mit Barbecue und Beduinenshow. Ab 50 €/Person.

Arabische Folklore – **Oasis Night:** Die El Gouna-Oase ist etwa 10 Min. mit dem Bus vom Ort entfernt. Im Zelt werden Tee, Kaffee und Wasserpfeife angeboten. Wer will, kann auch auf einem Kamel reiten. Jeden Freitag ist Oasis Night, ab 19 Uhr, dazu wird ein ägyptisches Abendessen, gefolgt von einer

133

Rotes Meer – Nördliche Küste

Folkloreshow, serviert. Info: Hotel oder Infozentrum, ext. 321 00. Mindestens 35 US-$/Person.

Infos

Tourismusbüro
Info Center: Downtown, ext. 321 00, tgl. 9–23 Uhr.

Internes Telefonnetz
El Gouna hat ein eigenes kostenloses Telefonnetz. Die Anschlüsse (abgekürzt ext.) haben meist fünfstellige Nummern.

Radio El Gouna
Der Ferienort hat seine eigene Radiostation, zu hören auf UKW (FM) 100,0. Über Livestream wird das Programm auch im Internet unter www.romolo. com/stream.htm übertragen.

Verkehr
Flüge: Anreise über Hurghada (national und international). El Gouna Airport, ext. 320 61: Do und Sa Flüge von/nach Kairo, Reservierung in El Gouna über alle Hotels oder das Info Center, Downtown, ext. 321 00, in Kairo Tel. 02 23 35 74 40. »Orascom Aviation«, die Airline des Besitzers, bietet (auch nachts) Taxi-Flüge in den Nahen Osten und nach Europa an, Tel. Kairo 02 33 04 53 31, Nacht-Mobil 012 655 13 11.
Bus: Es gibt offene Busse, die im 20-Minuten-Takt auf vier Linien Gouna befahren; die Tageskarte kostet nur 5 LE, die Wochenkarte 20 LE. Weniger oft verkehren Bootstaxis, ext. 321 00. Busse nach Kairo mehrmals tgl., Info-Tel. Kairo 02 25 74 15 33.
Tuk Tuk: Die aus Asien bekannten Dreiradmotorroller mit Passagierkabine sind in Gouna beliebtestes Verkehrsmittel und fahren Tag und Nacht; Preis

5 LE/Person, ext. 772 22, Mobil 011 900 45 00.
Taxi: eher für weitere Fahrten genutzt, Taxiservice/Limousine: ext. 387 84, Mobil 012 734 01 71, 012 734 01 66, Sharm el Sheikh-Fähre: Buchung ext. 321 75.

Mons Porphyrites

▶ E 11

15 km vor Hurghada zweigt eine nur mit Allradantrieb befahrbare Piste nach Westen zum **Mons Porphyrites** (Gebel Abu Dukhan, ›der Rauchende Berg‹) ab – ein längerer Abstecher. Etwa 75 km westlich der Küstenstraße erreicht man auf einer Höhe von über 1300 m diesen wichtigsten Steinbruch zur Zeit der römischen Herrschaft über Ägypten (30 v. Chr.–395 n. Chr.).

Den rosafarbenen Granitstein Porphyr, ein Ergussgestein, benutzten die Römer für Statuen, Säulen und Sarkophage. Von den ehemaligen Arbeiterunterkünften und den Tempeln für Kaiser Hadrian und die Göttin Isis, die sich hier befanden, ist fast nichts erhalten geblieben. Verbrecher, Kriegsgefangene und verfolgte Christen mussten auf dem heutigen Ruinenfeld Zwangsarbeit leisten, indem sie Steine aus dem Berg brachen. Brunnen und eine Zisterne lieferten das lebensnotwendige Wasser. Ob es am Mons Porphyrites während der Römerzeit eine Kirche gab oder ob das Gotteshaus erst danach von Christen erbaut wurde, ist bis heute unklar. Nur sehr wenige Archäologen haben sich bisher für die Erforschung des Steinbruches interessiert.

15 km nach der Abzweigung zum Mons Porphyrites erreicht man auf der Küstenstraße Hurghada.

Kitesurfer auf dem Roten Meer

Das Beste auf einen Blick

Rotes Meer – Südliche Küste

Highlight !

Küste südlich von Hurghada: Man muss nicht Taucher sein. Schnorcheln genügt, um die wunderbare Welt der Korallen zu erleben. Als Orte empfehlen sich besonders Quseir, Marsa Alam und Berenice. Dort haben etliche Hotels (oft via Steg) erreichbare Hausriffe, wie man sie in Hurghada schon lange nicht mehr findet. S. 158

Auf Entdeckungstour

Giftun Island: Unter Naturschutz stehend, darf von den Inseln im Roten Meer einzig Giftun Island von Touristen besucht werden. S. 150

Ausflug nach Luxor: Karnak, Hatschepsuts Tempel, das Tal der Könige: Einige der großartigsten pharaonischen Sehenswürdigkeiten befinden sich nur knapp 4 Autostunden von Hurghada enfernt. S. 154

Wracktauchen: Auf dem Grund des Roten Meeres liegen eine Reihe von Schiffswracks aus Kriegen oder Fährunglücken. Viele dieser Wracks sind spannende Ziele für Taucher. S. 162

Kultur & Sehenswertes

Ungewöhnliches Hausriff: Das Mangrove Bay Resort, 30 km südlich von Quseir ist ein traumhaft an einer Mangrovenbucht gelegenes Hotel mit Tauchbasis und einem so außergewöhnlich gut erhaltenem Hausriff, dass tagsüber fast niemand am Pool zu finden ist. S. 166

Aktiv & Kreativ

Wassersport exzessiv: Schwimmen, Tauchen, Schnorcheln, Surfen, Golfen – dem sportlichen Tatendrang jenseits von Tennis und Jogging sind am Roten Meer keine Grenzen gesetzt. Gefragtester Sport ist Kitesurfen. Unterricht gibt es in allen Badeorten.

Genießen & Atmosphäre

Wellness und Entspannung pur: Bonvivants, die dafür das nötige Großgeld haben, erleben im Süden der Massentourismus-Metropole Hurghada ungewohnte Ruhe. Das luxuriöse Oberoi Sahl Hasheesh Hotel, geprägt von arabisch-islamischer Architektur, besitzt ein hervorragendes Spa und lockt mit einem weiten Hotelstrand. S. 143

Abends & Nachts

Trinken, tanzen, feiern: Dafür ist Hurghada bekannt. Inspiriert von der Pariser (und auch der Kairoer) Edeltheke fast gleichen Namens serviert das Little Buddha gute Cocktails und Fusionküche. Zum Feiern am Strand steuert man den Hedkandi Beach Club an, und wer eine unprätentiöse Disco sucht, in die auch Einheimische zum Biertrinken und Abtanzen gehen, der besucht die Dutch Bar. S. 152, 153

Von Hurghada nach Berenice

Den Badeort Hurghada muss man gesehen und erlebt haben, ein Klein-Mallorca am Roten Meer. Rundum war einst militärisches Sperrgebiet, gefühltes Frontgebiet zu Israel. Seit der Öffnung aber findet der Reisende hier schöne Korallenriffe, wundervolle Tauchgründe und Surfreviere mit erstklassigen Windverhältnissen. Safaga, Quseir, Marsa Alam, Hamata und Berenice sind die reizvollen Ziele.

In dem Gebiet zwischen Hurghada und der Grenze zum Sudan bildet sich unter der Regie von Investoren und Ägyptens Tourismusministerium im Moment ein riesiges Tourismusgebiet heraus, das nach derzeitiger Planung noch viele Jahre lang rege Bautätigkeit entlang der Küste garantieren wird. Über 2,9 Mio. Touristen aus aller Welt zählt man jährlich an der Küste des Roten Meeres, Tendenz stark steigend. Dutzende Charterflieger bringen täglich Tausende Urlauber aus Europa über die Flughäfen Hurghada und Marsa Alam hierher, neuerdings auch verstärkt aus den früheren Ostblockstaaten.

Die nach Übernachtungen und Umsatz pro Kopf (noch) stärksten Touristengruppen kommen aus den deutschsprachigen Ländern und Italien. Als Zentrum der sogenannten Red Sea Riviera boomt Hurghada wie kein anderer Ort im Land. Tausende Ägypter aus Kairo, aus dem Niltal und dem Nildelta ziehen an die Küste und lassen sich hier nieder, um im Tourismus zu finden, was es im übrigen Ägypten kaum gibt – ausreichend Arbeit.

Infobox

Internet

www.hurghada com: Anhand interaktiver Karten und rund 1000 Fotos in 360°-Panoramatechnik spaziert man hier virtuell durch Hurghada, kann sich Hotels, Geschäftszentren, Straßen und Ortsteile näher ansehen. Aktuelle Infos listet eine umfangreiche Datenbank.

Polizeikonvois

Wer schon mal mit dem Auto auf eigene Faust nach Hurghada gekommen ist, kennt es möglicherweise: Für Überlandfahrten muss man sich Polizeikonvois anschließen, die sich außerhalb der Stadtgrenzen sammeln. Diese gehen mehrmals täglich (Zeiten aktuell im Hotel erfragen). Zuletzt verzichteten die Behörden auf die Konvois, die aber je nach Lage wieder angeordnet werden können.

Taxi statt Minibus

Den rasenden Minibussen hat man in Hurghada weitgehend den Garaus gemacht. Die Fahrer wurden umgesattelt auf die orangefarbenen Taxen, die man überall sieht. Man kann verlangen, dass der Taxameter eingeschaltet wird, auch wenn das kein Fahrer gerne tut. Einfacher und auch fair: Handeln Sie den Preis vor der Fahrt aus; er dürfte für kaum eine noch so entfernte Strecke innerhalb Hurghadas über 15 bis 20 LE liegen, auch wenn man Ihnen an der Hotelrezeption oft astronomische Summen von 40 LE und mehr als Insider-Tipp nennt.

Hurghada

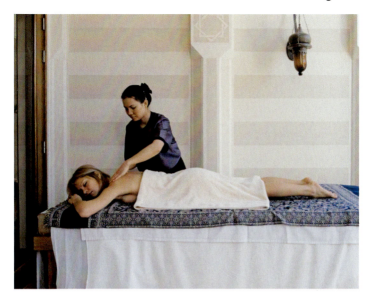

Entspannung pur: Massage im luxuriösen Sahl Hasheesh Hotel in Hurghada

Hurghada ▶ F 10/11

Hurghada, das auf Arabisch El Ghardaqa heißt (wegen seiner Rachenlaute fast unaussprechbar), ist schon rein flächenmäßig der größte Bade- und Wassersportort am Roten Meer. Auf einer Länge von nahezu 50 km Küste boomt rund ums Jahr der Ferientourismus – und es kommen auch in Zukunft noch viele Hotels hinzu, zum Glück keine Bettenburgen, sondern weitläufige Anlagen – Platz ist genug am Rande der Arabischen Wüste. Wer schon früher in Hurghada war und nun vom Flughafen zum Hotel fährt, wird sich über die aus dem Boden schießenden Siedlungen wundern, die nach dem ägyptischen Staatspräsidenten Mubarak 1, Mubarak 2 usw. benannt sind und durchnummeriert wurden. Viele Ausländer haben hier bereits ihr Feriendomizil aufgeschlagen, zum Überwintern nach mallorquinischem Vorbild. Die starke Kaufkraft des Euro in Ägypten fördert den Trend. Zuhauf inserieren Anwälte, die beim Erwerb von Immobilien und Grund assistieren. Internationale Immobilienfirmen buhlen weltweit um Investoren für Groß- und Kleinprojekte – vom Hotel bis zur privaten Apartmentanlage.

Geschichte

Blick zurück ins Jahr 1930: Damals war das Auftauchen von Fremden in Hurghada noch eine Sensation, und die den Weg auf sich nahmen, waren meist Briten, die im Auftrag von Erdölfirmen das Rote Meer auf Öllager hin untersuchten, nachdem man bereits jenseits des Meeres in Saudi-Arabien immense Funde gemacht hatte. Nur ab und an

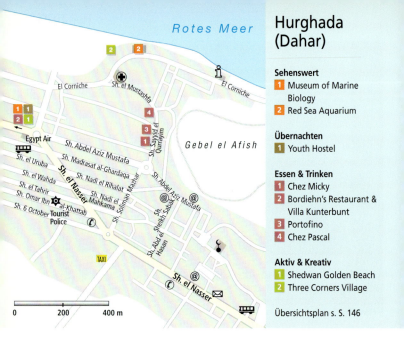

Hurghada (Dahar)

Sehenswert
1. Museum of Marine Biology
2. Red Sea Aquarium

Übernachten
1. Youth Hostel

Essen & Trinken
1. Chez Micky
2. Bordiehn's Restaurant & Villa Kunterbunt
3. Portofino
4. Chez Pascal

Aktiv & Kreativ
1. Shedwan Golden Beach
2. Three Corners Village

Übersichtsplan s. S. 146

---

verschlug es – vor und auch nach dem Zweiten Weltkrieg – ein paar ganz verwegene Europäer, meist in Kairo lebende Ausländer, als Urlauber in die unwirtliche Gegend. Die Männer hüllten sich in ziemlich lange Badehosen, die Frauen in noch sehr stoffreiche Badeanzüge.

Mit Beginn des ersten Krieges gegen den eben gegründeten Staat Israel 1948 blieben die wenigen Ausländer weg, denn die Küste war plötzlich auf ihrer gesamten Länge potenzielles Frontgebiet – Zugang verboten für Zivilisten. Jeder Mann Hurghadas war nun Soldat. Auf den Waffenstillstand folgte der nächste, kurze Krieg 1956. Die Küste war erneut potenzielles Schlachtfeld (was sie aber nie wurde).

Anfang der 1960er-Jahre begann Präsident Nassers Ägypten den Fremdenverkehr zu fördern. Ein paar kleine Hotels eröffneten, Touristen reisten in einer langen und beschwerlichen Tagestour oft über Kairo an – bis die Kriege von 1967 und 1973 das Gebiet wieder völlig unter die Hoheit der Militärs brachten. Erst der Camp-David-Frieden 1979 ließ einen neuen Versuch zu, Hurghada dem Tourismus zu öffnen.

An einem der schönsten Strandabschnitte eröffnete bald darauf das Sheraton (zuletzt residierte in dem zum Abriss bestimmten Rundbau das Le Meridien), erste Charterflüge landeten. Taucher, die noch ihr Gerät selbst mitbrachten, waren fasziniert von der unberührten Unterwasserwelt vor Hurghada.

Hurghada – das sollte Mitte der 1980er-Jahre noch ein vorbildliches ägyptisches Modell für einen Tourismus werden, der aus den Fehlern von Zielen wie Rimini, Ibiza, Gran Canaria oder Mallorca gelernt hat. Die Fehler von dort, etwa den Bau von Hotelbunkern, hat man zwar vermieden, aber dafür andere gemacht. Der Raubbau an der natürlichen Fauna des Roten Meeres beispielsweise hat im Korallenbestand irreparable Schäden hinterlassen.

Ein Insider-Tipp blieb der Ort mit seinen Naturschönheiten vor der Küste nicht lange. Etwas über vier Flugstunden von Europa entfernt tat sich Tauchern und Surfern ein neues Paradies auf. Und hätten die misstrauischen Militärs schon eher die Küste geräumt und eingewilligt, ihren militärischen Flughafen in großem Maße der zivilen Luftfahrt zur Verfügung zu stellen, dann hätte Hurghada schon früher seine heutigen Dimensionen erlangt.

Doch erst seit den 1980er-Jahren wurde Hurghadas Entwicklung zu einer Frage von nationalem Interesse und rechtfertigte obendrein die Gründung eines Tourismusministeriums. Dessen Planer gestalteten den Ortskern der Stadt mit seiner verfallenen Bausubstanz und seinem Schmutz komplett um. Häuser wurden planiert, ein breiter Boulevard angelegt: die Sheraton Road. In pharaonischer Tradition ist Hurghada eine Dauerbaustelle, wie es einst der Karnak-Tempel in Luxor war.

Hurghada ist einer der wichtigen Devisenbringer Ägyptens, und der Ort blieb es auch, als Touristen nach dem 11. September 2001 anfänglich nur mehr zaghaft Fernreisen wagten. Hurghada überstand die Krise u. a. durch Dumpingpreise auf allen internationalen Märkten. Dass man sich damit gänzlich neue Märkte erschloss, ist vor Ort nicht zu übersehen. Im Zentrum Hurghadas, früher dominiert von italienischen und deutschen Touristen, ist ein ›Klein-Russland‹ entstanden: Werbung und Geschäftsreklame in kyrillischer Schrift, wohin man sieht. Mit der Leichtigkeit, mit der Hurghadas Händler schon immer in Deutsch oder Italienisch ihr Arsenal an Souvenirs angeboten haben, preisen sie nun ihre Papyri, ihre Parfümessenzen und ihren pharaonischen Goldschmuck zusätzlich in Russisch und in den baltischen Sprachen an.

Für Urlauber, die mit dem täglichen Sonnenbad und dem Dinnerbüfett nicht ausgelastet sind, hat Hurghada, seit es sich im Bereich Unterhaltung und Nachtleben von Saison zu Saison in Quantensprüngen fortentwickelt hat, allerhand zu bieten. Außerhalb der Hotels neu eröffnete Discos, Clubs und Restaurants finden sich im gesamten Ortsgebiet, einige davon im Zentrum. Wie eine andere Welt, aufgeräumter und sauberer, wirkt die Hotel-Corniche, die Küstenstraße, an der die großen und von Pauschaltouristen bevorzugten Hotels liegen.

Orientierung

Sich in Hurghada zurechtzufinden, ist denkbar einfach. Es gibt Straßennamen, die zwar häufiger geändert werden, aber das ist egal – keiner benutzt sie. Hurghada ist im Zentrum so überschaubar, dass man Restaurant, Bar oder Hotel nennt – und jeder Taxifahrer weiß, wohin es geht. Die Strände südlich des Ortszentrums sind mit Hotelanlagen belegt. Nördlich davon, in Sigala, liegen weitere Hotels und Restaurants. Anschließend beginnt der lebendige Ortsteil Dahar, meist Downtown genannt.

Dahar (Downtown)

Für Touristen ist dieser Bezirk mit Boutiquen, Supermärkten, Basar, Restaurants, Bars, Post, Telefonamt, Behörden und Banken interessant. Bis spät in den Abend pulsiert hier das Leben. In der **El Suk Mall,** gegenüber dem Sea Gull Cinema, finden sich einige nette

Rotes Meer – Südliche Küste

kleine Souvenirgeschäfte. Deutsche Restaurants bieten Touristen mit Entzugserscheinung unter dem Wappen des Freistaates Bayern Currywurst, Leberkäs', Käsekrainer und Bauernfrühstück an. Dennoch: Dahar, man muss es schon sagen, sieht im Vergleich zum südlichen Edelhotelstreifen an der Küste (s. u.) wie eine Halde aus. Schutt liegt auf den Gehsteigen, die Straßen sind schmutzig.

Sigala und Hotel-Corniche

Ansehnlicher als Dahar ist die Sheraton Road in **Sigala.** Als neuer Edel-Komplex ist auf 120 000 m^2 am Hafen der **Marina-Komplex,** eine Anlage zum Wohnen, Shoppen, Ausgehen entstanden. Dutzende Restaurants, Cafés, Bars und Boutiquen locken hier Tag und Nacht Touristen an (hurghadamarinaredsea. com). Großer Vorteil: Beim Bummeln auf dem Boulevard wird man hier nicht von Händlern angesprochen, eine angenehme Abwechslung.

An der **Hotel-Corniche,** offiziell Youssuf Afifi Road (nach dem früheren Gouverneur), gab es vor einigen Jahren außer den üblichen Hotelboutiquen für Zeitungen, Tabak, Krimskrams und Klamotten kaum etwas. Hier entstanden und entstehen Shopping-Malls. Die mehrspurige, früher fast unüberquerbare (Renn-) Strecke direkt vor den Hotels wurde auf weiten Abschnitten zur Einbahnstraße Richtung Norden, da und dort sogar zur Fußgängerzone mit wirklich mediterranem Flair umgebaut – eine sehr erfolgreiche Schönheitsoperation!

Man findet hier nun Megashops für Souvenirs und Mode-Boutiquen. Gegenüber dem Grand Hotel liegt die **Grand Mall** mit Apotheke, Boutiquen, Billard- und Internetcafé und etlichen Restaurants (vom Steakhouse über Pizza und Koreanisch-Chinesisch bis Ägyptisch). Am Abend präsentieren im Atriumcafé der Mall, unterhalb der Jungle Disco (ab 23 Uhr geöffnet), Entertainer und Animateure des Grand Resorts Mitsing- und Mittanzsongs und führen frei nach Disneyvorlagen & Co. Minimusicals auf.

Gegen Mitternacht füllen sich Discos und Folkloreshows, und man tanzt im **Hedkandi Beach Club** und im **Ministry of Sound Beach Club** unter freiem Himmel direkt am Meer zu hämmerndem Techno und Beat.

Alle großen Hotels unterhalten mehrmals täglich Shuttlebusse ins Zentrum.

Sehenswert

Museum of Marine Biology [1]
Tgl. 8–19 Uhr, 15 LE
In Hurghada gibt es nur wenig wirklich Sehenswertes. Das Museum of Marine Biology, 5 km nördlich von Hurghada, ist recht heruntergekommen und fördert eher das Mitleid mit den gehaltenen Fischen als die Freude, aus nächster Nähe Korallen und andere Bewohner des Roten Meeres zu sehen.

Red Sea Aquarium [2]
Nahe Three Corners Village, tgl. 9–20 Uhr, 15 LE
Die Fischwelt des Roten Meeres – hier findet man eine kleine Auswahl.

Alf layla wa layla [3]
Tel. 065 346 46 01, www.pickalbatros. com, Show 90 LE, Eintritt zu Geschäften, Cafés etc. frei
Unterhaltsam und oft gut besucht ist das Alf layla wa layla am südlichen Rand von Hurghada – ein orientalisches Klein-Disneyland, sprich Tausendundeine Nacht (mit kleinem Ho-

tel). Im Stil eines architektonisch verspielten Bagdader Märchensuks reihen sich Souvenirshops und Kaffeehäuser aneinander; in gefliesten Bassins vegetieren kleine Krokodile. Dahinter öffnet sich die von Arabesken und Säulen bestimmte Einkaufsgasse, in den Flügeln des Suks laden einige Restaurants, teils im Stil des Maghreb dekoriert, zum Kaffee ein. Dinieren sollte man hier nicht: Das Essen ist zu teuer und alles andere als erstklassig. Davor, in der weiten Arena, spielen Laien allabendlich Szenen aus dem pharaonischen Ägypten und glänzen mit Reiterkunststücken.

Übernachtung

Es sind fast nur Pauschalurlauber, die sich in Hurghada einbuchen. Wer in der Saison ohne Buchung anreist, wird in den meisten Hotels kein Zimmer bekommen – oder nur zu hohen Individualpreisen, die nicht mit Buchungen über einen Reiseveranstalter konkurrieren können.

Nördlich von Dahar

Einfach – **Youth Hostel** **1** : Cairo Road, 5 km nördlich, Tel. 065 350 00 79. Ab 7€. Abgelegen von Hurghadas Zentrum, eigener Strand, 4-Bett-Zimmer, Familienzimmer mit drei Betten und Bad.

Südlich der Hotel-Corniche

Erstklassig – **The Oberoi Sahl Hasheesh Hotel** **2** : Tel. 065 344 07 77, Fax 065 344 07 88, www.oberoihotels.com, DZ ab 250 US-$. Ganz im Süden Hurghadas, weit südlich der Hotel-Corniche, liegt – ebenso abgelegen wie wundervoll – eines der besten Hotels Ägyptens. Die etwa 220 Gäste der geräumigen 90-m²-Suiten (die 150-m²-Deluxe-Ausführung haben zusätzlich einen Privatpool) genießen einen 840 m lan-

gen, abgeschiedenen Sandstand, auf den man von dem darüber liegenden Drei-Terrassen-Pool blickt. Von einem Steg aus taucht und schnorchelt man. Die islamische Architektur des Hotels und der Anlage ist ein Augenschmaus. Das Spa ist ein weiteres Juwel des Hotels. Ausschließlich in der Banyan-Akademie im thailändischen Phuket ausgebildete Mitarbeiter kümmern sich um Wellness und Massagen (Rezepturen aus Bali, Indonesien, Hawaii, Schweden und vieles mehr – traumhaft!).

Sigala und Hotel-Corniche

Windsicher – **Magawish Village** **3** : Hotel-Corniche, Tel. 065 346 46 20, Fax 065 346 46 33, www.magawish.com. DZ ab 70 € Surfer behaupten, hier – und im Jasmine Village – gäbe es den besten Wind. Auch Kitesurfer finden hier hervorragende Windverhältnisse. Entsprechend ausgebucht ist der Club. Magawish hat bei einer Länge von 1,8 km nicht nur den größten, sondern zugleich auch den schönsten Strand Hurghadas. Dort gibt es die Tauchschule der Colona Divers, Tel. 065 346 31.

Elegant – **The Grand Resort** **4** : Hotel-Corniche, Tel. 065 344 74 85, Fax 065 344 37 50, www.redseahotels.com. DZ ab 90 US-$. An Farben und Deko reiche orientalische Architektur, stattliche Zimmer – prima für Familien (Kids Club).

Entspannt – **Jasmine Village** **5** : Hotel-Corniche, Tel. 065 344 64 43, Fax 065 344 64 41. DZ ab 55 US-$. Mit 1,5 km Strand. Man kann hier prima surfen und tauchen. Die Leser der Zeitschrift Tauchen wählten das Jasmine Village zum besten Taucherhotel am Roten Meer. Die Tauchschule bietet für Kinder ab 10 Jahren Anfängerkurse (Junior Open Water), Tel./Fax 065 346 04 75, Mobil 012 244 78 97, info@jasmin-diving.com.

Lieblingsort

Relaxen auf höchstem Niveau 2

Nein, hier wurden nicht Säulen und Wände nach Dubai-Art tonnenweise mit Gold verziert. Glänzend ist im **Oberoi Sahl Hasheesh Hotel** dafür das Befinden des Gastes, den unaufdringlicher Komfort, Stille und liebevolle islamisch inspirierte Architektur erwarten. Ungewohnte Ruhe verheißen auch Pool und Strand.

Hurghada (Übersichtskarte und Sigala)

Sehenswert
1 – **2** s. Karte S. 140
3 Alf layla wa layla

Übernachten
1 s. Karte S. 140
2 The Oberoi Sahl Hasheesh Hotel
3 Magawish Village
4 The Grand Resort
5 Jasmine Village
6 Giftun Beach Resort
7 Eiffel Hotel

Essen & Trinken
1 – **4** s. Karte S. 140
5 Fish Market
6 Felfela
7 Al Masri

Einkaufen
1 Esplanada Mall
2 Ramshop
3 Marina-Komplex
4 Senzo Mall

Aktiv & Kreativ
1 – **2** s. Karte S. 140
3 Old Vic Beach
4 Public Beach
5 Pro Center Tommy Friedl
6 Magawish Village
7 Dive Point Red Sea
8 Sindbad Submarine
9 Hurghada Bowling Center
10 Pharaonic Gokart

Abends & Nachts
1 Little Buddha
2 Black Out
3 Papas Bar
4 Ministry of Sound The Beach
5 Dutch Bar
6 Hedkandi Beach Bar
7 Hard Rock Café
8 Calypso
9 Nice Lounge Bar
10 Havana Club
11 Casino

Lässig – **Giftun Beach Resort** **6**: Hotel-Corniche, Tel. 065 346 30 46, Fax 065 346 30 50, www.giftunbeachresort.com. DZ ab 55 US-$. Das Giftun Beach, eines der ersten Hotels Hurghadas, eignet sich hervorragend für Windsurfer und Taucher.

Schlicht – **Eiffel Hotel** **7**: Sigala, nahe Sheraton Road, Tel. 065 344 45 70, Fax 065 344 45 72. DZ ab 30 €. Von vielen osteuropäischen Gästen bewohnt, kostenloser Zugang zum zwei Gehminuten entfernten Strand, nahe an den Beach-Tanzclubs. Wer ungestörte Nachtruhe sucht, liegt hier mit Garantie im falschen Hotelbett.

Essen & Trinken

Halb- oder Vollpension – und vermehrt all-inclusive – sind die Regel beim Gros der Hurghada-Urlauber. Das schont die Urlaubskasse, so hält man die Extraausgaben unter Kontrolle. Wer der Hotelküche dennoch entfliehen will, hat die Wahl von Fastfood à la McDonald's und Kentucky Fried Chicken über den Italiener oder Griechen ›um die Ecke‹ bis zum exzellenten Fischrestaurant.

Dahar

Nett – **Chez Micky** **1**: Neben dem Empire Inn Hotel, Tel. 065 344 37 15, tgl. 12–15, 19–23 Uhr. Hauptgericht ab 65 LE. Sehr gute Fischküche, schnörkellos nach gängigen Rezepten zubereitet.

›Crossover‹ – **Bordiehn's Restaurant & Villa Kunterbunt** **2**: Arabia Beach Resort, Tel. 065 354 87 90, Fax 065 354 48 88; www.bordiehn.com. Hauptgericht ab 60 LE. Barbara und Thomas Bordiehn servieren Crossover-Küche, die den Namen verdient. Hier kann man u. a. Steak vom Kamelfleisch mit Spätzle essen.

Lecker – **Portofino** **3**: Downtown, Tel. 065 354 62 50, tgl. 12–15, 18–24 Uhr. Hauptgericht ab 55 LE. Fischgerichte, ägyptisch oder auch italienisch zubereitet.

Raffiniert – **Chez Pascal** **4**: Downtown, tgl. 12–15, 17–24 Uhr. Hauptge-

Rotes Meer – Südliche Küste

richt ab 50 LE. Nettes Restaurant, Garten, gute Küche (französisch/ägyptisch; Pizza).

Sigala und Hotel-Cornishe

Köstlich – **Fish Market** 5: InterContinental Hotel, Tel. 065 344 69 11, tgl. 19–24 Uhr, ab 140 LE. Für den besten Fisch weit und breit muss man ins Hotel gehen, wählt am Buffet selbst den fangfrischen Fisch aus und sagt dem Chef, wie er zubereitet werden soll. Wenn Sie den Fisch selbst entgräten, kann das in einem ziemlichen Tellergemetzel enden, daher die Sache besser den Kellnern überlassen.

Urig – **Felfela** 6: Sheraton Road, Tel. 065 344 24 10, tgl. 12–15, 17–24 Uhr. Hauptgericht ab 50 LE. Im ganzen Land serviert die Restaurantkette die ägyptischen Klassiker in vielen Variationen: Ful, Tehina, Hummus, Kebab, Kufta.

Deftig – **Al Masri** 7: Midan Sigala, Tel. 065 344 33 98, tgl. 17–24 Uhr. Hauptgericht ab 45 LE. Das Mutter-Restaurant in Luxor ist für seine gegrillten Kebabs und Kofta in ganz Ägypten berühmt. Fast so gut ist auch diese Filiale.

Einkaufen

Souvenirs, Mode

Die Preise in Hurghada sind wieder einigermaßen erträglich, seit der Wechselkurs des Ägyptischen Pfundes vom Dollar losgelöst wurde und sich in der Folge die Kaufkraft des starken Euro fast verdoppelt hat. Das Angebot selbst, was die Souvenirs angeht, ist Massenware: viel pharaonischer Nippes, bedruckte Kunstpapyri, Gold und Schmuck mit Hieroglyphen und Skarabäen und allerlei arabischen und altägyptischen Ornamenten. Figuren von Tutanchamun und Kleopatra, Pyramiden als Briefbeschwerer, Lederkamele, Backgammonspiele oder Parfümessen-

Herrlicher Spaß: mit dem Quad durch die Wüste

zen (die übrigens zum Großteil aus deutschen Labors kommen, nicht von fiktiven Farmen oder Rosenplantagen, wie viele Händler glauben machen wollen).

Lohnender kann es sein, Kleidung – vom Minirock bis zum Hemd – zu erwerben. Die Geschäfte von Mobaco, New Man, Sahara, Safari und Naf Naf in den **Fußgängerzonen, Hotels und Malls** verkaufen vielfach Ware, die in Ägypten für den Export produziert wird, hier aber ungleich billiger ist als in Europa. Reichlich vertreten sind auch Benetton, Joop und Chiemsee.

Als ein Flop erwies sich die wenig besuchte **Esplanada Mall** **1** nahe dem Siva-Hotel. Dafür finden sich rund um den riesigen **Ramshop** **2** (Souvenirs aller Art in Massen) bis zur Fußgängerzone Dutzende von Geschäften. Einen riesigen **Souvenirbasar** besitzt der Flughafen im Duty-Free-Bereich – leider hoffnungslos überteuert! Mit neuen Shops (u. a. Nike, Timberland, Dockers und Levi's) locken auch der **Marina-Komplex** **3** am Hafen und die große **Senzo Mall** **4** im südlichen Hurghada nahe dem Alf layla wa layla.

Aktiv & Kreativ

Dahar

Unterwasserwelt beobachten – **Shedwan Golden Beach** **1**: Tel. 065 354 86 11. Im kleinen Glasbodenboot (höchstens sechs Passagiere) kann man einen wunderbaren Familienausflug unternehmen. Der Kapitän fährt mit seinem Boot so weit aufs Meer hinaus, bis die Korallenbänke klar im Wasser zu erkennen sind. Das Boot legt von 9–17 Uhr stdl. ab. Dauer: 1 Std. Erw. 20–25 €, Kinder: 50 %. Auch empfehlenswert, allerdings größer: **Three Corners Village** **2**: Tel. 065 354 78 16, info@three corners.com. Max. 25 Personen passen

in das Glasbodenboot, das tgl. von 9–16/17 Uhr eine schöne Runde auf dem Roten Meer dreht. Fahrten werden an vielen Stränden angeboten, sie können in Hotels gebucht werden.

Sigala und Hotel-Corniche

Strände – Die schönsten Strände sind selbstredend im Besitz der großen Hotels; gegen eine Gebühr, meist Verzehrbons zwischen 5 und 80 LE, können diese oft auch von Nichtgästen genutzt werden. An der Hotel-Corniche werden die wenigen öffentlichen Zugänge zum Meer gerne als Baustellenhalden genutzt; die Ausnahme: **Old Vic Beach** **3** (10 LE) südlich des Marriott Hotels. Sauber und nett ist der kostenfreie **Public Beach** **4** in Sigala nahe dem Eiffel Hotel, wo man an einem Kiosk Getränke und Snacks bekommt. Gleich nebenan zahlt man 15 LE Eintritt für das **Ministry of Sound The Beach.**

Surfen – Große Surfcenter haben die Hotels **Sofitel, Arabia Beach, Giftun Beach Resort, Jasmine Village, Three Corners Village.** Die Preisunterschiede sind minimal. Ein Surfkurs für drei Tage, jeweils drei Stunden, kostet rund 130 €; sechs Tage, jeweils drei Stunden, etwa 230 €. Die einwöchige Miete für ein Surfbrett kommt auf ca. 200 €. **Pro Center Tommy Friedl** **5**: Jasmine Village, Tel./Fax 065 344 64 50, www.tom my-friedl.de/spot.htm. **Magawish Village** **6**: Tel. 065 346 46 20, Fax 346 46 33. Es hat den Ruf an einem der besten Surfreviere Hurghadas zu liegen. **Dive Point Red Sea** **7**: Coral Beach Hotel, Tel./Fax 065 344 20 19, hurghada@dive point.com; ein schönes Hausriff mit einem guten Standort für Exkursionen.

Tauchen und Schnorcheln – In Hurghada hat man bei über 60 Tauchschulen die Qual der Wahl. Beinahe alle **Hotels** bieten Kurse an (s. o.). Schnorcheln kann man vor strandna- ▷ S. 152

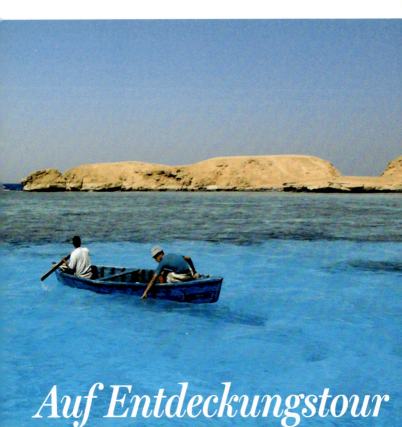

Auf Entdeckungstour

Ausflug ins Paradies – Giftun Island

Die Insel Giftun, eine gute Bootsstunde vor Hurghada im Roten Meer, gehört zu den beliebtesten Tagesausflugszielen. Zu Recht. Den Insel-Herren ist es gelungen, trotz der Popularität den Zauber der unter Naturschutz stehenden Sandinsel zu erhalten.

Reisekarte: ▶ F 10/11

Planung: Den Bootsausflug zum Mahmya Beach bieten Hotels und Aquazentren in Hurghada und El Gouna an. Man bucht mit einem Tag Vorlauffrist. Bade-, Tauch- oder Schnorchelzeug, Sonnenschutz, Verpflegungsgeld – mehr braucht man hier nicht.

Zeit/Kosten: 1 Tag/ca. 50 €.

Etliche Inseln gibt es im Roten Meer, doch nur die allerwenigsten sind zugänglich, darunter Giftun (Mahmya Beach), eine reizvolle Sandinsel – ideal für einen Tagesausflug, bei dem man aber mit Sicherheit nicht alleine sein wird.

Schnorcheln und genießen

Der Kapitän nimmt's für ägyptische Verhältnisse sehr genau mit der Pünktlichkeit. Exakt um 9 Uhr blickt er auf die Uhr, zählt die Passagiere auf seinem Boot durch – 25 Plätze – und gibt mit großer Geste drei Minuten zu, bis auch der letzte mit Flossen und Tauchermaske in Händen an Deck gesprungen ist. Die Vertäuung gelöst, und ab geht die Fahrt zum beliebtesten Ziel von Tagesausflügen in Hurghada: Giftun Island, ca. 5 km vor den Stränden der Touristenmetropole.

Die meisten Boote, mehr Schnorchler als Taucher an Bord, legen nach 45 Minuten den ersten Stopp ein. Schnorcheln auf offenem Meer. Dann werden die Passagiere auf der Insel abgesetzt. Die größeren Schiffe dürfen nur an Bojen ankern, die Passagiere werden mit kleineren Booten an Land gebracht.

Der 140 m lange Sandstrand ist fein und weiß, das Wasser schimmert türkisfarben und klar. Hier liegen wunderbare Riffe, die Großfische wie Walhaie, Barrakudas und Blauhaie, anziehen. Der manchmal stark frequentierte Mahmya Beach ist mit allem Nötigen für die Tagesbesucher ausgestattet: einfache Restaurants, Palmenschatten, Sonnenschirme, Beach Volleyball.

Einige Ausflügler liegen nur in der Sonne des Strandcamps, genießen den stets leichten Wind und gehen nur ab und an zum Schnorcheln ins Wasser. Andere fahren mit dem Boot zum Tauchen ein Stück aufs Meer, kommen später wieder zurück. Für diese Gäste gibt es Essen an Bord, meist Fisch und Reis auf Plastiktellern, unter Deck frisch zubereitet. Auf der Insel isst man im Restaurant. Frischen Fisch, Fleisch, Snacks, dazu Softdrinks, Bier.

Der Tagesausflug endet zwischen 16 und 17 Uhr. Dann legen die Boote wieder Richtung Hurghada ab. An Bord sagen einige, sie hätten einen Tag wie im Paradies erlebt.

Intakter Naturraum

Im Jahr 2000 wurde die Insel zum Nationalpark erklärt – und dieser war danach zeitweise in seinem Bestand höchst gefährdet. Ägyptens Premier wollte die Sandinsel für 2 Mrd. US-$ an eine italienische Investorengruppe verkaufen. Der Plan des Premiers: Auf Giftun sollte ein 10 000-Betten-Resort entstehen, mit Flughafen, Tauchbasen und einer Verbindungsbrücke nach Hurghada. Doch Ökoaktivisten, angeführt von der in Hurghada ansässigen Umweltorganisation HEPCA, formierten den Protest, dem sich Greenpeace und die UNESCO anschlossen. Präsident Hosni Mubarak musste das irre Bauvorhaben stoppen.

Den Veranstaltern, die Giftun anlaufen, dort Partys und sogar Kindergeburtstage ausrichten, ist es trotz der Vielzahl regelmäßiger Ausflügler gelungen, Giftuns Schönheit zu bewahren, das Ökosystem nicht nur nicht zu schädigen, sondern zu bewahren.

Tipp für Bootsbesitzer

Auf eigene Faust erreicht man die Insel nicht, außer man ist Bootsbesitzer. Wer Giftun mit dem eigenen Boot ansteuern will, ruft in Küstennähe auf UKW Kanal 76. Personal von der Insel bringt Sie dann von Ihrem Boot an den Strand. Buchung: Tel. 065 344 97 36, Mobil 010 126 05 05; www.mahmya. com.

Rotes Meer – Südliche Küste

Ausflugspreise

In jedem Hotel bieten Veranstalter zusätzlich buchbare Ausflüge an. Da die Kosten erheblich sein können, hier zur besseren Planung einige Preisbeispiele (Kinder zahlen die Hälfte). 1 Tag Kairo per Bus 89 €, 2 Tage mit Übernachtung 190 €; 1 Tag Luxor 80 €, 2 Tage Luxor mit Übernachtung ab 100 €; Jeep-Safari in die Wüste mit Barbecue 34 €; 2,5 Stunden mit dem Quad-Runner in der Wüste 40 €, Tagesausflug nach Giftun Island ca. 50 €.

hen Hausriffen, aber auch bei Tagesausflügen, z. B. nach Giftun Island (s. S. 150).

Unterwasserwelt beobachten – Beliebt ist es, die Korallen- und Fischwelt des Roten Meeres aus dem sicheren Trockenen eines Spezialschiffes heraus zu beobachten; es gibt etliche **Glasbodenboot-Anbieter** in Hurghada (s. S. 149). Etwas dichter ran geht es mit der **Sindbad Submarine** 8: Sindbad Resort, Tel. 065 344 46 88. Das U-Boot bringt 50 Passagiere bei einer 60-minütigen Fahrt in 20 m Tiefe, 45 €.

Angel-Safaris – **Yellow Fin:** www.yellow-fin.net, Mobil 010 301 72 00. Ausflüge für Hobby- und Sportangler.

Reiten – Pferde haben die Hotels **Inter-Continental, Albatros Beach Resort, Sofitel.**

Bowling – Im **Hurghada Bowling Center** 9 am Sindbad Beach Resort rollt von 19–3 Uhr die Kugel.

Gokart – **Pharaonic Gokart** 10: Airport Road nahe Magawish Club, Tel. 012 217 74 18, www.gokart.com.eg (»homepage under construction«), tgl. 12–24 Uhr. Mit bis zu 80 km/h rasen die aus England importierten Flitzer über den Asphalt. Für Kinder (ab 8 Jahren) können die Gokarts per Funk gedrosselt und sogar gestoppt werden.

Wüstensafaris – Einen Ausflug in die Wüste mit **Kamel** oder **Quad-Bike** (Vierrad-Motorbike) bieten etliche Veranstalter an; Infos gibt es in den Hotels.

Ausflug nach Giftun Island – **Mahmya:** www.mahmya.com, Tel. 065 344 97 36, Mobil 012 126 05 05. Einen Tag auf der einzig zugänglichen Insel im Roten Meer, ein kleines unter Naturschutz stehendes Paradies zum Baden, Tauchen, Schnorcheln (s. S. 150).

Abends & Nachts

Im Buhlen um die internationalen Nachtschwärmer ist Hurghada spät aus seinem Schlaf erwacht. Sowohl an der Hotel-Corniche wie im Zentrum kann man aber inzwischen bis zum Morgen ausgehen, trinken, tanzen, flirten. Was in und out ist, wechselt manchmal schnell. Tauch- und Surflehrer wissen meist, was angesagt ist. Drinks gibt es ab 30 LE. Zur Ausgehmeile entwickelt sich auch die Hurghada Marina mit zahlreichen Bars und Restaurants.

Originell – **Little Buddha** 1: neben Sindbad, Tel. 065 345 01 20, Mobil 012 000 19 61, www.littlebuddha-hurghada.com, tgl. 15–4 Uhr, ab 23.30 Uhr Club; ab 50 LE. Den Raum dominieren die lange, geschwungene Bar, über der ein überlebensgroßer Buddha die Trinkenden und Tanzenden bewacht. Zu essen gibt es hier – bei rechtzeitiger Reservierung mit Blick von der Galerie – leichte Kost: Fusion, Speisen, die unterschiedliche Kochtraditionen verbinden, z. B. Thai- mit französischer Küche, bis 23 Uhr, Sushi die ganze lange Nacht. Gegen Mitternacht kann es mit dem Einlass eng werden, wenn der Türsteher hart bleibt.

Schrill – **Black Out** 2: Ali Baba Palace, Mobil 012 221 7734, tgl. ab 23 Uhr. Sehr populäre Disco, die einzige weit

Hurghada: Adressen

und breit, die auch Schaumpartys und wilde Abtanznächte veranstaltet. Bewertung auf einer Internetseite: »einfach krass!«.

Cool – **Papas Bar 3**: Sheraton Road, Mobil 010 512 90 51, www.papasbar. com, tgl. ab 17 Uhr. Im Lokalverbund mit Rossis Pizza, beliebt bei in Hurghada lebenden Ausländern; für fast jeden Abend ein guter Tipp.

Heiß – **Ministry of Sound The Beach 4**: Strand nahe Helnan Regina, Tel. 065 344 41 46, tgl. ab 22 Uhr bis zum Morgen, www.ministryofsound.com/redsea. Dauer-In-Location Hurghadas. Tanzen, trinken am Strand, mit DJs aus Europa und manchmal wilden Gogos. Nichts für Techno-Hasser! Beliebt sind die Ganz-in-Weiß-Partys, wenn bis zu 3000 hell gekleidete Clubber in den Sonnenaufgang feiern.

Cool – **Dutch Bar 5**: am Princess Hotel, Mobil 012 247 34 92, www.dutchbar-hurghada.com, tgl. ab 21 Uhr. Eine der besten Bars in Hurghada, die sich erst nach 23 Uhr füllt. Der DJ, eine wahre Stimmungskanone, legt alles auf außer Techno, Trance & House: Oldies, Musik der 70er, 80er, Arab-Pop – und alle tanzen heitern Gemüts in den Morgen – große Klasse!

Oberlässig – **Hedkandi Beach Bar 6**: El Tabia Beach, Mobil 012 738 24 42, www.hedkandibeachbar.com, tgl. ab 17 Uhr. Die coole Bar-Lounge am Tabia Beach gehört zum Reich des Ministry of Sound.

Klassisch – **Hard Rock Café 7**: Hotel-Corniche, Tel. 065 346 51 79, tgl. ab 18 Uhr. Vor der Tür die Megagitarre, eine Oldie-Limousine, drinnen US-Klassiker zu lauter Musik, und ab 23 Uhr wird hier bis zum Morgen getanzt.

Flirrend – **Calypso 8**: Hadaba St., Mobil 012 280 12 51, www.calypsohurghada.com, tgl. 0–24 Uhr. Nachts sieht das beleuchtete Calypso aus wie ein Raumschiff, das auf einem der Hügel

Hur-ghadas eine Crash-Landung hingelegt hat. Im Inneren hat man es auf drei Ebenen mit verschiedenen Lokalen zu tun. Auf dem Dach befindet sich ein Biergarten mit herrlichem Ausblick über die Stadt. In der ersten Etage ist ein nettes Pub mit Blick – durch dicke Glasscheiben – auf die darunterliegende Disco untergebracht. Nirgends in Hurghada tanzen ab Mitternacht schönere, flirt- und kontaktfreudigere Leute als hier. Da brennt manchmal die Luft.

Stylish – **Nice Lounge Bar 9**: Marina Boulevard, Tel. 018 229 15 06, www. nice-hurghada.com. Im Nice kann man essen, trinken, zu Cocktails Popcorn bestellen oder Steaks; netter Laden in der Marina.

Open Air – **Havana Club 10**: Sahl Hasheesh Rd., Dana Beach Resort, süd. Hotel-Corniche, Tel. 065 346 04 01. Man betritt unter Che Guevaras Porträt den Buena Vista Social Club und tanzt in der Disco unter freiem Himmel; tolle Stimmung bis in den Morgen.

Casino – **InterContinental Hotel 11**: Tel. 065 344 69 11, Roulette, Blackjack. Zutritt nur für Nichtägypter (Pass mitnehmen!).

Infos & Termine

Tourismusbüro/Notfall
Tourist Office: nahe Egypt Air, gegenüber dem Sports Club, Tel. 065 344 44 20, Sa–Do 8–20, Fr 14–20 Uhr.
Polizei: Tel. 065 354 63 03.
Ambulanz: Tel. 065 354 64 90.
Al Salam Hospital: Tel. 065 354 87 85.
Dekompressionskammer: Tel. 065 358 00 11, Dr. Hassam Mobil 012 218 75 50, Dr. Hanaa Mobil 012 639 14 50.

Verkehr
Flüge: Tgl. Flüge der Egypt Air nach Kairo, mehrmals wö-   ▷ S. 158

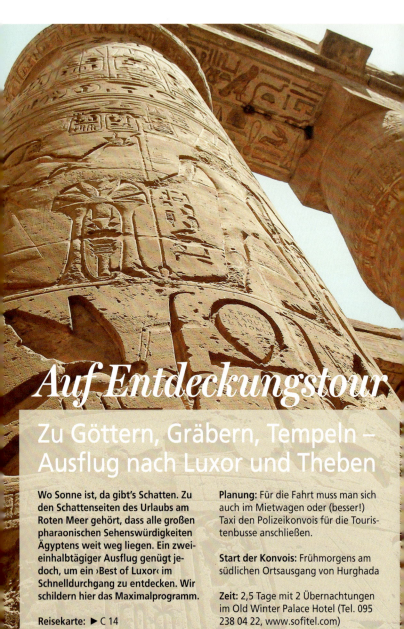

Auf Entdeckungstour

Zu Göttern, Gräbern, Tempeln – Ausflug nach Luxor und Theben

Wo Sonne ist, da gibt's Schatten. Zu den Schattenseiten des Urlaubs am Roten Meer gehört, dass alle großen pharaonischen Sehenswürdigkeiten Ägyptens weit weg liegen. Ein zweieinhalbtägiger Ausflug genügt jedoch, um ein ›Best of Luxor‹ im Schnelldurchgang zu entdecken. Wir schildern hier das Maximalprogramm.

Reisekarte: ▶ C 14

Planung: Für die Fahrt muss man sich auch im Mietwagen oder (besser!) Taxi den Polizeikonvois für die Touristenbusse anschließen.

Start der Konvois: Frühmorgens am südlichen Ortsausgang von Hurghada

Zeit: 2,5 Tage mit 2 Übernachtungen im Old Winter Palace Hotel (Tel. 095 238 04 22, www.sofitel.com)

Viele Urlauber ziehen für einen Ausflug nach Luxor eine pauschal gebuchte Tagestour vor. Dabei kann man sich mit etwas Planung durchaus auch auf eigene Faust zu den Monumenten der Pharaonen begeben. Mit einer Einschränkung: Für die Fahrt zwischen Hurghada und dem Niltal muss man sich den Polizeikonvois für die Touristenbusse anschließen. Der erste Konvoi fährt im Morgengrauen, der letzte kehrt am späten Abend zurück. Die genauen Abfahrtstermine kennen die Hotels. Treffpunkt für die Konvois ist der südliche Ortsausgang von Hurghada. Alternativ ist es nach Absprache mit dem Veranstalter vielfach auch möglich, nur den Bustransfer zu nutzen und sich dann in Luxor auf eigene Faust aufzumachen.

Fahrt nach und Ankunft in Luxor
Der Weckruf im Hotel ereilt Sie gegen 3 Uhr morgens. Die Fahrt führt durch sanfte Berghügel und Wüste weg vom Meer in westlicher Richtung ins Niltal. Dann in Nilnähe der Schnitt, wie mit dem Lineal gezogen: satte Felder, die von Bauern mit ihren Ochsengespannen bestellt werden. Zwischen 7 und 8 Uhr erreichen Sie Luxor, im Zentrum die malerische Corniche am Nil.

Luxor ist einer der ältesten Touristenorte der Welt. Der Aufstieg zur Weltattraktion für den Studientourismus begann mit Napoleons Ägyptenfeldzug im Jahr 1798. Er hatte ein Heer von Wissenschaftlern, auch Archäologen, im Tross, die systematisch nach den Stätten der versunkenen Pharaonendynastien suchten. Die Tempel und antiken Monumente sind heute mit der lebendigen Innenstadt Luxors verwachsen. Über den Nil muss man setzen, will man nach **Theben**, ins Totenreich der Pharaonen, gelangen. Dort liegen unter anderem der Hatschepsut-Tempel und das Tal der Könige.

Doch der erste Weg führt ins **Old Winter Palace Hotel** (Corniche el Nil, Tel. 095 238 04 22, www.sofitel.com, DZ ab 150 €). Einchecken, zumindest Gepäck einstellen. Das Old Winter Palace (Reservierung nötig) ist ein wundervoll renovierter Altbau aus König Faruks Zeiten, bevorzugt von Gästen mit einem Faible für nostalgisches Wohnen. Der Garten ist eine Pracht zum Wandeln, der Teesalon sehenswert. Beim Concierge reservieren Sie am besten für den Abend gleich einen der begehrten Tische im Restaurant 1886, falls Sie das nicht schon mit der Hotelbuchung gemacht haben.

1. Tag: Karnak- und Luxor-Tempel
Dann geht's auf Tour. Am ersten Tag bleiben Sie auf der Luxor-, der Ostseite des Nils. Gehen Sie aus dem Hotel und nehmen Sie eine der **Pferdekutschen** nach Karnak. Wenn Sie den Preis des Kutschers auf 10–20 LE heruntergehandelt haben, steigen Sie ein. Zögern, Abwarten, Ausschau halten nach einer anderen Kutsche, all das hilft, den Preis auf Normalmaß zu drücken.

Busse, Kutschen, Taxis, Menschentrauben – der Trubel vor den Toren des **Karnak-Tempels** ist der Vorgeschmack auf die bedeutendste ägyptische Monumentalanlage. Ihre Bauten entstanden teilweise 2000 Jahre vor unserer Zeitrechnung und sind das Werk vieler Herrscher. Immer wieder haben Pharaonen das Heiligtum erweitert, um Höfe, Säulensäle und Tempel zu vergrößern. Mit einem der Führer, die am Eingang warten, machen Sie sich auf den Rundgang der verschachtelten Anlage. Imposant ist der **Große Amun-Tempel**, erbaut von Ramses II. Bevorzugt ließ der Pharao sich als tollkühner Kriegsheld darstellen, der den Feind

155

abschlachtet, als Liebling der Götter. Zu den Weltwundern zählte einst der **Große Säulensaal** mit über 130 jeweils 24 m hohen Rundsäulen. Den besten Überblick genießen Sie von den Tribünen über dem **Heiligen See** aus (tgl. 7–17.30/18.30 Uhr, 80 LE).

Für den Abend (vor dem Dinner im 1886) kaufen Sie am besten schon jetzt Tickets für eine der eindrucksvollen Vorstellungen von **Sound & Light.** Die Show erläutert mit Lichteffekten und in Form eines historischen Hörspiels die Geschichte des Tempels (Sound & Light, Tel. 095 37 22 41, www.sound andlight.com.eg; Mi, So in Deutsch, Winter 17.45, Sommer 19 Uhr, 100 LE).

Zurück auf dem Tempel-Vorplatz nehmen Sie ein Taxi zum **Luxor-Tempel,** Teil zwei des Vormittagsprogramms. Der von Amenophis III. um 1500 v. Chr. erbaute Tempel war den Gottheiten Amun, Mut und Chons geweiht. Der Besuch beginnt am **nördlichen Pylon,** wo Ramses-Statuen den Eingang flankieren. Mit 260 m Länge und einer Breite von 50 m ist er einer der größten Tempel der Welt. Ramses II. hat sich großflächig verewigt. 74 Säulen gaben einst dem **großen Hof** sein Gesicht. Reliefs erzählen im darauffolgenden Säulengang von Prozessionen, von Volksfesten mit Musik und Tanz, zeigen im nächsten Hof Alexander den Großen, der sich als Besatzer zum Pharao krönen ließ. Den Luxor- und den Karnak-Tempel verband einst eine 3 km lange **Allee mit widderköpfigen Sphingen** (tgl. 7–21/22 Uhr; 60 LE).

Mittagspause, Ausruhen im Hotel, ein Sandwich am Pool und ein Mittagsschläfchen, das stärkt für den Rest des Tages, der am späteren Nachmittag mit einem Spaziergang zum **Luxor-Museum** an der Nilpromenade beginnt. Dort sind u. a. zu sehen: Kalksteinreliefs, Stelen, Figuren und Illustrationen, jüngere Funde aus dem Tempel von Luxor. Gleich am Eingang steht der kolossale Kopf Amenophis III. aus rotem Granit, einst Teil einer Statue. Zu den schönsten Exponaten zählt die Granitbüste König Sesostris III., die den König mit ungewöhnlich menschlichen, nicht gottgleichen Zügen darstellt. Im Obergeschoss: Beerdigungsbarken Tutanchamuns in detailgetreuen Modellen, faszinierende Reliefs (aus dem Amun-Tempel von Karnak) mit Musikanten und Akrobaten, die zu einer religiösen Festivität ihre Künste zeigen (tgl. 9–13, 17–21/22 Uhr, 80 LE).

Nach der Besichtigung machen Sie sich auf zur Sound & Light-Vorstellung in Karnak (s. o.), danach geht's zum Abendessen zurück ins Hotel. Das **Restaurant 1886** im Old Winter Palace ist das schönste weit und breit. Kerzenschein und Musik vom Geiger oder Pianisten bestimmen den eleganten Rahmen, in dem sich allzu lässige Kleidung (Jeans, kurzer Hose, Flipflops) von selbst verbietet. Den Absacker gönnen Sie sich in der plüschigen Hotel-Bar.

Tag 2: Theben und Mumien

Frühstück um 6 Uhr. Danach setzen Sie mit der Fähre (2 LE) am Luxor Tempel ans Westufer des Nils über, mieten dort ein Taxi, falls Rad oder Esel für Sie kein adäquates Fortbewegungsmittel darstellen. Den ersten Halt machen Sie an den **Memnon-Kolossen.** Die 18 m hohen Sitzfiguren bewachten einst den Totentempel des Amenophis III. Beide Sandsteinkolosse waren in der Antike berühmt, weil sie angeblich ›sangen‹, sobald die Sonne auf sie schien. Damals unergründlich, heute erklärbar: Der Temperaturunterschied brachte den Sandstein der Statuen an einer Rissstelle zum Klingen.

Wenige Fahrtminuten weiter erreichen Sie das **Tal der Könige.** Eine kleine

Elektrobahn bringt Sie nach dem Ticketkauf (3 Gräber 80 LE, Grab Tutanchamun 100 LE, Ramses VI. 50 LE extra) vom Visitors Center zum Eingang des Tals. Das **Wadi Meluk,** wie es auf Arabisch heißt, ist das berühmteste Gräberfeld Ägyptens. Die insgesamt 65 Stollengräber waren Ausgangspunkt der königlichen Toten für die Reise ins Jenseits.

Nur etwa ein Viertel der Gräber ist jeweils zur Besichtigung freigegeben. Zu den wichtigsten Grabanlagen zählen die von **Thutmosis III., Amenophis II., Ramses I., Sethos I., Ramses III., Ramses VI.** und **Ramses IX.** Klein und weltberühmt ist das 1922 von Howard Carter entdeckte Grab 62 von **Tutanchamun.** Über eine enge Treppe betritt man Gang und Vorraum, die zur Sargkammer führen. Der mittlere, reich verzierte Sarkophag aus Holz blieb mit der Mumie Tutanchamuns im Grab, die beiden anderen stehen heute im Ägyptischen Museum in Kairo. Ebenfalls im Grab zu sehen ist der Quarzit-Sarkophag. Die Fresken an den Wänden der Sargkammer zeigen u. a. die Beisetzung des Königs.

Die folgende **kleine Wanderung** (Sonnenschutz unverzichtbar!) sollten Sie besser um 10 als um 11 Uhr beginnen (nicht vergessen, dem Fahrer vorher Bescheid zu geben). Oberhalb des Grabes von Sethos I. führt ein einstündiger Pfad über den Berg hinüber nach Deir el Bahari zum **Hatschepsut-Tempel** (80 LE). Von oben überblicken Sie das Niltal und den prächtigen Terrassentempel, zu dem der Weg hinabführt. Er wurde im 15. Jh. v. Chr. in den Felsen hineingebaut. Bemerkenswert: Die Achse dieses und des Tempels von Karnak auf der anderen Nilseite verlaufen in exakt der gleichen Linie, mit nur minimaler Abweichung. Über das Schicksal Hatschepsuts, einer der wenigen Pharaoninnen, ist nicht viel bekannt. Sie heiratete nach dem Tod ihres Vaters, Thutmosis I., zum Machterhalt ihren Halbbruder Thutmosis II. Wie die Pharaonin endete, ist ungewiss. Womöglich wurde sie von ihrem Stiefsohn Thutmosis III. aus dem Weg geräumt.

Die Mittagshitze ist inzwischen drückend. Sie fahren zurück ins Hotel. Nach der Pause, die Sie Ihrem Körper unbedingt gönnen sollten, besuchen sie an der Corniche das **Mumien-Museum.** Fast alle Exponate hier sind Tiermumien: Katzen, die Bastet darstellen, die Göttin der Freude, Fische, die den Gott der Wiedergeburt symbolisieren. Aus Kom Ombo stammt das Krokodil, das heilige Tier des Sobek. Zu sehen sind auch die Werkzeuge (Haken, Meißel, Skalpelle, Spatel, Pinzetten) der Mumifizierer (tgl. 9–13, 17–21/22 Uhr, 50 LE).

Sollten Sie sich nicht für das Mumienmuseum interessieren, dann besuchen Sie den **Suk.** Das Marktviertel und Geschäftszentrum befindet sich nahe dem Bahnhof. Es ist ein Sammelsurium von Läden, die von Zwiebeln und Hibiskus aus dem Sudan bis zum Kamelhocker alles verkaufen. Hier können Sie auch ein wenig Feilschen üben – oder einfach nur bummeln gehen.

Dabei werden Sie die ehrgeizigen und viel kritisierten Umgestaltungspläne für Luxors City erleben, für die aberdutzende Häuser u. a. die Sphingenallee zwischen Luxor-Tempel und Karnak weichen mussten. Die Bewohner wurden ungefragt in Flughafennähe umgesiedelt. Ein Facelifting bekam auch die Corniche verpasst. Gönnen Sie sich dort auf der Hotelterrasse des Old Winter Palace mit Blick Richtung Sonnenuntergang einen **Sundowner.**

Am nächsten Morgen geht es sehr früh zurück nach Hurghada.

Rotes Meer – Südliche Küste

chentl. nach Sharm el Sheikh und Alexandria; Flugauskunft **Egypt Air:** Tel. 065 344 75 03, Call Center Mobil-Kurzwahl 17 17 (24 Std.). Alle großen Chartergesellschaften fliegen Hurghada direkt an. Die Taxifahrt vom/zum Flughafen kostet je nach Verhandlungsgeschick 20–60 LE.

Fähren: Ein Schnellkatamaran verbindet Hurghada mit Sharm el Sheikh (Reisepass erforderlich) und braucht bei 45 Knoten 90 Min. für die 56 Seemeilen. Die Red Sea Jets der **International Fast Ferries (IFF)** verkehren So, Mo, Di, Do, Tel. 065 344 94 81-2, 065 344 75 72, Mobil 012 791 01 20, 012 190 10 00, www.internationalferries.com; Einfachticket 275 LE (Kinder 150 LE), Rückfahrtticket 475 LE (Kinder 285 LE); Autos ab 245 LE. Ein Wort zur Fahrt: Das Rote Meer kann sehr rau werden. Dann herrscht ein Wellengang, auf den viele an Bord mit größter Übelkeit reagieren. Bleiben Sie außerhalb der Spucklinien! Medikamente gegen Seekrankheit gibt es an Bord.

Busse: Busverbindungen mehrmals tgl. in alle Richtungen; bequeme Superjet-Busse von der **Superjet-Bus-Station** über Suez nach Kairo und Alexandria, Infos: Tel. 065 354 47 22. Mehrmals tgl. von der **Upper Egypt Bus Station** nach Luxor und Assuan; Auskunft: Tel. 065 354 75 82. Tickets für ca. 60 LE ein bis zwei Tage im Voraus kaufen!

Sammeltaxis: Tgl. mehrmals von der Nasr St. in alle Richtungen.

Mietwagen: im Marriott Hotel: Tel. 065 344 69 50/53; im Sofitel Hotel: Tel. 065 344 72 61.

Termine

Das **Hurghada International Festival** (jeweils Mitte Februar) ist ein kleines Sportfest mit mehreren Disziplinen: Auf den Triathlon folgt der ›Mare Monti‹-Wettbewerb; dabei geht es auf einer 75-km-Strecke zwischen Meer und Gebirge für Off-Road-Läufer über Stock und Stein. Das zwölftägige Festival endet mit zwei Kurzmarathonläufen über 10 und 21 km. Termine im Internet recherchieren oder erfragen bei World Sport Communication, Tel. 03 573 55 65, info@halfhm.com, 2 Adi Ebn Zeyad St, Gliem, Alexandria.

Küste südlich von Hurghada❗ ▶ F 11–K 18

Makadi Bay ▶ F 11

»In einer gottverlassenen Wüstenlandschaft taucht plötzlich eine Oase auf, mit Palmen und mit Gebäuden wie aus 1001 Nacht, gelegen an einer Meeresbucht mit leuchtend blauem Wasser und Korallen vor der Haustür.« Derart fasziniert beschreibt ein Urlauber im Internet seine ersten Eindrücke bei der Ankunft in Makadi Bay, das rund 30 km südlich von Hurghadas südlicher Stadtgrenze liegt. In der Tat befindet sich die Bucht, sobald man die Hauptstraße verlassen hat, am Ende einer unwirtlichen Steinwüste, durchzogen von Schotterwegen für Baustellen-Lkws. Ein Dutzend Hotels hat bereits eröffnet, weitere werden folgen. Viel sportbegeistertes Publikum macht in Makadi Bay Urlaub.

Übernachten

Belebt – **Tia Heights Makadi:** Tel. 065 359 05 90, Fax 065 359 05 95, www. tiaheights.com, DZ ab 110 US-$. Große Ferienanlage mit einem Haupthaus und Nebengebäuden im nubischen Stil. Feiner, gepflegter Sandstrand, meist kristallklares Wasser, vier schöne Schnorchelriffe in Strandnähe, eines leider totgetram-

Südlich von Hurghada

pelt von Leuten, die auf Korallen spazieren gingen. Nervig: die Animateure mit Trillerpfeifen und ihre laute Musikbeschallung am Pool.

Orientalisch – **Grand Makadi:** Tel. 065 359 01 59, Fax 065 359 01 69, www.red seahotels.com, DZ ab 100 US-$. Große Zimmer, ruhige Anlage in orientalischer, aber nicht schwülstiger Tausendundeiner-Nacht-Architektur. Das Foyer erinnert an einen Kalifenpalast; schön sind die Taubentürme rund um den riesigen Pool. Das nächste Hotel (Fort Arabesque) liegt 10 Gehminuten entfernt ebenfalls am Strand. Dort Bade- und Schnorchelmöglichkeit im Meer. Am hoteleigenen Strand ist Baden nicht möglich (Steine, Korallenriffe). Ein Steg am Strand fehlt leider. Nur das italienische Restaurant des Hotels ist zu empfehlen.

Familienfreundlich – **Iberotel Makadi Beach:** Tel. 065 359 00 00, Fax 065 359 00 20, www.iberotel-eg.com, DZ ab 95 US-$. Viel gelobtes Hotel, kinderfreundlich; großzügige Anlage mit Pool. Vom Strand aus kann man im Meer schnorcheln.

Beliebt – **Makadi Oasis Club:** Tel. 065 359 00 25, Fax 065 359 00 35, www. iberotel-eg.com. Empfehlenswertes Familienhotel, eigene Tauchbasis am Strand, für Kinder gut geeigneter, flach ins Wasser abfallender Strand. Allerdings: Beschwerden von Pauschaltouristen über schon fast planmäßige Überbuchungen in Spitzenzeiten.

Einkaufen

Einkaufsmöglichkeit bieten das **Makadi Center** und die Shops in den diversen Hotels. Vorsicht! Die Verkäufer sind oft aufdringlich, wechseln Geld zu Fantasiekursen. Teuer ist alles, was Urlauber gerne zu Hause vergessen, z. B. Sonnencreme.

Jungle Aqua Park
Wellenpool, Familien- und Speedrutschen - im Jungel Aquapark im Süden Hurghadas verbringen Erwachsene und Kinder einen erlebnisreichen Tag. Tel. 065 346 46 02, junglepark_res@ pickalbatros.com, www.pickalbatros. com.

Aktiv & Kreativ

Golf – **Madinat Makadi Golf Resort:** Mobil 010 007 25 78, Fax 065 359 00 38, www.madinatmakadigolf.com. Für Könner und Anfänger (ab 6 Jahren) gibt es hier einen ›18 Hole Championship Course‹.

Infos

Keine öffentlichen Verkehrsmittel. Die Hotels bieten zu bestimmten Zeiten Busshuttle nach Hurghada; ansonsten ist man auf teure Taxis und Minibusse angewiesen, die gerufen werden.

Mons Claudianus ▶ E 12

53 km südlich von Hurghada biegt man Richtung Qena (Niltal) ab. 44 km von der Küstenstraße entfernt, führt die Piste (kein Allradantrieb erforderlich, aber wegen Spurrillen sehr umsichtige Fahrweise notwendig) nach rechts zum Mons Claudianus (Gebel Fatiri) hinauf, den man nach weiteren 23 km erreicht.

Hier liegt ein von den römischen Kaisern wegen des schwarz marmorierten Diorits sehr geschätzter **Granitsteinbruch.** Mit dem Stein wurden z. B. die Engelsburg und das Forum in Rom dekoriert.

Rotes Meer – Südliche Küste

Überbleibsel von begonnenen Säulen oder zu Bruch gegangenen Arbeiten liegen vereinzelt auf dem Ruinengelände, darunter ein fast fertiggestellter 18 m langer Rundpfeiler. Insgesamt gab es im Gebiet des Mons Claudianus 150 Steinbrüche.

Soma Bay ▶ F 11

Auf der Küstenstraße geht es weiter Richtung Safaga. Ras Abu Soma, kurz Soma Bay genannt, gehört verwaltungstechnisch schon zu Safaga. Spekulationen ranken sich um den Namen Soma, der im Arabischen keine Bedeutung hat. Auf dem indischen Subkontinent gibt es allerdings einen Pilz mit halluzinogener Wirkung, und in Hurghadas Süden eine Bay namens Sahl Hasheesh (Haschisch) – woraus sich viele die Erklärung stricken, dass hier einst Schmuggler entsprechende Waren umschlugen.

Übernachten

Stilvoll – **La Résidence des Cascades:** Tel. 065 354 23 33, Fax 065 354 29 33, www.residencedescascades.com, DZ ab 280 US-$. Luxuriöser geht's nicht an der Soma Bay. Großzügige, topmoderne Zimmer und Suiten; in der Nebensaison als Last-Minute-Angebot oftmals sogar erschwinglich.

Sportlich – **Club Robinson Soma Bay:** Tel. 065 354 98 54, Fax 065 354 98 78, SomaBay@robinson.de, DZ ab 160 US-$. Mit Korallenstückchen durchsetzter, flach abfallender Strand. Viele Sport-

Auch in Safaga kann man direkt am Strand entlangreiten

Südlich von Hurghada

möglichkeiten. Einer der besten Ferienclubs Ägyptens, 2008 komplett renoviert. Paradies für größere Kinder, für die Kleinsten nicht unbedingt geeignet. Die Club-Singles zieht es wie magnetisiert in die Disco.
Pharaonisch – **Sheraton Soma Bay:** Tel. 065 354 58 45, Fax 065 354 58 85, www.sheraton-somabay.com, DZ ab 120 US-$. Eine moderne Version des Karnak-Tempels in Luxor, türkisblaues Meer, Sandstrand und schöne Schnorchelriffe. In Ferienzeiten viele Familien. Schade: Schon am frühen Morgen werden am Pool Liegen mit Handtüchern reserviert, übrigens nicht nur von Deutschen.
Sportlich – **The Breakers Diving & Surfing Lodge:** Soma Bay, Tel. 065 356 26 41, Fax 356 26 40, www.thebreakerssomabay.com, DZ mit Halbpension ab 100 €. Ein wundervolles Hotel für (Wasser-) Sportler. Hie dreht sich alles ums Surfen, Schnorcheln, Tauchen, Segeln und Golf, sehr entspannte Atmosphäre.

Safaga ▶ F 12

Safaga ist trotz des Tourismus eine typische ägyptische Kleinstadt geblieben, die auf schicke Restaurants und laute Discos außerhalb der Hotels keinen Wert legt. Langweilig könnte man den Ort nennen. Oder auch beschaulich. Dafür gewinnt der Besucher hier, anders als in Hurghada, einen Eindruck vom Alltag in Ägypten, kann in Kaffeehäusern Einheimische treffen, die bei Wasserpfeife Backgammon spielen.

Wirtschaftlich ist Safaga durchaus von Bedeutung. Es ist der größte Hafen an der Küste, über den Handel und Warenverkehr mit Ostafrika abgewickelt werden. Aus den Fehlern Hurghadas lernend bemüht man sich um ei-

Mein Tipp

Legendärer Golfclub
Golflegende Gary Player hat den 18-Loch-Platz (Par 72) und den Academy Course (9 Loch, Par 3) entworfen. Blick aufs Meer, immer ein kühles Lüftchen. The Cascades wurde vom Golf Journal zum weltweit schönsten Platz außerhalb Europas gekürt. Wer nicht Gast in den Soma-Bay-Hotels ist, sollte am besten bereits vor dem Urlaub reservieren. **The Cascades Championship Golf and Country Club,** Tel. 065 354 98 96, Fax 065 354 49 01, Mobil-Tel. 012 213 52 21, www.thecascades.com.

nen sanften Tauchtourismus, damit Korallenriffe nicht das leichte Spiel rücksichtsloser Taucher werden.

Übernachten

Gemütlich – **Sol y Mar Paradise Beach:** Tel. 065 325 16 35, Fax 065 325 16 38, www.solymar-hotels.com, DZ ab 68 US-$. Älteres Mittelklassehotel mit gepflegtem Strand und sauberen Zimmern. Der Solino-Club bietet Kinderbetreuung. Manko: Schon morgens um 6 Uhr reservieren Gäste ihre Liegen mit Handtüchern.
Brauchbar – **Lotus Bay Resort:** Tel. 065 345 10 40, Fax 065 345 10 42, Reservierung auch über Kairo: Tel. 02 748 26 39, Fax 02 761 66 49, www.lotusbay.com, DZ ab 65 US-$. Bei Tauchern beliebtes, nicht mehr ganz neues Hotel.
Gediegen – **Holiday Inn Resort Safaga Palace:** Tel. 065 326 01 00, Fax 065 326 01 05, www.ichotelsgroup.   ▷ S. 164

161

Auf Entdeckungstour

Schiffsgräber auf dem Meeresgrund – Wracktauchen

Ägyptens Gewässer sind ideal zum Wracktauchen, das zu den unvergesslichen Erlebnissen eines Tauchers gehört. Jedes der gesunkenen Schiffe hat seine eigene, meist traurige Geschichte. Zwei Wracks mit bewegender Vergangenheit seien hier empfohlen.

Reisekarte: ▶ F 9 bzw. F 12

Planung: Für Fortgeschrittene: Thistlegorm (100–150 €); Anfahrt per Boot von Hurghada aus gut 4 Std., die Ausflüge starten im Morgengrauen. Einfacher: Salem Express (70–90 €); Anfahrt von Safaga meist im Rahmen eines Tagesausfluges inkl. eines weiteren Tauchganges an einem Korallenriff.

Zeit: je Tauchgang mindestens 1 Tag

162

Zwei wirklich bewegende Wracktauchgänge gibt es im Roten Meer zu erleben. Während die Thistlegorm zwischen dem Sha'ab Ali Reef und der Küste des Sinai liegt und sich wegen starker Strömungen nur für erfahrene Taucher eignet, bietet sich für technisch nicht so versierte die Salem Express vor Safaga an. Tauchausflüge zu den Wracks bucht man – wenn nötig inkl. Equipment – bei Tauchzentren vor Ort; dort erfährt man auch die Treffpunkte für die Abfahrt; Verpflegung an Bord ist üblicherweise inbegriffen.

Die Thistlegorm

Mit dem Boot erreicht man bei einem langen Tagesausflug von Hurghada aus dieses geschichtsträchtige Wrack. Am 6. Oktober 1941 war das Schiff zur Unterstützung der britischen Nordafrika-Truppen vor Anker gegangen und sollte Kriegsmaterial löschen. Da ortete sie ein deutscher Langstreckenbomber, der eigentlich die Queen Mary jagte, den wichtigsten Transporter der Alliierten während des Nordafrika-Feldzugs. Die deutschen Piloten versenkten die Thistlegorm mit den für die Queen Mary bestimmten Bomben. Sie schlugen im Laderaum für die Munitionskisten ein, und das Schiff – begleitet von einem tödlichen Feuerwerk – rauschte in zwei Teile gerissen in 33 m Tiefe. Nach dem Krieg hatte der Franzose Jacques Cousteau die Thistlegorm entdeckt, verriet aus Gründen der Pietät gegenüber den in ihrem Schiff begrabenen Seeleuten den Fundort aber nicht. Erst 1991 entdeckten Deutsche das Wrackgrab.

In fast aufrechter Position liegt die Thistlegorm im Sand. Die Ladung ist, bis auf Waffen, zum Teil noch an Bord: Motorräder, Flugzeugflügel. Schon in 15 m Tiefe erreicht man das Oberdeck mit den offenen Ladeluken. Es bedarf etlicher Tauchgänge, um das Wrack zu erkunden. Im Sand verstreut erkennt man, gespenstisch der Anblick, Panzerfahrzeuge, eine über Bord geschleuderte Lokomotive, nahe dem Heck die Schraube und das Ruder. Entdeckermut führt hinab in die Laderäume. Tief unten im Schiffsbauch stößt man schließlich auf Bedford-Lastkraftwagen, beladen mit festgezurrten Wüstenmotorrädern. In anderen Räumen lagern Uniformen, Stiefel, Kisten mit Waffen.

Die Salem Express

Die Salem Express erreicht man von Safaga aus mit dem Boot. Sie liegt in 12 bis 30 m Tiefe. Der Tauchgang zu dem Wrack ist umstritten, da sich das Unglück der 1964 in Frankreich gebauten Fähre erst in der jüngeren Geschichte ereignet hat. Am 15. Dezember 1991 kehrte das Schiff hoffnungslos überladen mit Mekka-Pilgern und Fahrzeugen von Jeddah (Saudi-Arabien) nach Safaga zurück. In schwerem Sturm rammte die Salem Express in der Nacht das Hyndman Reef. Auf der Steuerbordseite wurde sie aufgeschlitzt, eines der Verladetore aufgedrückt. Es dauerte knapp zehn Minuten, dann lag die Salem auf dem Meeresgrund, mit offiziell 500 bis 700 Toten, inoffiziell doppelt so vielen Opfern. Nur knapp 200 Menschen überlebten.

Das Innere des 100 m langen Wracks ist relativ leicht zu betauchen. Mit Gänsehaut sieht man bis heute die Spuren der Tragödie. Auf dem Grund liegen die Rettungsboote, die gar nicht erst zum Einsatz gekommen waren. Die Leichen wurden von der ägyptischen Marine zwar sofort nach dem Unglück geborgen, doch bis heute sieht man Koffer, Taschen, Souvenirs, Radiogeräte, die die Pilger von der Wallfahrt mitgebracht hatten.

Quseir

Übernachten
1 Mövenpick Quseir Sirena Beach
2 Utopia Beach
3 Flamenco Beach Resort
4 Mangrove Bay Resort
5 Fanadir Beach

Essen & Trinken
1 Marianne

---

com, DZ ab 50 US-$. Moderne Zimmer, grüne Strandanlage mit Pool, ab und an Beschwerden über das Essen.
Renoviert – **Shams Safaga Village:** Tel. 065 325 17 81, Fax 065 325 17 80; www. shams-dive.com, DZ ab 50 US-$. Erneuerte Bungalows und Zimmer, schöne Gartenanlage, Strand an Naturbucht, eigene, gute Tauchbasis.

Aktiv & Kreativ

Surfen – **Surfcenter Vasco Renna:** Sol y Mar Paradise Beach Hotel, Buchung über Deutschland: Sun & Fun, www. sunandfun.de, Tel. 089 33 88 33, Fax 089 34 66 44, www.vascorenna.com. Basis-Gruppenkurs 5 Tage/10 Std. ca. 250 €, Fortgeschrittene 5 Tage/10 Std. ca. 275 €. Brettmiete: 1 Woche ca. 200 €, 2 Wochen ca. 330 €; 7 Tage Kite plus 6 Std. Kurs ca. 300 €. Safagas Bucht ist ideal sowohl für Anfänger als auch für Profis, weil Wind- und Wellenverhältnisse je nach Tageszeit wechseln. Von Okt. bis Dez. weht der Wind gewöhnlich morgens schräg ablandig und erreicht eine mittlere Stärke von 5–6 Beaufort.
Tauchen – **Mena Dive:** Safaga, Menaville Hotel, Tel./Fax 065 326 00 60, Mobil 012 241 97 95, www.menadive.com. Sehr empfehlenswerte Tauchschule, seit 1992 von Laurenz und Christa geführt. PADI Open-Water-Tauchkurs, 4-Tage-Grundkurs 354 €; 5 Tauchtage à 2 Tauchgänge 192 €.

Klimatherapien – **Stern Tours:** Uhlandstraße 39, 10719 Berlin, Tel. 030 700 94 10-0, www.stern-tours.de. Neurodermitis, Arthritis oder Schuppenflechte – Hauterkrankungen und Gelenkleiden kann man hier mit schwarzem Sand lindern, der Goldsalze und Spuren radioaktiver Substanzen enthält. Je nach Therapie kostet die Behandlungswoche 110–170 US-$.

Infos

Flug: Flughafen Hurghada (s. S. 158).
Bus: Tgl. mehrere Busse Richtung Quseir, Marsa Alam und Suez, Kairo, Alexandria.
Servicetaxi: Nach Quseir, Marsa Alam, Suez, Kairo. Von Soma Bay nur Hotel-Shuttle und Taxis; Weiterfahrt mit öffentlichen Verkehrsmitteln von Safaga und Hurghada.

Auf dem Weg nach Quseir ▶ F 12–G 13

Verlässt man Safaga, dann begibt man sich auf Territorium, das vor wenigen Jahren zum Teil nur erschwert mit militärischen Sondergenehmigungen zugänglich war, dann aber für den Tourismus entdeckt wurde. Dieser abgelegene Teil des Roten Meeres, schon nahe am Sudan, ist noch relativ unerschlossen. Vom ursprünglichen Konzept her war angedacht, hier – als Kon-

trapunkt zu anderen Regionen – vorrangig einen naturverbundenen Tourismus zu fördern. Ob das so bleiben wird, ist allerdings angesichts des Lockrufs des Geldes zweifelhaft.

Quseir ▶ G 13

Im Bereich des kleinen Ortes Quseir (85 km südlich von Safaga), der sich zu einem nicht unbeachtlichen Touristenzentrum am Roten Meer entwickeln soll, ist der Bau von 90 Hotel- und Clubprojekten genehmigt. Quseir wird, so die Konzeption, vor allem umweltbewusste Urlauber anlocken, die auf Angeln ebenso verzichten können wie auf Jetski. Beides ist hier verboten – so wie alles, was Meer und Riffen schaden könnte (mit dem Quad die Wüste umzupflügen, ist aber erlaubt …). Auch die Zahl der Taucher, die täglich mit Booten auslaufen dürfen, ist reglementiert.

In pharaonischer Zeit hieß der Ort Ta'au und war ein bedeutender Hafen, über den die am Nil ansässigen Pharaonen Handel mit Arabien, Ostafrika und Südwestasien trieben. Die Ptolemäer errichteten hier ihren Hafen Leukos Limen (Weißer Hafen), und noch Reisende und Abenteurer des frühen Mittelalters machten sich vom Niltal auf den Weg zu dem Hafenort. Mekka-Pilger traten ebenfalls von Quseir aus

165

Rotes Meer – Südliche Küste

Mein Tipp

Idyllisch
Traumhaft einsame Lage an einer wunderschönen Mangrovenbucht – mitten im Naturschutzgebiet. Das Mittelklassehotel hat eine viel gelobte Tauchbasis. Jeden Morgen geht es um 8.30 Uhr zu Ganztagestouren aufs Meer. Die wenigen, die hier nicht mit wollen, schnorcheln am Hausriff; die südlichen Vorriffe sind fantastisch. Da es keine Animation gibt, ist das Hotel tagsüber ruhig und wirklich erholsam, und gegen 22 Uhr gehen hier die meisten Gäste zu Bett; Disco gibt es natürlich auch keine. **Mangrove Bay Resort** 4, 30 km südlich von Quseir, Tel. (über Kairo) 02 748 67 49, Fax 02 760 54 58, DZ ab 55 US-$.

---

ihre Reise zur heiligsten Wallfahrtsstätte des Islam jenseits des Roten Meeres an.

Übernachten

Wunderbar – **Mövenpick Quseir Sirena Beach** 1: 5 km nördlich von Quseir, El Ouadim Bay, Tel. 065 333 21 00/01, Fax 065 333 21 29, www.moevenpick-hotels.com, DZ ab 170 US-$. Eines von Ägyptens Tophotels, Luxusidyll für Ruhesuchende, die ohne Disco-Nachtleben auskommen. Schutz der Umwelt, besonders der Korallen und des Meeres, haben hier Priorität.
Entspannt – **Utopia Beach** 2: 20 km südlich von Quseir, Tel. 065 333 45 30, Fax 065 333 45 32, utp2000@access.com.eg, DZ ab 100 US-$. Beheizter Swimmingpool, unaufdringliche Animation. Die Tauchbasis Red Sea ist durchaus empfehlenswert. Bei voller Belegung des Hotels wird es allerdings eng. Toll ist der Strand. »Aquarium pur« urteilte ein Gast, »und das nur 10 m vom Strand entfernt. So war es auch nicht verwunderlich, dass wir auf unseren täglich 3- bis 4-stündigen Schnorchelexpeditionen unweigerlich auch auf Feuerfische, Krokodilfische, Napoleons und Muränen stießen.«
Erholsam – **Flamenco Beach Resort** 3: 6 km nördlich von Quseir, Tel. 065 335 02 00, Fax 065 335 02 10, www.flamencohotels.com, DZ ab 59 US-$. Oase der Erholung, dazu ein Schnorchelparadies: 120 m über den Steg gehen, und man ist am Korallenriff; dort sieht man oft Schildkröten, ab und an auch Delfine. Die Tauchmöglichkeiten sind nur mittelmäßig. Ein Hotel für Liebhaber komfortabler Einsamkeit.
Ruhig – **Fanadir Beach** 5: 2 km südlich von Quseir, Tel. 065 333 08 61, Fax 065 333 14 15, www.fanadir-hotel.com, DZ ab 46 €. Das Hausriff taugt übrigens gut zu Nachttauchgängen. Ab spätestens 22 Uhr herrscht Ruhe im Hotel.

Essen & Trinken

Seemannskost – **Marianne** 1: Sh. Port Said, Tel. 065 333 43 86, Hauptgericht ab 20 LE. Statt gestylter Hotelküche, gibt es hier Hausmanns-, respektive Seemannskost mit frischen Fischgerichten. Ein wirklich gutes Restaurant.

Infos

Tourist Police: Tel. 065 335 00 24.
Bus: Tgl. mehrere Busse nach Marsa Alam, Suez, Kairo.
Sammeltaxis: Mehrmals tgl. in alle Richtungen.

Marsa Alam ► H 15/16

Bei Marsa Alam (138 km südlich von Quseir), einem unscheinbaren Fischer- und Hafenort, wird Pottasche (Kalium-carbonat) abgebaut. In der Antike lag der Ort an einer wichtigen Handels-route zwischen dem Roten Meer und dem Niltal. Die Pharaonen ließen in Minen nach Gold und Smaragden schürfen.

Der 2001 eröffnete internationale Flughafen fördert den Ausbau weite-rer Küstenabschnitte und bringt Tauchtouristen aus Europa schneller zu abgelegenen Revieren. Marsa Alam – der Begriff steht mehr für die Region als Ganzes als nur für einen Ort und hat bei Tauchern einen guten Ruf.

Es gibt luxuriöse Hotels, Clubs, her-vorragende Tauchcamps und soge-nannte Ecolodges, die mit der Pflege eines naturverbundenen Lebensstils (einfache Hütten, keine Discos) auf ein Publikum zielen, das sich im Urlaub ganz dem Tauchen, dem Meer widmet. Der Ort selbst hat Geschäfte (Bäcker, Schlachter) und einfache Cafés und Restaurants.

Übernachten

Erlebnisreich – **Iberotel Coraya Beach:** 5 km nördlich von Marsa Alam, Gho-rayfat Bay, Tel. 065 375 00 00, Fax 065 375 00 09, www.iberotel-eg.com, DZ ab 130 €. Luxuriöses Resort, Sand-strand, im Winter beheizter Pool, viele Sportmöglichkeiten, auch Flutlichtten-nis, Fitnesscenter, Hausriff mit guten Schnorchelmöglichkeiten. Zwei Riffe sind vom Strand über einen 200 m lan-gen Steg zu erreichen. Das Nordriff bietet u. a. wunderschöne Feuer- und Lederkorallen; oft begegnet man hier Schildkröten. Das Südriff ist eine zer-klüftete Korallenlandschaft, noch völ-lig intakt!

Luxus – **Intercontinental Sahara Sands:** Crowne Plaza Resort Sahra, Port Ghalib, Tel. 065 336 00 00, Fax 065 336 00 25, www.crowneplaza.com, DZ ab 180 US-$. Eines von vier fertigge-stellten Luxushotels von Port Ghalib (mit zusammen fast 1000 Zimmern). Man erholt sich in der Abgeschieden-heit dieses Retortenortes wirklich prächtig.

Geschmackvoll – **Kahramana Beach Re-sort:** 38 km nördlich von Marsa Alam, Tel. 065 338 00 08, Fax 065 338 00 10, Tel. 0195 10 02 61, Fax 0195 10 02 59, www.kahramanaresort.com, DZ ab 75 €. Sehr gepflegtes Hotel mit Tauch-basis; grüne Anlage zwischen Meer und den sog. Blondie-Bergen. Der Ser-vice ist leider nachlässig, das Personal nicht ausreichend geschult. Dennoch ist die Atmosphäre familiär, das Publi-

Port Ghalib

Die Zukunft Marsa Alams ist groß geplant. Port Ghalib (www.portghalib.com) heißt das Prestigeprojekt einer kuwaitischen Investorengruppe, die übrigens auch den Flughafen betreibt. Mehr als zwei Dutzend Hotels sollen hier ent-stehen, ein eigener VIP-Compound.

Der luxuriöse Jachthafen für tausend Schiffe mit bis zu 50 m Länge ist be-reits mit Erfolg in Betrieb, eine beliebte Anlegestelle für Boote von Tauchsa-faris. Entlang einer fast 1 km langen Promenade werden sich Residenzen in arabischem Architekturstil aneinanderreihen. Cafés, Clubs, Restaurants, Spas, Geschäfte und Golfplatz entstehen.

Rotes Meer – Südliche Küste

Vor dem Tauchen: Urlauber mit ihrer Ausrüstung am Roten Meer

kum aufgeschlossen. 30 km nördlich und 30 km südlich liegen 17 Buchten mit sehr guten Hausriffen.
Traumhaft – **Ecolodges Marsa Shagra (Shagra Village & Nakari Village):** 18 km nördlich von Marsa Alam, Tel. 0195 10 02 62, Reservierung (über Kairo) 02 337 18 33, Mobil (Hesham M. Kamel) 012 246 16 56, www.redsea-divingsafari.com, Zelt ab 35 €, Chalet ab 45 €. Reines Tauchercamp, eine von mehreren sog. Ecolodges (s. S. 29) in

Südlich von Hurghada

der Region, Zelte mit Beduinenbetten direkt am Wasser, dahinter Bungalows mit Meerblick am Rande eines Wadis sowie Kuppeldach-Chalets. Alles ist einfachst: 30 l Wasser fürs abendliche Duschen werden morgens zum Erwärmen vor die Hütte gestellt. Essen unter Palmwedelpergolas. Der knappe Strom (für das Tauchequipment) kommt aus dem Generator; Gäste bringen Taschenlampen etc. mit. GSM-Handys haben Empfang.

Rotes Meer – Südliche Küste

Aktiv & Kreativ

Tauchen – **Pioneer Divers:** Tel./Fax 0195 10 02 63, Mobil 012 246 16 56. Die Pioneer Divers decken Tauchplätze entlang einer Küstenlinie von ca. 100 km ab. Im Tauchpaket inbegriffen: tgl. 2 Tauchgänge außerhalb des Resorts, es geht mit dem Truck zu zwei verschiedenen Tauchplätzen. Alle Exkursionen mit Erste-Hilfe-Sets und Sauerstoff für Notfälle.

Wüstensafaris – **Red Sea Desert Adventures:** Shagra Village, Tel. 012 399 38 60, www.redseadesertadventures. com. Sonnenuntergang in der Wüste (40 €), mit Kamel oder Esel in die Wüste reiten (60 €), auf Astro-Tour den Sternenhimmel der Wüste erkunden (30 €), alte Smaragdminen erkunden (130 € mit Übernachtung) – das und mehr wird von Red Sea Desert Adventures geboten.

Ausflüge – **Hotels** bieten ein- und mehrtägige Trips nach Kairo, Luxor und Assuan an.

Infos

Notfall
Tourist Police: Tel. Quaraya Hotel, 065 375 00 00.
Dekompressionskammer: Marsa Shagra, 24 km nördlich von Marsa Alam, Mobil 012 218 75 50.

Verkehr
Flugrettung: Mobil 010 154 19 78.

Verbindungsstraße
Die Region um Marsa Alam ist näher ans Niltal gerückt. Es wurde eine Verbindungsstraße nach Edfu eröffnet, das bekannt ist als viel besuchte pharaonische Tempelstadt.

Flug: Egypt Air, Tel. 065 370 00 35, mehrmals wöchentl. nach Kairo.
Bus: Mehrmals tgl. Busse von/nach Hurghada und Quseir, sie stoppen an der Straße auf Handzeichen, Einheimische kennen die Zeiten.

Berenice ► K 18

Richtung sudanesische Grenze (dort ist kein Übergang möglich) fährt man an einer weitgehend unberührten Küste mit sehr schönen Buchten, Mangrovenwäldern und nur allmählich dokumentierten Tauchrevieren entlang – kein Trip für den Reisenden, der die Einsamkeit nicht erträgt.

Berenice, südlich von Hamata gelegen, ist mit seinem wunderschönen **Kap Ras Banas** der letzte ägyptische Ort vor der sudanesischen Grenze, der Touristen zugänglich ist. Mangrovensümpfe säumen die Küste; es gibt zahlreiche unberührte Buchten, die zum Schwimmen und Schnorcheln einladen.

Die antike Stadt Berenice erhielt ihren Namen von Ptolemäus II. und wurde 275 v. Chr. zum wichtigen Handelshafen. Hier finden sich die Ruinen eines Serapis-Tempels sowie die Edelsteinbrüche von **Wadi Sakait**, die von pharaonischer bis zur römischen Zeit ausgebeutet wurden.

Tauchrevier Sha'ab Malahi
Das Revier Sha'ab Malahi nahe Ras Banas – wild zerklüftete Riffe, Canyons, Rifftürme, Höhlen – ist per Boot (Tauchcenter) in eineinhalb Stunden zu erreichen. Am senkrecht abfallenden Riff **Sha'ab Maksur** sieht man gelegentlich Mantas sowie Hammer-, Riff- und Walhaie. Bei den südlichen Inseln **Zabargad** und **Rocky Island**, wo 2003 das Wrack der SS Maiden entdeckt wurde, ist die Begegnung mit Haien fast sicher.

Südlich von Hurghada

Die Korallenwelt im äußersten Süden von Hurghada ist vom Tourismus noch weitgehend unberührt

Übernachten

Brauchbar – **Zabargad Dive Resort:** Hamata, Strand, Tel. Mobil 010 528 92 31, www.zabargad.net, DZ ab 100 US-$. Schönes Bungalow-Resort mit Orca-Tauchbasis (www.orca.de). Taucher unternehmen Bootsausflüge oder erkunden vom Strand aus das sehenswerte Hausriff, zu dem ein Steg führt. Ideal auch zum Kitesurfen. Wie viele Hotels der Region liegt das Resort abgeschieden, oder wie ein Taucher in einem Internetforum schrieb: »Vorne Meer, hinten nichts«.
Einfach – **Ecolodge Wadi Lahami Village:** Wadi Lahami (Ras Banas), Satelliten-Tel. 012 174 42 71, www.redsea-divingsafari.com, Vollpension im Doppelzelt ab 60 €, Chalet ab 90 €. Das einfache Taucherleben, prima organisiertes Camp für Frühaufsteher (Weckmusik gegen 6.30 Uhr), Küste ideal für Nachttauchgänge.
Gepflegt – **Lahami Bay Hotel:** Wadi Lahami (Ras Banas), Tel. 0195 10 03 54, www.lahamibay.com, DZ ab 148 €. Die bislang südlichste Hotelanlage Ägyptens, sehr komfortabel, viel gelobt, keine Disco, fernab von Handyempfang. Ideal für Schnorchler. Hervorragende Tauchbasis (s. u.).

Aktiv & Kreativ

Strände – Der **Surfstrand** liegt im Süden, der **Schnorchlerstrand** mit Restaurant im Norden. Das Riff ist traumhaft schön. In vielen Farben schillern die Korallen; man sieht Schildkröten, Muränen, Rochen.
Tauchen – **Barakuda Diving Center:** Lahami Bay Hotel, Wadi Lahami (Ras Banas), Tel. 010 009 12 92, www.barakuda-diving.com. Über 5 km langes, bunt bewachsenes Hausriff des Lahami Bay Hotels in Strandnähe, außerdem über 40 verschiedene Tauchgründe in unmittelbarer Umgebung.

Infos

Bus: Tgl. von/nach Hurghada, Safaga, Kairo und ins Niltal.

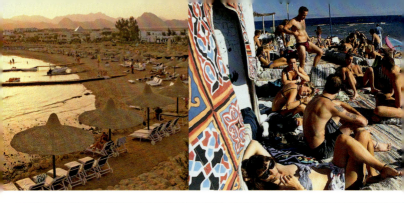

Das Beste auf einen Blick

Sinai – Süden und Ostküste

Highlights!

Sharm el Sheikh: Am frühen Abend mit dem Shuttle-Bus an die Naama-Bay fahren, einen Drink nehmen, nach dem Abendessen eine Wasserpfeife schmauchen und sich dann in das bunte Nachtleben stürzen. S. 174

Nationalpark Ras Mohammed: Der Nationalpark südlich von Sharm el Sheikh ist ein wunderbarer Meerespark, faszinierend auch für Leute, die nicht tauchen und schnorcheln. S. 192

Coloured Canyon: Die großartige Sandstein-Schlucht in der Nähe von Nuweiba schimmert in allen Farben. S. 209

Auf Entdeckungstour

Kairo: Es ist das absolute Kontrastprogramm zum Urlaub am Meer. Mit dem Flugzeug geht es für zwei Tage nach Kairo, in Ägyptens quirlige, chaotische und aufregende Hauptstadt am Nil, Pyramiden-Besuch inklusive. S. 186

Geziret al Fara'un: Ein kleines Juwel, das leider etwas abgelegen südlich von Taba liegt, ist die Insel Geziret al Fara'un. Die Geschichte ihrer Festung reicht zurück bis zu den Zeiten des legendären arabischen Feldherrn Saladin, der die Insel den Kreuzrittern abgenommen hatte. S. 214

Kultur & Sehenswertes

Burg: Ein spannendes Privatprojekt ist Castle Zaman, frei übersetzt, die ›Es-war-einmal-Festung‹. Ein Architekt hat aus Basalt und Granit eine wie natürlich aus dem Stein gewachsene Burg geschaffen. S. 216

Aktiv & Kreativ

Wüsten-Abenteuer: Das wahre Sinai-Abenteuer findet man nicht unbedingt am Strand, sondern in der Wüste. Bei nicht allzu schwierigen Ausflügen (ein Tag bis eine Woche) kann man sich von jedem Ort an der Ostküste aus die Schönheit des Gebirges erwandern. S. 184, 202, 208, 211

Grenz-Hopping: Tabas Nachbarort in Israel heißt Eilat. Ein Tagesausflug dorthin führt in eine andere Welt. S. 216

Genießen & Atmosphäre

Kult: Aus der Normalität ragen auf dem Sinai nur wenige Lokale heraus. In Dahab ist es das Lakhbatita, ein Restaurant-Café, vollgestellt und -gehängt mit Antiquitäten, Möbeln. S. 200

Stilsicher: Jedermanns Faible für gekonntes Design befriedigt ein Künstlerehepaar, das in Taba das faszinierende Tobya Boutique-Hotel begründete – eine Oase der Entspannung. S. 213

Abends & Nachts

Clubben und Tanzen: Wem abwechslungsreiches Nachtleben wichtig ist, der ist in Nuweiba falsch am Platz, in Dahab einigermaßen und in Sharm el Sheikh allerbestens aufgehoben. In Sharm tummelt sich die Clubbing-Szene. Unbedingt erleben sollte man die Little Buddha Bar, eine Party am Terrazzina Beach und den Pacha Nightclub. S. 181, 184, 185

173

Von Sharm el Sheikh nach Taba und Eilat

Der Osten der Sinai-Halbinsel ist Ägyptens schönste Sonnenseite. Sharm el Sheikh, größter Ferienort des Landes, ist ein idealer Ausgangspunkt für Ausflüge oder eine Reise über Dahab und Nuweiba bis nach Taba. Von da ist sogar ein Abstecher in den benachbarten israelischen Badeort Eilat möglich.

Dicht wie sonst nirgends ist die touristische Infrastruktur entlang der Küste. Es heißt, dass es zwischen Sharm el Sheikh und Taba keinen freien Quadratmeter Küste mehr gibt, der nicht vergeben oder bereits verplant sei. Der Augenschein bestätigt das jedem Reisenden. Bizarr stehen oft über Monate und länger Rohbau-Skelette an traumhaften Buchten, weit und breit keine Bautätigkeit, weil dem Investor womöglich das Geld ausgegangen ist, der Tourismus gerade nicht so blüht.

Sharm el Sheikh❗ und Naama Bay ▶ G 9

Symbolhaft für die Zukunft der gesamten Region steht die Entwicklung von Sharm el Sheikh. »Charme el Sheikh« und »Charme el Chic« belieben die örtlichen Tourismusleute zu kalauern, um sich deutlich vom billigeren Hurghada-Tourismus abzugrenzen. Der Preisunterschied ist entsprechend. Billig ist der Urlaub in Sharm el Sheikh nicht, die Anreise vielleicht ausgenommen. Für sein Geld, rechtfertigt man in Sharm, bekomme man aber auch etwas. Kein Gebäude sei höher als drei Etagen. Der Urlauber genieße also von überall den Blick auf die wunderbaren Berge; und überhaupt, so fragt man hier gerne rhetorisch, sehe Sharm mit seinen vorherrschend weiß getünchten Häusern und Hotels nicht so einladend aus wie ein griechisches Inselstädtchen in den Kykladen? So etwas habe seinen Preis.

Die Konzentration des Tourismus auf Sharm hat aber auch Vorteile: an den anderen Badeorten, die tagsüber und nachts weniger lebhaft sind, liegen die Preise entsprechend niedriger.

Den Großteil der Urlauber stellen mittlerweile nicht mehr Taucher und Surfer, sondern ganz normale Badetouristen. Das ökologische Problem ist aber nach wie vor die absolute, nicht die relative Zahl von Tauchern, unter denen die herrlichen Riffe ziemlich leiden. Allerdings, auch das muss man sa-

---

Infobox

Internet
www.sharm-el-sheikh.com und **www. sinai4you.com:** Beide sind kommerzielle Sites. Sie stellen gleich einem Anzeigenblatt Links zu Hotels, Restaurants, Tauchcentern her und zu allem, was für den Besucher in Sharm el Sheikh wichtig sein könnte.

Achtung, verbotene Wege!
Keinesfalls sollte man aus militärischen Gründen für Ausländer gesperrte Wege (Schild »Road forbidden for Foreigners«) benutzen. Wer's dennoch tut, verbringt mindestens einen halben Tag in diversen kargen Amtsstuben und darf erklären, warum er kein Spion ist.

gen: In den letzten Jahren sind viele Taucher rücksichtsvoller, umweltbewusster geworden – und auch mutiger. So wagen sie schon mal, Unterwasser-Vandalen mit einem kleinen Zug an der Tauchermaske den Weg nach oben zu weisen.

Sharm el Sheikh

Wer Sharm el Sheikh frühmorgens von Süden kommend mit dem Auto erreicht, den begrüßen in der Maya Bay Hunderte weiße Jachten, die hier vor Anker liegen. Davor dümpeln einige kleine Fischerboote. Das Blau des Meeres und des Himmels sind noch kräftig, noch nicht vom stechenden Sonnenlicht gebleicht. Knapp 33 000 Touristenbetten zählte der Ort Sharm el Sheikh 2011, und bis 2015 sollen es nach Schätzungen 65 000 werden.

Die Hauptstadt des Sinai-Tourismus erstreckt sich über 16 km, beginnend im Süden mit Hadaba/Om el Sid, **Sharm el Sheikh Bay** und der **Sharm el Maya Bay** mit dem Sharm Old Market, dem alten Ortszentrum.

Naama Bay

Das wichtige und lebhafte Touristenzentrum liegt fünf Autominuten nördlich an der **Naama Bay.** Es setzt sich in ungebremstem Bauboom über **Tiger Bay** und **Shark Bay** fort bis auf die Höhe des neuen Flughafens von Ras Nasrani – und darüber hinaus bis Nabq Bay.

Vom Flughafen kommend erreicht man Sharm el Sheikh über die Peace Road; der Name erinnert zusammen mit einem Großmosaik am Ortseingang an die große Nahostkonferenz 1996 (Clinton, Arafat, Rabin, Mubarak u. a.).

Straßennamen sind hier nicht üblich, auch wenn es – mehr symbolisch – Straßenschilder geben mag. Als Adressangabe genügt normalerweise der (Hotel-) Name, dazu eventuell noch die Bucht.

Noch in den 1980er-Jahren schlugen an der Naama Bay Camper ihre Zelte neben frei laufenden Kamelen auf. Alles war mehr oder weniger so, wie es die israelischen Besatzer nach ihrem Rückzug vom Sinai hinterlassen hatten. Heute säumen weiß, blau, gelb getünchte 5-Sterne-Hotels mit Pool, gezüchtetem, saftig grünem Rasen und Palmen die ovalförmige Bucht. Eine Promenade trennt die Hotelkarrees vom Strand, wo sich Sonnenschirm an Sonnenschirm im weißen Sand reiht.

Sharms **Touristenbasar** liegt an der Naama Bay: In der lebendigen Fußgängerzone findet man Juweliergeschäfte, Souvenirhandel, Apotheken, Banken und Supermärkte. Große Hotels, die außerhalb des Zentrums liegen, stellen morgens und am späten Nachmittag Shuttlebusse zur Verfügung. Taxis fahren rund um die Uhr. Fliegende Händler verkaufen entlang der Promenade und an den Strandzugängen vor allem deutsche und italienische Zeitungen. Man spricht deutsch, russisch, englisch und italienisch – auch die dienstbaren Ägypter, die die Aussicht auf einen relativ guten Verdienst und satte Trinkgelder aus Kairo, Alexandria, Luxor und Port Said in die Enklave am Meer zog.

Dem Urlauber fällt kaum auf, dass die **Infrastruktur** Sharm el Sheikhs einem abgelegenen Bergdorf gleicht, das weder Landwirtschaft noch eine Wasserquelle hat. Lkws karren von der Milch bis zur Seife alles heran; Tanker und eine Pipeline versorgen Sharm mit Wasser von der Sinaiwestküste aus dem Niltal; einen immer größer werdenden Anteil des Wasservorrats produzieren eigene Meerwasser-Entsalzungsanlagen großer Hotels.

Sharm el Sheikh und Naama Bay

Übernachten

1. Four Seasons
2. Hyatt Regency
3. The Ritz Carlton
4. Mövenpick Jolie Ville Sharm
5. Domina Prestige Coral Bay
6. Sonesta Beach Resort
7. Hilton Fayrouz
8. Renaissance Golden View
9. Camel Hotel
10. Cataract Layalina
11. Falcon Hills
12. Pigeon's House
13. Shark's Bay Umbi Diving Village
14. Youth Hostel

Essen & Trinken

1. Sala Thai
2. Beach Restaurant
3. Kokai
4. Fares
5. Andrea
6. Tam-Tam Oriental Café
7. Le Tabasco

Einkaufen

1. Mercato Mall

Aktiv & Kreativ

1. Terrazzina Beach
2. Aqua Park City
3. Cleo Park
4. Reiten im Sofitel
5. Eislaufen im Concorde El Salam Hotel
6. Gokartfahren im Ghibli Raceway
7. Jolie Ville Golf & Resort

Abends & Nachts

1. Alf Leila wa Leila
2. Little Buddha
3. Camel Rooftop Bar
4. Soho Square
5. Black House Disco
6. Hard Rock Café
7. Mojo Lounge
8. Pacha Nightclub/The Bus Stop
9. Pirates Bar
10. Sinai Grand Casino

Pro Kubikmeter Trinkwasser zahlen die Hotels rund 5 US-$. Wie viel Geld mag hier alleine in jedem Quadratmeter Rasen stecken, den Beduinen in sauberen Blaumännern morgens und abends pflegen und wässern? Wie viel mehr Wasser wird man erst brauchen, wenn an der gesamten Küste die 2,5 Mrd. US-$ internationales Investment verbaut sein werden, von denen die Rede ist?

Für gepflegte **Unterhaltung** sorgen im Nightlife von Sharm Tanztruppen mit Shows, die mal modern, mal folkloristisch sind. Am Abend flanieren Frauen in Miniröcken und trägerlosen Tops, Männer in kurzen Hosen und bunten Hemden auf der Promenade, schlendern durch die Fußgängerzone mit ihren Geschäften. In den Cafés raucht man Wasserpfeife mit Apfelgeschmack, *shisha tufah,* und trinkt Tee mit Minze.

Erst um Mitternacht erwacht das wahre Nachtleben. Im **Hardrock Café** 6, im **Pasha Nightclub/Bus Stop** 8 (samstags mit Ministry-of-Sound-DJs) oder in den Bars des Soho Square erklingen harte Beats, Softrock, Funk und Reggae bis Sonnenaufgang, wenn die letzten Paare müde in ihre Hotels zurücktrotten.

Übernachten

Sharm el Sheikh ist mit Abstand der teuerste Badeort in Ägypten. Empfehlenswerte günstige Hotels gibt es vergleichsweise wenige; in jedem Fall muss man rechtzeitig buchen. Ist man bereits in Ägypten, dann nicht direkt beim Hotel, sondern lieber über ein Reisebüro Zimmer organisieren.

Top – **Four Seasons** 1: Four Seasons Boulevard, Tel. 069 360 35 55, Fax 069 360 30 50, www.fourseasons.com/sharmelsheikh, DZ ab 200 US-$. Eines der Top-10-Hotels von Ägypten, von den edel möblierten Zimmern dieses Palasthotels hat man einen spektakulären Blick über die Straße von Tiran. Foyer, Flure, Säle, überall wandelt man auf schweren orientalischen Teppi-

Sinai – Süden und Ostküste

Sonnenuntergang in Naama Bay, dem touristischen Zentrum von Sharm el Sheikh

chen, ist umgeben von aufwendig dekoriertem Mobiliar.
Luxuriös – **Hyatt Regency** 2: The Garden's Bay, Tel. 069 360 12 34, Fax 069 360 36 00, www.sharm.hyatt.com, DZ ab 190 US-$. Eines der sehr schönen Hotels von Sharm, weitläufige Anlage, große, komfortable und hübsche Zimmer, Riesenpool mit Strömungsanlage. Einziger Makel: Strand und Meerzugang sind eher klein, der Ausblick ist dafür aber großartig.
Abgehoben – **The Ritz Carlton** 3: Om el Seed, Tel. 069 366 19 19, Fax 069 366 19 20, www.ritzcarltoncom/resorts/sharm_el_sheikh, DZ ab 170 US-$. Das erste Ritz Carlton Afrikas. Positiv: Im Winter geheizter Swimmingpool, Spa-Kuren mit Ölbädern à la Kleopatra, vor der Tür ein 18-Loch-Golfplatz. Negativ: Vom anfänglichen Glanz des Eröffnungsjahres ist einiges abgeblättert: der Service ist nachlässiger, das Essen weniger exquisit. Aber das ist genau genommen Jammern auf hohem Niveau. Das Hotel hat Charme!
Weitläufig – **Mövenpick Jolie Ville Sharm** 4: Naama Bay, Tel. 069 360 01 00, Fax 069 360 01 11, www.moevenpick-hotels.com, DZ ab 140 US-$. Die Anlage ist so weitläufig, dass es sinnvoll ist, ein Fahrrad für die Strandfahrt zu mieten, falls man in dem Teil der sog. Sports Area wohnt; bei der Zimmerbuchung auf Front Area bestehen. Der Strand ist viel zu klein, Ölsardinengefühl. Sehr gut ist das Abendbuffet im Beach Restaurant.
Gehoben – **Domina Prestige Coral Bay** 5: Naama Coral Bay, Tel. 069 360 16 10, Fax 069 360 08 43, www.dominacoralbay.com, DZ ab 120 €. Luxuriöses Hotel mit großem Strand. In der hoteleigenen Beautyfarm Elisir diverse Wellnesskuren (u. a. Thalasso).
Gediegen – **Sonesta Beach Resort** 6: Naama Bay, Tel. 069 360 07 25, Fax 069 360 07 33, www.sonesta.com/egypt_sharmresort, DZ ab 170 US-$. Schöne Pools, aber kleiner Strand. Der Service ist ausgesprochen gut und aufmerksam, die Zimmer sind gepflegt. Für Zocker: Zum Hotel gehört das Sinai Grand Casino (tgl. 20–4 Uhr).
Gemütlich – **Hilton Fayrouz** 7: Naama Bay, Tel. 069 360 01 37, Fax 069 360 10

Sharm el Sheikh und Naama Bay: Adressen

43, www.hilton.com, DZ ab 120 US-$. Idyllische Gartenanlage; geräumige Bungalows mit Gartenterrasse. Zum Meer muss man nur über die Promenade gehen und erfreut sich dort an einem großzügig weiten Hotelstrand. Die Pirates' Bar ist ein beliebter Treff für den Sundowner, mit dem man in den Abend startet.

Terrassenlage – **Renaissance Golden View Beach Resort** **8**: Om el Sid, Tel. 069 366 46 94, Fax 069 366 46 95, www.marriott.de, DZ ab 140 €. Wie ein Bergdorf zieht sich das Hotel in Terrassen hinunter zum Meer. Es gibt 4 Pools; traumhaft sind die Zimmer mit *sea view;* vor dem hoteigene Strand gibt es ein nettes Hausriff, ins Meer gelangt man über einen schwimmenden Steg *(jetty).*

Behindertengerecht – **Camel Hotel** **9**: Naama Bay, Tel./Fax 069 360 07 00, www.cameldive.com, DZ ab 58 €. Mit 38 Zimmern fast familiäre Atmosphäre, zentral gelegen, ruhig. Behindertengerechte Zimmer vorhanden, die Tauchlehrer des Camel Dive Centers sind auch trainiert auf Behindertentauchen. Das Hotel wurde unter Berücksichtigung internationaler Richtlinien für Behinderte gebaut. Fünf Superior Zimmer wurden für Rollstuhlfahrer konzipiert, haben einen Zugang zur Terrasse über eine Rampe und speziell ausgestattete Badezimmer. Swimming Pool, Restaurants, Bars, Tauchcenter und Klassenzimmer sind für Rollstühle zugänglich.

Zentral – **Cataract Layalina** **10**: Naama Bay, an der Fußgängerzone, Tel. 069 360 02 80, Fax 069 360 02 82, DZ ab 40 US-$. Nett ausgestattete Zimmer, kleiner Privatstrand und Pool am Hotel. Das Frühstück ist jedoch eher spartanisch.

Freundlich – **Falcon Hills** **11**: Ras Um Sid, Tel. 069 366 30 80, Fax 069 366 30 83, www.falcon-hotels.com, DZ ab 35

US-$. Saubere und günstige Zimmer; schöner Pool, freundliches Personal.

Charmant – **Pigeon's House** **12**: Naama Bay, Tel. 069 360 09 96, Fax 069 360 09 55, pigeon@access.com.eg. DZ ab 180 LE. Einfaches, sehr gemütliches Haus; auch für Jugendgruppen. Die Bar ist ein beliebter Abendtreff.

Jugendlich – **Shark's Bay Umbi Diving Village** **13**: Shark's Bay, Tel. 069 360 09 41, Fax 069 360 09 43, www.sharksbay.com, DZ ab 17 €. Hüttendorf-Treff für junge Leute und solche, die eine echte Alternative zu den teuren 5-Sterne-Häusern suchen; eigene Tauchschule. Erwähnenswert ist die Freundlichkeit des Personals.

Schäbig – **Youth Hostel** **14**: auf dem Hügel, nahe Aida Beach Hotel, Tel. 069 366 03 17, ab 25 LE pro Person. Billiger geht's nicht in Sharm; die Schlichtheit hat ihren niedrigen Preis: Lange hält es hier niemand aus.

Essen & Trinken

Sharm el Sheikh hat wohl die höchste Restaurantdichte des Nahen Ostens – es besteht fast nur aus Hotels mit groß angelegter Gastronomie. Auch McDonald's und Kentucky Fried Chicken sind mit Fast-Food-Restaurants vertreten. Selbst bei einem dreiwöchigen Urlaub könnte man kaum alle Lokale besuchen. Aus der Masse einige Empfehlungen (geöffnet tgl. 12–15, 18–24 Uhr):

Prima – **Sala Thai** **1**: Hyatt Regency: (s. o.): Tel. 069-360 12 34. Hauptgericht ab 120 LE. Absolut empfehlenswertes Dinnerrestaurant: klassische Thaiküche im stilvollen Ambiente und mit großartigem Blick auf den Golf. Reservierung erforderlich!

Exzellent – **Beach Restaurant** **2**: Hilton Fayrouz (s. o.), Naama Bay. Hauptgericht ab 150 LE. Man sucht den frischen Fisch selbst aus und bestimmt die

179

Sinai – Süden und Ostküste

Art der Zubereitung, der Maître hilft mit kompetentem Ratschlag; Reservierung empfohlen.

Japanisch – **Kokai** **3** : Im Ghazala Hotel, Tel. 069 360 01 50. Hauptgericht ab 90 LE. An der Promenade der Naama Bay liegt das japanisch-polynesische Restaurant mit köstlichen Fleisch- und Fischgerichten, Fisch wird nach japanischer Art am Tisch zubereitet; Reservierung empfohlen.

Klasse – **Fares** **4** : Hadaba, Horus Mall, Tel. 010 929 00 90, tgl. 11–23 Uhr, ab 120 LE. Das Fares gibt es außer am Old Market (Tel. 010 965 05 07) auch in der Horus Mall, und hier isst man besser. Bestellen Sie einen Tisch auf der Terrasse; drinnen ist es zu laut. Den Fisch suchen Sie selbst aus, lassen ihn nach Ihren Wünschen zubereiten; kein Alkohol.

Arabisch – **Andrea** **5** : Naama Bay, gegenüber Hard Rock Café. Tel. 069 360 09 72. Hauptgericht ab 60 LE. Filiale eines Kairoer Ausflugsrestaurants, spezialisiert auf Grillgerichte, ägyptische Vorspeisen.

Gemütlich – **Tam-Tam Oriental Café** **6** : Ghazala Hotel, Tel. 069 360 01 50. Hauptgericht ab 60 LE. An der Promenade der Naama Bay hat man die seltene Gelegenheit, gute ägyptische Hausmannskost kennenzulernen, die sättigenden *mezze, koshari:* dazu ägyptische Live-Musik.

Wechselhaft – **Le Tabasco** **8** : Naama Bay, über dem Hard Rock Café. Hauptgericht ab 65 LE. Gute Küche mit wechselnder internationaler Speisekarte.

Einkaufen

Alle wichtigen und schönen Geschäfte findet man rund um die **Fußgängerzone der Naama Bay.** Im Naama Center kauft man auf drei Etagen Souvenirs, Handarbeiten von Beduinen, handgeknüpfte Teppiche, Figuren und Statuen, Schnitzereien, Gewürze; in den Shops rund um die Fußgängerzone Markenkleidung, Schmuck, Sportbedarf. Im Ortsteil Hadaba/Om el Sid liegt die gelungene und weitläufige **Mercato-Mall** **1** mit Bars, Restaurants, Elektronik-, Mode-und Sportgeschäften. Für Schnäppchenjäger: Irgendwie ist hier ziemlich oft *sale.*

Aktiv & Kreativ

Die örtliche Wassersportindustrie lockt mit Videos und Plakaten zu Trips mit dem Glasbodenboot, zum Wasser- und Jetskifahren, zum wilden Gruppenritt auf der Wasserbanane oder zum Kiten. War Sharm in früheren Jahren eine Urlauberoase, die man kaum verließ, so ermöglichen heute Reiseagenturen und Mietwagenfirmen, dass man organisiert oder auf eigene Faust von hier aus den Sinai erkundet, vor allem die traumhafte Sonnenküste des Ostsinai und den Zenralsinai; Infos in jedem Hotel.

Wassersport – Die Möglichkeiten sind in Sharm schier unerschöpflich: Tauchen, Schnorcheln, Surfen und jeder

---

Seien Sie Hummerkünstler!

Der Hummer *(lobster)* ist von den Speisekarten verschwunden – er ist nämlich so gut wie ausgerottet. Die Gewässer am Sinai sind hoffnungslos überfischt. Sogar Baby-Hummer wurden für den Appetit der Touristen aus den Gewässern geholt. Dem Hummer werden demnächst etliche Fischarten folgen. Zwar ist der Hummerfang inzwischen weitgehend untersagt, doch immer wieder bieten Chefs die Tiere für Gäste als teure Spezialität an. Verzichten Sie darauf. Das ist das Mindeste, was Sie für das Meer tun können, an dem Sie Ihren Urlaub verbringen.

Sharm el Sheikh und Naama Bay: Adressen

Mit dem Glasbodenboot lässt sich die Unterwasserwelt vom Trockenen aus genießen

andere Wasserspaß (Banana Riding, Jetski, Kitesurfen etc.) werden überall angeboten. Ausrüstung und Kurse organisieren die **Hotels und zahlreiche Anbieter an den Stränden.** Der Ehrlichkeit halber muss man hier aber sagen: Um die Riffe Sharms sind mittlerweile so viele Schnorchler und Taucher unterwegs, dass man für einen klassischen Tauchurlaub andere Ziele in Erwägung ziehen sollte: die Küste nördlich von Sharm oder die Festlandküste am Roten Meer.

Party-Strand – **Terrazzina Beach** 1 : Terrazina Beach, Sharm el Moya, Mobil 010 500 66 21 u. 010 944 92 83, www.terrazzina.com, tgl. ab 12 Uhr. Wummernder Techno-Beat als Sound-Teppich über dem Strand, Party-Stimmung unter brütender Sonne, Tanz auf dem Jetty, Teamwettbewerbe, Karaoke-Abende und Beach-Partys – Terrazina ist wie Dauer-*spring-break*.

Spaßbaden – **Aqua Park City** 2 : Om El Sid, nahe Alf Leila wa Leila, Tel. 069 366 59 93, www.pickalbatros.com/aqua.htm, tgl. 10 Uhr bis Sonnenuntergang. Rasante Wasserrutschen namens Twister und Kamikaze, aber auch sanfte Rutschen und seichte Becken für Kids,

ein toller Spaß. **Cleo-Park** 3 : am Hilton Sharm Dreams, Tel. 069 360 44 00, www.cleopark.net, tgl. 10 Uhr bis Sonnenuntergang, Tagesticket ca. 25/15 € (Erwachsene/Kinder). Die nicht ganz so gelungene Kopie hat ein Wellenbecken und bietet witzige Animation.

Wracktauchen – Von Sharm el Sheikh aus kann man einen Tagestauchausflug zum Wrack der **Thistlegorm** machen (s. S. 162), Anfahrtszeit ca. 2–3 Std., Abfahrt im Morgengrauen, ca. 100–150 €, in den Hotels oder Tauchcentern fragen.

Glasbodenboot – Die Unterwasserwelt trockenen Fußes beobachten – wer das will, stolpert für entsprechende Fahrten geradezu über Anbieter; pro Person ab 20 €.

Reiten – Das **Sofitel** 4 , Tel. 069 360 00 81, ist eines der Hotels mit eigenem Reitangebot; ein Pferd zu mieten kostet ca. 24 US-$ pro Std.

Eislaufen – **Concorde El Salam Hotel** 5 : White Knight Beach, Tel. 069 360 14 60; tgl. 10–23 Uhr. Eislauf und Hockey bei Discomusik.

Gokart – Es gibt zwei Anbieter. Besser, weil sicherer, ist **Ghibli Raceway** 6 : Naama Bay nördl. Hyatt Hotel, Tel.

Lieblingsort

Tanzen und Techno 8

Sharm el Sheikh ist Party, und dass dem so ist, verdankt der Badeort den Machern von Sharms Topclub **Pacha**, der samt Party-Boat die Clubbing-Szene dominiert. Für Partys fliegt man DJs aus Europa ein, und wer in dem Nachtclub gleich nächtigen will, bucht ein Pacha-Zimmer mit Balkon zur Haupttanzfläche hin. Der Name Pacha erinnert an eine der ersten Megadiscos Ibizas, das Discoprogramm orientiert sich an den Pool- und Schaumpartys im ›Ibiza style‹. Legendär sind donnerstags die House Nation Partys (**Pacha:** im Sanafir Hotel, Naama Bay, Tel. 069 360 01 97, www.sharmevents.com, tgl. ab 21 Uhr, Eintritt 125 LE).

Sinai – Süden und Ostküste

069/360 39 39, www.ghibliraceway. com, tgl. 11–24 Uhr, ab 200 LE. Auf der Asphaltpiste brettert man mit Helm und Go-Kart-Flitzern in die Kurven.

Wüstensafaris – Auch für Wüstensafaris mit dem Jeep und für Reiterspaß mit Araberpferden und Kamelen werden Prospekte mit allen Details überall in Sharm el Sheikh verteilt; Buchungsmöglichkeiten gibt es in allen **Hotels.**

Golf – **Jolie Ville Golf & Resort** `7`: Om Marikha Bay, Tel 069 360 32 00, Fax 069 360 32 25. 18-Loch-Meisterschaftsplatz mit Bermuda-Gras.

Kulturausflüge und BBQs– Tgl. organisierte Ausflüge nach Kairo, Luxor oder zum Katharinenkloster. Ebenfalls gut organisiert: nächtliche BBQs in der Wüste, Gruppenausflüge in die Wüste auf dem Kamel oder mit dem Jeep. Details hierzu findet man an den **Infobrettern der Hotels.**

Abends & Nachts

Am Tag in der Sonne brutzeln, nachts bis zum frühen Morgen unterwegs – für viele Urlauber ist das der Traum von Erholung, den man in Sharm mühelos realisieren kann. Beinahe jedes größere Hotel hat Bar, Disco und/oder Nachtclub. Als Attraktionen locken Tanzshows, oft recht professionelle Folkloregruppen. Bei einigen Discos kontrollieren Türsteher. Oder tun zumindest so. Denn abgewiesen soll in Sharm eigentlich niemand werden, außer vielleicht Männer, die allein unterwegs und nirgends auf der Welt so richtig gerne gesehen sind. Die Happy Hour beginnt am frühen Abend, zum Tanzen geht man erst gegen Mitternacht, nach Hause am Morgen.

Amüsant – **Alf Leila wa Leila** `1` (übersetzt: Tausendundeine Nacht): tgl. ab 18.30 Uhr, Tel./Fax 069 366 31 10. Show 90 LE. Großer Vergnügungspark, archi-

tektonisch einem arabischen Fort nachempfunden, eine Mischung aus Fantasialand und Shopping Mall. Zwei Shows (21.30, 23.30 Uhr) thematisieren das pharaonische Ägypten, bieten Kurzweil mit Pferde- und Kameldressuren, allerlei Folklore. Dazwischen tanzen Sufis und Bauchtänzerinnen. Und ganz am Ende wandelt sich die Show zur Disco für alle.

Erstklassig – **Little Buddha** `2`: Naama Bay Hotel, Tel. 069 360 10 30, www. littlebuddha-sharm.com, tgl. 21–3 Uhr. Drink ab 60 LE. Was in Paris und Las Vegas ein Publikumsmagnet ist, können nun auch Sharm-Besucher genießen: Lounge, Sushibar, In-Treff; über die Tanzenden wacht in mystischem Licht Buddha. Das stilvolle und schicke Little Buddha setzt neue Maßstäbe im Nachtleben von Sharm.

Cool – **Camel Rooftop Bar** `3`: Camel Hotel, Tel. 069 360 07 00, tgl. ab 17 Uhr, Drinks ab 25 LE. Wahlweise trinkt man klimatisiert in der ersten Etage oder eben auf dem Dach, mit exzellentem Blick über Fußgängerzone und Naama Bay. Zu essen gibt es Snacks; hier startet man in den Abend.

Kühl – **Soho Square** `4`: White Knights Bay, zwischen Savoy Hotel & Resort und Sierra Hotel, Tel. 069 360 27 52, 010 160 95 44, Mobil 010 160 95 44. Statuen, eine Eis- und eine Bowlingbahn, Restaurants, Nachtclubs und Bars, eine davon eine echte Eisbar mit Minusgraden: Das Soho ist ein nicht ganz billiger Spaß.

Angesagt – **Black House Disco** `5`: Tropicana Rosetta Hotel, Tel. 069 360 18 88, www.tropicanahotels.com/en/ro setta, tgl. ab 23 Uhr. Populärer Tanzladen, meist sehr voll, sehr gute DJs.

Klassisch – **Hard Rock Café** `6`: Naama Bay, Tel. 069 360 26 65, tgl. 16 Uhr bis morgens. Drinks ab 25 LE. Das weltweite Konzept: Zu lauter Discomusik kann man den Lieblingsdrink seines

Sharm el Sheikh und Naama Bay: Adressen

Verspielt

Das Casino im Sofitel hat sich die Spielertempel von Las Vegas zum Vorbild genommen. Man spielt Blackjack, Roulette, Poker, zockt an einarmigen Banditen. Wer will kann im Casino auch nur speisen, die Live-Shows genießen. **Sinai Grand Casino** 10, Sonesta Hotel, tgl. 20–4 Uhr.

Idols schlürfen, z. B. einen Mel-Gibson-Cocktail.
Modern – **Mojo Lounge** 7: Iberotel Lido, Tel. 069 360 26 03 16. Drinks ab 50 LE. Ruhige Thai-Lounge mit weißen Sofas, großer Terrasse, gedämpfter Musik – und vorzüglichem Essen.
Hip – **Pacha Nightclub/The Bus Stop** 8: s. Lieblingsort S. 182.
Gediegen – **Pirates Bar** 9: Hilton Fayrouz (s. o.), Naama Bay. Drinks ab 35 LE. Beliebte Bar für den ersten Drink, wenn die Sonne untergeht.

Infos

Auskunft/Notfall

Sharm hat kein Fremdenverkehrsbüro. Begründung: Der Großteil der Urlauber kann pauschal, habe eine eigene Reiseleitung, die diese Funktion miterfülle. Einfache Auskünfte gibt's dennoch: im **Government-Building**, Tel. 069 376 27 04, Sa–Do 8–13 Uhr.
Tourist Police: Tel. 069 636 03 11 (Naama Bay), Tel. 069 366 06 75 (Marina Sharm).

Verkehr

Flüge: Egypt Air fliegt mehrmals tgl. nach Kairo, Sa und Do nach Luxor. Auskunft und Reservierung im **Egypt Air** Office im Mövenpick Hotel, Tel. 069 360 03 14, oder im Stadtbüro Sharm el Sheikh, Tel. 069 360 10 56.

Busse: Vom Ort Sharm el Sheikh fährt tgl. um 23 Uhr ein komfortabler **Superjet-Bus** (Tel. 069 360 16 22) nach Kairo. Die weniger gemütlichen Busse des **National Bus Service** (Tel. 069 360 06 00) fahren Richtung Kairo um 7, 8, 10, 13, 16.30, 23.30, 24 Uhr, Richtung Dahab um 8, 9, 15, 17 Uhr, Richtung Nuweiba um 9, 17 Uhr, Richtung Katharinenkloster um 8 Uhr, Richtung Suez um 9, 11 Uhr, Richtung Taba um 9 Uhr, Richtung Ismailiya um 12, 23.30 Uhr, dort Anschluss nach Suez, Port Said und ins Nildelta.

Taxis: Taxifahrten auf dem Sinai sind teuer; in Sharm el Sheikh bezahlt man für kurze Strecken selten weniger als 10–15 LE. Minibusse und Sammeltaxis fahren von Sharm el Sheikh in alle Richtungen.

Fähren: Ein Schnellkatamaran verbindet Sharm el Sheikh mit Hurghada (Reisepass erforderlich) und braucht bei 45 Knoten 90 Min. für die 56 Seemeilen. Die Red Sea Jets der **International Fast Ferries (IFF)** verkehren So, Mo, Di, Do, Tel. 069 360 09 36, Mobil 012 791 01 20, 012 740 35 52, Kairo Tel. 02 27 49 89 27, Fax 02 27 49 89 03, www.internationalferries.com; Einfachticket 275 LE (Kinder 150 LE), Rückfahrtticket 475 LE (Kinder 285 LE), Autos ab 245 LE, Motorrad 125 LE, Fahrrad 50 LE. Tickets müssen mindestens zwei Tage vor Reiseantritt reserviert werden; Resttickets werden direkt am Boot verkauft. Seien Sie darauf gefasst: Das Rote Meer kann sehr rau und stürmisch sein. Reisende, die über der Reling hängen und die ›Fische füttern‹, sind keine Seltenheit.

Mietwagen: Die Preise in Sharm el Sheikh liegen im Schnitt höher als in Europa. Es lohnt sich, vor dem Urlaub die Preise der internationalen Verleihfirmen einzuholen. Keine One-Way-Anmietungen (bzw. meist nur gegen Aufpreis von mind.   ▷ S. 192

Auf Entdeckungstour

Minarette und Pyramiden – Kurztrip nach Kairo

20-Millionen-Moloch, eine Symphonie aus Chaos und Unregierbarkeit – anders kann man Ägyptens Hauptstadt nicht beschreiben. Aber auch nicht unzutreffender. Bei dieser Tour lernt man Afrikas größte Stadt kennen, inklusive der Pyramiden von Giza und der islamischen Altstadt.

Reisekarte: ▶ A 4

Planung: Günstige Hotelpreise z. B. unter www.expedia.de. Für Inlandsflüge zahlen Sie bei Online-Buchung eines Etix' über www.egyptair.com.eg weniger als im Egypt-Air-Office. Hotel-Transfer in Kairo: Cairo Airport Shuttle, Tel. 018 911 17 77, Mobil-Kurzwahl 199 70, www.cairoshuttlebus.com.

Zeit: 3 Tage, 2 Übernachtungen (u.a. im Cairo Marriott Hotel (Tel. 02 27 28 30 00, www.marriott.com)

Pyramiden und Sphinx, Museen und Moscheen, verwinkelte Basar-Gassen und kunstvoll dekorierte Minarette – Kairo ist für jeden Besucher eine prickelnde Herausforderung. In kaum einer Metropole kann der Besucher mit Geduld und offenen Augen besser die Symbiose aus Okzident und Orient, aus Moderne und Tradition, aus reich und arm erleben als in der größten Stadt Afrikas, die genau genommen ein Konglomerat aus unzähligen Dörfern und Städten darstellt. Kairo bei Nacht ist mit seinen Bars und Discos so westlich, wie die Muezzins – die zu den Gebetszeiten einen kakophonen Gesangsteppich ausbreiten – Kairo bei Tag als tief gottesfürchtige islamische Stadt der tausend Minarette erscheinen lassen.

Sie können diese Tour vor Ort buchen und selbst organisieren. Am besten, Sie wählen für die Reise das Flugzeug. Für günstige Hotel- und Flugpreise lohnt sich der Gang ins nächste Internet-Café (s. Kasten links). Nehmen Sie gleich die erste Maschine früh morgens, damit Sie den ganzen ersten Tag in Kairo Zeit haben – es lohnt sich! Für Stadtfahrten in Kairo nehmen Sie die weißen Taxis mit Taxameter.

1. Tag: Überblick verschaffen

Einen ersten Eindruck von der Quirligkeit der Stadt vermittelt Kairos kleiner Inlandsflughafen. Mieten Sie dort nach der Landung keinen Leihwagen, lassen Sie sich auch nicht von Taxi-Schleppern überreden, sondern suchen Sie sich am besten am Parkplatz vor der Flughafenhalle ein gelbes Taxi mit Taxameter, ein ›Yellow Cab‹, mit dem es zuerst zum Einchecken ins **Cairo Marriott Hotel** auf der Nilinsel Zamalek geht.

Vom Marriott-Hotel – Sie verlassen es durch den Haupteingang – führt Richtung Süden ein ca. 15-minütiger Spaziergang am Nil und den dort verankerten Restaurant- und Vergnügungsschiffen zum unübersehbaren, 187 m hohen **Cairo Tower** (Tel. 02 27 36 51 12, www.cairotower.net, Sommer 9–1, Winter 8–24 Uhr, Eintritt 70 LE). Dieser Stahlbeton-Lotusstengel, erbaut unter Präsident Gamal Abdel Nasser, soll ägyptischen Nationalismus und Unabhängigkeit symbolisieren. Er bietet neben einem Drehrestaurant einen überwältigenden Blick über die Stadt, bei klarem Wetter bis zu den Pyramiden. Richtung Norden liegt unterhalb des lotusförmigen Turmes der Gezira Sporting Club. Südlich liegt die Insel Roda, südöstlich Alt-Kairo, und am Westufer erstreckt sich das selbstständige Gouvernorat Giza.

Kairo hat unter dem Namen Chere-Ohe (›Platz des Kampfes‹) übrigens bereits in der Zeit vor 3000 v. Chr. existiert. 641 n. Chr. beginnt die entscheidende Stadtgeschichte. Der arabische Feldherr Amr Ibn el As nahm den Byzantinern die Stadt nach langer Belagerung ab und gründete Fustat, das ›Zeltlager‹ – die erste islamische Hauptstadt.

Ägyptisches Museum

Auf dem östlichen Nilufer liegt der **Midan Tahrir**, der verkehrsreichste Platz Kairos. Ihr nächstes Ziel ist dort das **Ägyptische Museum**, erreichbar zu Fuß über die nahe Nilbrücke oder für maximal 5–10 LE mit dem Taxi von der Straße (man stoppt es mit Handzeichen vom Straßenrand).

Das Ägyptische Museum, 1858 von dem französischen Ägyptologen Auguste Mariette gegründet, umfasst über 120 000 Objekte, und nur ein Teil der Schätze ist bis zum Umzug der Sammlung an die Pyramiden auf zwei Etagen ausgestellt, was allenfalls einen punktuellen Einblick erlaubt.

Zwei Highlights seien empfohlen: Im Saal der Königsmumien im Obergeschoss begegnet man gegen Extra-Eintrittsgeld den fast unsterblichen Überresten der großen Pharaonen. Elf **Mumien** – darunter die Ramses' II., Thutmosis' II. und Sethos' I. – sind in Vitrinen ausgestellt, die das Klima der Felsengruften im Tal der Könige simulieren. Größter Publikumsmagnet ist auf derselben Etage der **Schatz des Tutanchamun**. Aus dessen letzte Ruhestätte im Tal der Könige (s. S. 157) stammen die vier reich verzierten Holzschreine und die vergoldete Kapelle. Die Schreine standen ursprünglich ineinander. Die Kapelle wird von den Schutzgöttinnen flankiert. Die Köpfe der Eingeweidebehälter tragen die Gesichtszüge des Pharaos.

Die **Totenmaske Tutanchamuns** und die beiden **Gold- und Holzsarkophage** sind so etwas wie das inoffizielle Wahrzeichen Ägyptens. Der Goldsarkophag – nicht vergoldet, sondern massiv – wiegt 225 kg. Er war die innerste Hülle, umgeben von anderen Särgen (der Sandsteinsarkophag und ein vergoldeter Holzsarg blieben im Tal der Könige). An der Stirn trägt der Goldsarkophag die Insignien des Königs, Schlange und Geier. Die beiden Halsketten symbolisieren seinen göttlichen Mut. In den überkreuzten Armen liegen als Zeichen der Regentschaft Krummstab und Wedel. Zwei Göttinnen halten ihre Schwingen schützend um den toten Pharao. Die Totenmaske bedeckte das Gesicht der Mumie. Aus dem Kinn wächst des Königs Bart. Die Augen sind aus Lapislazuli, weißem und schwarzem Stein.

Downtown Kairo

Hat man genug gesehen, verlässt man das Museum, tankt auf der Terrasse des angrenzenden Nile Hilton Hotels bei einem frischen Mango- oder Limonensaft Kraft, bevor es das vorerst größte Kairo-Abenteuer zu bestehen gilt: die Überquerung des Midan Tahrir, nur Mut! Auf der anderen Seite angekommen steht man schon fast in Downtown Kairo, dem Geschäftszentrum. Dort gilt: sich treiben lassen, bummeln, in der Talaat Harb das berühmte **Café Riche** (tgl. 10–24 Uhr) besuchen, ein legendärer und nostalgischer Treff Kairoer Intellektueller.

Islamische Altstadt

Mit dem Taxi fährt man von hier weiter Richtung Basar. Am einfachsten sagt man dem Fahrer »Khan el Khalili«, »El Hussein« oder »El Muski«. Man steigt an der **Al Azhar** aus. Die Universitätsmoschee wurde ab 969 erbaut. ›Die Blühende‹, so die Übersetzung, ist die Hauptmoschee der Stadt. In Al Azhar wirken sunnitische Muslime, deren Eliteschmiede sie ist. Ihre besondere Bedeutung hat Al Azhar als weltweit oberste Instanz in islamischen Glaubensfragen. Prunkstück ist der neunschiffige Gebetsraum, 3000 m^2 groß, die Decke getragen von 140 Säulen. Jeder darf die Moschee betreten, muss aber wie üblich zuvor die Schuhe ausziehen. In der Halle kann man sich setzen, ausruhen, Ägypter machen außerhalb der Gebetszeiten sogar Nickerchen. Man verlässt die Moschee.

Al Azhar im Rücken blickt man auf die **Hussein Moschee** (1792). Für die Kairoer Muslime ist sie die bedeutendste und beliebteste Gebetsstätte der Stadt. Freitag mittags, zum wichtigsten Gebet der Woche, verwandelt ein Meer Betender den Platz davor in eine riesige Freilicht-Moschee; im Ramadan feiern hier täglich Zehntausende die fastenfreie Nacht. Die Moschee erinnert an den Enkel des Propheten Mohammed. Nach dem Volksglauben wurde nach der Schlacht von Kerbala 680, bei der Hussein fiel, sein Kopf mit Salz konserviert und in einem grünen Sack nach Kairo gebracht. Den Kopf bestattete man an dem Platz, über dem sich jetzt die vergoldete Grabkuppel der Moschee befindet.

Mit dem Midan Hussein beginnt auch der **Basar Khan el Khalili.** 1382 gründete ihn der mamelukische Prinz Jaherkas el Khalili auf einem ehemaligen Friedhofsgelände. Händler aus Vorderasien, Arabien und Persien, China und Indien schlugen ihre feinen und luxuriösen Waren um, Safran ebenso wie Edelsteine. Ursprünglich bestand der Markt nur aus einem riesigen Lagerhaus (arabisch: *khan*). In den Hochzeiten hatten sich hier über 12 000 Händler niedergelassen. Heute wird dort von Anis bis zur Wasserpumpe alles verkauft. Durch die **Muski St.** erkundet man den Basar, stöbert in Innenhöfen und folgt Gassen.

Mit empfindlichen Magen isst man besser nicht bei einem der Straßenhändler, sonder fragt sich zum **Khan el Khalili Restaurant** (Tel. 02 23 04 85 67) durch. Mitten im Basar erwartet einen dort hervorragende arabische Küche, abends klassissch-ägyptische Musik. Ein Muss ist zum Abschluss das berühmteste und älteste **Café Fishawi** im Durchgang beim Hussein Hotel am Midan Hussein. Dort raucht fast jeder in orientalischem Ambiente eine Shisha, eine Wasserpfeife (zu empfehlen ist Apfelgeschmack), und trinkt dazu Tee mit frischer Minze. Mit dem Taxi fährt man zurück ins Hotel.

2. Tag: Pyramiden von Giza

Es geht früh los zu den Pyramiden von Giza, Fahrzeit mit dem Taxi ist ca. 30 Minuten, tagsüber eine Stunde. Giza, einst als Vorort durch viel Grün von der Metropole getrennt, ist längst mit Kairo verwachsen. Am besten ist man schon kurz nach 7.30 Uhr vor Ort. Oberhalb des berühmten **Mena House Hotels** liegt der Zugang zum Plateau, davor befindet sich das Tickethäuschen (8–ca. 17/18 Uhr, 50 LE; Cheops-Pyramide von innen 150 LE, Besucherzahl reglementiert). Hier kann man auch einen Führer anheuern.

Die **Cheops-Pyramide** ist der größte Steinbau der Welt. Dahinter schließen sich die jüngere **Chephren-Pyramide** und die **Mykerinos-Pyramide** an. Die drei Bauten (Kalk- und Granitstein) entstanden während der 4. Dynastie (Altes Reich) und tragen die Namen der Pharaonen, die sie für ihre Reise in das ewige Reich des Osiris erbauen ließen. Die Maße der Cheops-Pyramide sind überwältigend: 227,5 m quadratische Basislänge, ursprünglich 146,6 m hoch (heute 137 m), 2,3 Mio. Steinblöcke, Volumen 2,34 Mio. m^3.

Die Pyramiden (es gibt 118 in Ägypten) stellten im Glauben weit mehr dar als nur das Grab für einen toten Pharao. An der Grenze zwischen Wüste und fruchtbarem Land baute man den Ort, von dem aus der tote Gottkönig aus dem Jenseits für das Überleben seines Volkes und des Reiches sorgen sollte. Dafür war keine Mühe zu groß, und tatsächlich wurde schier Übermenschliches in jahrzehntelanger Bauzeit geleistet. Einzelne Steine wiegen nach Berechnungen 200 t.

Pharao Cheops ließ den Bau um 2560 v. Chr. errichten, in der trügerischen Hoffnung, in 38 m Tiefe würde er sicher vor Grabräubern seine Jenseitsreise antreten können. Balkenkonstruktionen, die nach der Beisetzung zum Einsturz gebracht wurden und lawinenartig Füllsteine zur Schließung der Zugänge niederdonnern ließen, schlossen die Pyramide nahtlos und hermetisch ab.

Den gewaltigen Eindruck, den die Pyramiden nach außen vermitteln, erreichen sie im Inneren nicht. Durch einen niedrigen, 1,20 m hohen und später steilen Schacht (der bei empfindlichen Besuchern Platzangst auslöst!) steigt man anfangs gebückt über die Königsgalerie hoch in die Grabkammer, wo nur noch das steht, was die Räuber übrig ließen: ein leerer Sarkophag.

Einen halben Meter niedriger als die Pyramide des Cheops ist heute die 136,5 m hohe Chephren-Pyramide. Sie wirkt aber größer, da der König sie auf höherem Niveau erbauen ließ. Im Grundriss und in der Ausführung entspricht sie weitgehend der Cheops-Pyramide. Die kleinste Pyramide von Giza ist mit 62 m die Mykerinos-Pyramide. Die Engländer versuchten im 19. Jahrhundert den hier stehenden Sarkophag nach England zu bringen, allerdings sank das Schiff vor der spanischen Küste.

Man geht ins Tal zum **Sphinx,** 20 m hoch, 73 m lang, ein Gesicht von über 4 m Breite, Bart und Nase abgeschlagen. Abu Hol, ›Vater des Schweigens‹ heißt der Sphinx auf Arabisch. Als Wächter hütet er den Eingang ins Reich der Toten. Die größte Gefahr droht dem Sphinx heute durch steigendes Grundwasser mit den darin gelösten Bodensalzen.

Neben dem Sphinx liegt der **Chephren-Taltempel,** wo einst die Totenzeremonie stattfand. Nach den rituellen Salbungen und Räucheropfern bewegte sich von hier aus der Zug mit dem mumifizierten Leichnam hinauf zur Pyramide. Decke und Granitmantel des Tempels fehlen heute; in der Vorhalle, einem großzügig angelegten Pfeilersaal aus Granit und Alabaster, standen ursprünglich 23 Figuren Chephrens.

Von hier verlässt man das Pyramiden-Areal für eine ausgedehnte Siesta im Hotel.

Zitadelle und Islamisches Museum
Danach fahren Sie per Taxi erst einmal zur **Zitadelle,** 1176 von dem großen Feldherrn Saladin in Auftrag gegeben. Zur Zitadelle gehört die wundervolle **Mohammed Ali-Moschee** (Alabastermoschee). Dieser islamische Sakralbau, einer der schönsten Ägyptens, ist mit seiner riesigen Kuppel und den beiden Minaretten (80 m hoch) das Wahrzeichen der Stadt. Der mit Alabaster großzügig dekorierte Innenraum gab der Moschee den volkstümlichen Zweitnamen. Das Vorbild der Architekten war türkisches Rokoko. Zu Gebetszeiten ist die Moschee Touristen nicht zugänglich.

Nächste Station mit dem Taxi ist für einen kurzen Besuch das **Islamische Museum** (Midan Ahmed Maher/Sh. Bur Said, Tel. 02 33 90 15 20). Es soll nach aufwendiger Renovierung im Laufe des Jahres 2012 wieder eröffnet werden. Die Sammlung mit 62 000 Stücken (Leuchter, Tischdecken, Brunnen, Mihrabs, Fayencen, Keramik- und Tonwaren, Holz- und Metallarbeiten, Fliesen, Fresken, Schmuck, Porzellan, Teppiche) vereint Meisterwerke islamischer Kunst aus verschiedenen Epochen und Regionen. Die Sammlung wird ständig erweitert und bietet einen kompletten Überblick über die Kunst seit der Islamisierung. Besonders schön sind in Saal 6 die Holzeinlegearbeiten mit Perlen und Blumenornamenten (14. Jh.).

Nightlife oder Sound & Light
Rückfahrt mit dem Taxi ins Marriott-Hotel, man nimmt ein Getränk im Gartencafé. Abends lockt Kairos Nightlife. Beliebt sind die Nilschiffe, die vor dem

Marriott am Nil vertaut sind. Ab ca. 22/23 Uhr geht es dort rund. Man geht zu Fuß zum **La Bodega/Aperitivo** (157, Sh. 26th July, Tel. 02 27 35 67 61), einem stilvollen Bistro mit zwei eleganten Bars. Die Bodega ist ein beliebter Treffpunkt der Kairoer Szene. Schön ist auch das **Blue Nile** (es liegt südlich des Marriott an der Brücke 6th of October). Von Mittag bis weit nach Mitternacht speist man hier mit Blick auf Nil und Stadt.

Alternativ bietet es sich an, nochmals zu den Pyramiden hinauszufahren – für einen **Abendritt nach Sakkara und zurück** mit einem Pferd aus den FB Stables (Mobil 016 507 02 88, www.fbstables.com). Dem Ausritt folgt ein Besuch der **Sound & Light-Show** an Pyramiden und Sphinx, die in wechselnd farbigem Licht angestrahlt werden. Dazu hört man Geschichte(n) und Anekdoten aus dem alten Ägypten, ein Hörspiel unter freiem Himmel, jeden Abend mehrmals (deutsche Version So und Mi, Tel. 02 33 85 28 80, www.soundandlight.com.eg, 100 LE).

3. Tag: Pharaonic Village

Vor dem Hotel-Checkout und dem Rückflug unternimmt man am Morgen, spannend auch für Kinder, eine Bootsrundfahrt in **Dr. Ragab's Pharaonic Village** (Jacub Island, Giza, Tel. 02 35 72 25 33, www.pharaonicvillage.com, tgl. 9–18, im Sommer 9–21 Uhr, Eintritt 85 LE). Das pharaonische Disneyland stellt das alte Ägypten mit leibhaftigen Pharaonendarstellern nach. Als Replik enstand hier auch das Grab Tutanchamuns, originalgetreu, wie es Entdecker Howard Carter 1922 vorgefunden hatte.

Für die Taxifahrt vom Hotel zum Flughafen planen Sie je nach Tageszeit 30–90 Minuten ein.

Sphinx und Pyramiden von Giza haben bis heute nichts von ihrer Großartigkeit eingebüßt

Sinai – Süden und Ostküste

150 US-$). Anbieter sind u. a.: **Avis**, Morgana Center, Tel. 069 360 24 00; **Sixt**, Hilton Fayrouz, Tel. 069 360 01 36.

Nationalpark Ras Mohammed! ▶F/G 9

www.rasmohamed.com, tgl. 8–17 Uhr, 30 LE

Wer sich im Urlaub nur mühsam vom Pool wegbewegt, der sollte dies wenigstens ein einziges Mal tun – um an der Südspitze der Insel – etwa 20 km von Sharm entfernt – den fantastischen Nationalpark Ras Mohammed zu besichtigen: Wegen seines reichen Unterwasserlebens zählt Ras Mohammed zu den großen Meeresparks der Erde und ist schon deshalb ein Muss für jeden Sinaibesucher, egal ob Taucher, Schnorchler oder einfach Naturfreund. Die nur etwas über 3 km lange Halbinsel (insgesamt 400 km^2) wurde als Tag der Umwelt, am 5. Juni 1983, als Kernstück des Ras Mohammed Marine National Park Project eröffnet, das die EU regelmäßig mit Mitteln fördert.

Ras Mohammed ist ein teils von Geröll überschüttetes Riff, das von vulkanischen Kräften über die Wasseroberfläche hinausgehoben wurde, sodass die Ränder oft fast senkrecht bis zu 65 m abfallen.

Vom höchsten Punkt der Halbinsel (65 m über dem Meeresspiegel) bietet das Shark Observatory mit drei Terrassen Aussicht auf die Bucht und das Meer, in dem Taucher das quirlige Unterwasserleben aus näherer Nähe erleben können als irgendwo sonst. Barrakudas, Trompetenfische, Napoleonfische und sogar kleine Haie und Delfine kann man hier sehen.

In den Gewässern rund um das Ras existieren rund 150 Korallenarten (im Alter zwischen 75 000 und 20 Mio. Jahren) und Tausende Fischarten, die vom Aussterben bedroht sind. Die Suezschiffahrt und die Taucher belasten das Ökosystem erheblich, Tanker verklappen Öl und entledigen sich des Mülls, Matrosen der Taucherschiffe warfen lange Zeit Anker, die jedes Mal ein Stück der Riffe zerstörten. Der Park versucht zu retten und zu erhalten, was noch erhalten werden kann. Parkaufsehern hat die Regierung die Vollmacht erteilt, Umweltsünder notfalls zu verhaften.

Neben der Rifferhaltung dient der Naturschutzpark Meeresbiologen zur Forschung. Im Informationszentrum an der Zufahrtsstraße des Parks werden Filme vorgeführt und Diavorträge gehalten, die sich mit dem zerstöreri-

Von Sharm el Sheikh nach Dahab

Ras Mohammed besitzt neben seinen Unterwasserschätzen auch einen weißen Strand

schen Umweltproblem befassen. An Wochenenden ist es sehr voll, Besuche empfehlen sich daher von montags bis donnerstags. Entweder per Taxi oder als Tagestour von Sharm aus.

Von Sharm el Sheikh nach Dahab ▶ G 8/9

Zwei Wege führen von Sharm Richtung Dahab. Die gut ausgebaute Hauptroute führt am Flughafen zunächst Richtung Westen auf die Wüste zu. Ein Allradantrieb ist nötig, wenn man an der Abzweigung zur Piste entlang der Küste mit ihren feinen Sandstränden und Palmen für einen Abstecher in den Nationalpark Wadi Nabq fährt. Dort erwartet den Besucher der größte Mangrovenwald des Sinai.

Nabq Bay ▶ G 9

Knapp 30 km nördlich von Sharm el Sheikh, an der Piste Richtung Nationalpark gelegen, ist an der Nabq Bay ein neues Touristenzentrum entstanden. Hilton und SAS Radisson sowie ein Laguna Vista residieren hier neben anderen. Der große Vorteil dieser Bucht: Anders als in Sharms Naama Bay, wo die Luft gerne knüppeldick steht, kühlt hier regelmäßiger Wind auf höchst angenehme Weise. Einige der vor der Küste liegenden Schiffswracks be-

Sinai – Süden und Ostküste

zeichnen Umweltschützer als ökologische Zeitbomben, weil ihre phosphathaltige Fracht (etwa aus Jordanien) seit Jahren nicht geborgen wird.

Übernachten

Lebhaft – **Magic Life Shamr el Sheikh Imperial:** Nabq Bay, Tel. 069 371 00 50, Fax 069 371 00 55, www.magiclife.com, DZ ab 140 €. Buchung nur wochenweise über große Veranstalter möglich. Von den Clubs dieser Kette ist dies einer der besseren und bei den Magic-Life-Gästen auch einer der beliebtesten. Die Animateure des All-inclusive-Clubs sind freundlich, nicht aufdringlich. Das Sportangebot ist hervorragend. Leidig nur: Das Management tut nichts gegen Gäste, die schon morgens um 7 Uhr oder früher per Handtuch die knappen Liegen am Pool blockieren. Ein Steg bringt Schnorchler, Taucher, Schwimmer über die Kante des Hausriffs sicher ins Meer; vom Strand aus kann man nicht ins Meer. Die Tauchbasis ist zu empfehlen. Zum Entertainment gehören Shows, Disco, Poolpartys.

Kinderfreundlich – **Royal Albatro Moderna:** Nabq Bay, Tel. 069 371 04 07, www.pickalabatros.com, DZ ab 130 US-$. Großes modernes Aktiv- und Familienhotel (all-inclusive) mit Haupthaus und Nebengebäuden und hoteleigenem Sandstrand in 5 bis 10 Min. Gehentfernung, je nach Lage des Zimmers (zum Schwimmen Badeschuhe nötig); ins Meer führt über die Riffkante ein Steg.

Infos

Nabq Bay ist nur per **Taxi** oder **Leihwagen** zu erreichen. Entsprechende Anbieter findet man in den Hotellobbys.

Hotels bieten Shuttle-Busse nach Naama Bay an und organisieren auch Mietwagen (s. Sharm S. 185).

Nationalpark Wadi Nabq ▶ G 8/9

Tgl. 8–17 Uhr, 40 LE
Im Jahr 1992 wurde das wunderschöne, 600 km² große Areal an der Küste nördlich von Nabq Bay zum Nationalpark Wadi Nabq erklärt. Man erreicht den Park mit dem Auto (gute Ausschilderung an der Strecke Sharm–Dahab). In Sharm und Dahab bieten Veranstalter (Infos in den Hotels) Tagestouren für Wanderungen an, Dive Center eintägige Tauchausflüge. Auch Schnorcheln ist möglich. Der Mangrovenwald des Parks erstreckt sich über 4 km entlang der Küste.

Mangroven zählen zur amphibischen Vegetation und finden sich nur im flachen Strandbereich tropischer Küsten. Stelzwurzeln bilden im und über dem Wasser ein hohes und dichtes Geflecht. Die Wurzeln filtern Salzwasser und scheiden das Salz über die Blätter aus. Überdies festigt das Wurzelgeflecht den Küstenboden und wirkt der Erosion entgegen. Die Mangroven von Nabq sind der nördlichste vorkommende Bestand dieser Art im Raum des Roten Meeres und des Indischen Ozeans. Nabq ist Lebensraum für viele Tierarten, u. a. Störche, Reiher, Wüstenfüchse, Gazellen und Hyänen.

Wadi Mandar ▶ F/G 8

Auf der anfangs nach Westen verlaufenden Hauptroute Richtung Dahab sieht man 20 km nach dem Checkpoint der ägyptischen Armee linker Hand ein großes weißes Gebäude, eine Beduinenschule. In der Nähe warten Beduinen auf Touristen, die einen Kurzausflug ins Wadi Mandar (guter Einblick in Schönheit und Weite des Sinai) unternehmen wollen. Zwei bis drei Stunden dauert der Trip, entweder auf dem Kamel oder im Jeep.

Wadi Kid ▶ F 8

Nach weiteren 21 km auf der Hauptstraße liegt westlich das Wadi Kid mit der Oase Ain Kid, erreichbar über eine gut gespurte Piste entlang eines immer schmaler werdenden Canyons. Ein einfacher Pfad führt von der Oase hoch in die bizarr geformten Berge. Hier ist es ruhig und einsam, allenfalls hört man Vögel zwitschern.

Zurück auf der Hauptstraße führt die Fahrt durch bis zu 1800 m hohes Gebirge über den Sharira Pass, den höchsten Punkt, den die Straße erreicht. Ein kleiner Granitobelisk erinnert an einen israelischen Major, den im Oktoberkrieg 1973 eine Mine zerfetzte.

Wadi Connection und Wadi Qnai ▶ G 8

»Wadi Connection – Rest Valley Mountain – 5 km« steht auf einem Schild kurz vor Dahab. Für die abenteuerliche, nur mit dem Jeep durchführbare Tour zum **Wadi Connection** braucht man einen ganzen Tag oder besser zwei halbe Tage mit Übernachtung in der Wüste. Ungewöhnlich ist, dass man aus dem Nirgendwo plötzlich auf ein einfaches Beduinenrestaurant stößt.

Nach 4 km führt der Weg nach links ins weitere 3 km entfernte **Wadi Qnai el Atshan,** sich rechts haltend erreicht man die Ebene mit den Hütten des Restaurants. Den Weg Richtung **Wadi Umm Misma** (einige Quellen, grüne

Landschaft mit Palmen und Büschen) lässt man sich von Beduinen zeigen, weil von hier mehrere Pisten abgehen. Wegen der wunderschönen Landschaft empfiehlt es sich, die Weiterreise nach Dahab von hier anzutreten.

Eine weitere, sehr schöne Oase ist für einen mindestens halbtägigen Ausflug (Wandern, Kamel oder Jeep) das kleine und – weil wasserreich – auch sehr grüne **Wadi Qnai** (Wadi Gnai), 7 km südlich von Dahab (über eine Piste zu erreichen). Es ist beliebt bei Wanderern, aber ebenso bei erfahrenen Kletterern. Beduinen bieten Tee und Snacks an; man kann in der Schlucht übernachten.

Die USA und die EU finanzieren in dieser Region eine Reihe von Naturschutzprojekten, um die – einst geplante und offiziell bis heute nicht verworfene – küstenabdeckende Bebauung zu verzögern oder ganz zu verhindern.

Dahab ▶ G 8

Dahab heißt übersetzt Gold, nach der Farbe des Strands bei bestimmtem Licht. Berühmt ist der Ort für dreierlei: bei Tauchern für das legendäre **Blue Hole** (s. S. 48), bei Surfern für seine windreichen Reviere und bei Reisenden mit kleinerer Reisekasse aus aller Welt für das freakige Leben, das dem Ort den Ruf einer kleinen Hippiekolonie, einer Aussteigerenklave eingebracht hat.

Dahab besteht aus mehreren Abschnitten: In **Dahab-City** befinden sich Busstation, Verwaltungs- und Wohngebäude (nicht sehr interessant); **Assalah** wiederum ist u. a. Wohnsitz der Beduinen, hier gibt es kleine Geschäfte und ein paar Restaurants. **Mashraba** und **Masbat** bilden den Teil Dahabs, wo sich das touristische Leben abspielt.

Sinai – Süden und Ostküste

Entlang der neu gestalteten Uferpromenade reihen sich Restaurants, Minisupermärkte, Souvenirläden, Camps, Hotels, Internetcafés sowie Tauchschulen. Weiter südlich liegen die schönen Strände, auch die wenigen Luxushotels wie Hilton und Novotel Coralia.

Freaks und Beduinen

Dahab – das ist vor allem die traumhafte **Assalah Bay,** mit ihren Palmen eine der schönsten Buchten des Sinai, um die herum sich gut drei Dutzend Kaffeehäuser, Billigrestaurants und einige wenige Discos drängen. Auf Luxus legt man hier keinen so großen Wert. Straßenmaler bieten an der Promenade ihre Werke feil: Pferde oder Delfine in knallig-grellen Farben. Andere Händler verkaufen Fläschchen mit Motiven aus buntem Sand. In den Schnellküchen Little Buddha und Nirvana essen Hungrige ihre Snacks. Am Strand reiten Beduinen mit ihren Kamelen oder Pferden, im seichten Wasser ziehen Touristen in Tretbooten ihre Runden. In Tota's Bar, in Form eines Schiffs mit zwei Decks, trinkt man als Sundowner Bier und blickt weit über die Bucht.

Aufdringlich sind an der Promenade nur die Schlepper von Al Capone, Aladdin und den anderen Restaurants, die einen unbedingt in ihr besonders exquisites Strandrestaurant holen möchten. Viele in Dahab wünschen, dass diese Lokale möglichst bald abgerissen und durch neue Restaurants ersetzt werden, die modernen hygienischen Standards entsprechen und auch eigene Toiletten haben.

Dahab ist also ein internationaler ›Hangout‹, ein Platz, wo man entspannten Urlaub macht. Die Zeiten aber, da man hier, sich in Beduinenkissen räkelnd, seinen Joint rauchte, sind vorbei. Diese Art von Publikum hat sich eher nach Norden, in die Camps um Nuweiba zurückgezogen, während Dahab heute das Refugium derjenigen Urlauber ist, die das laute, das grelle Sharm el Sheikh nicht ertragen wollen.

Geblieben ist: In vielen Restaurants Dahabs, wie etwa vor dem Pigeon Village, macht man es sich auf handgeknüpften Flickenteppichen und Kissen gemütlich, raucht eine Wasserpfeife, schmökert, tut nichts, spielt Backgammon. Die Dauerurlaubshits, die aus zahlreichen Lautsprechern dringen, sind seit Jahren die gleichen, Reggaeklassiker von Bob Marley und Rastafreunden, Neil Young, The Beatles. Dahab ist das blanke Grauen für jeden, der den klassischen Katalogurlaubsort sucht, das Paradies aber für alle, die gleichgesinnte Relaxurlauber aus aller Welt kennenlernen wollen.

Lifestyle beduinisch

In den vergangenen Jahren hat sich Dahab unter den Alternativurlaubern ebenso verändert wie viele Reiseziele unter dem Zustrom von Pauschaltouristen: Beide Gruppen zelebrieren ihren Lebensstil, ihre westliche Kultur. In den Anfängen des Dahab-Tourismus campten die wenigen Urlauber in Zelten, gingen mit den Beduinen auf Kamelsafari, und die Gäste genossen das ruhige, naturnahe Leben der Beduinen. Doch im Umgang mit den Touristen haben die Beduinen in Dahab unübersehbar ihre Lebensart gegen eine westlich geprägte eingetauscht, und sie haben entdeckt, dass an Touristen viel Geld zu verdienen ist – nicht nur als Führer durch die Wüste oder als Besitzer eines Kaffeehauses, sondern auch mit Haschisch. Das ist in Ägypten zwar wie alle Drogen verboten, aber auf dem Sinai, dessen verschlungene Pfade

Dahab

Übernachten

1. Le Meridien Resort
2. Coralia Club Dahab
3. Swiss Inn Golden Beach
4. Ganet Sinai Hotel
5. Nesima
6. Christina Beach Palace
7. Ali Baba Hotel
8. Bamboo House Hotel
9. Mercure Dahab Bay View

Essen & Trinken

1. Vie
2. Nesima
3. Lakhbatita
4. Neptune
5. Carm Inn
6. Jay's Restaurant
7. Shark's Restaurant

Aktiv & Kreativ

1. Masbat Bay
2. Ras Abu Galum
3. Inmo Divers Home
4. Blue Beach Club
5. Dahab Safari

Abends & Nachts

1. Tree
2. Nesima Bar
3. Rush
4. Blue Beach Bar

und versteckte Täler und Hochebenen niemand so gut kennt wie die Beduinen selbst, kämpft die Drogenabwehr eine verlorene Schlacht: Wird irgendwo bei einer Razzia ein Hanffeld niedergebrannt, blühen anderswo zwei neue auf. Zu viele verdienen an dem Geschäft mit. Aber wie gesagt, der Hauptabsatzmarkt ist heute nicht mehr Dahab.

Bleiben wird über die Zeiten wohl das Schild, das die Ortsverwaltung am Strand aufstellen ließ: »Topless forbidden«. In der Missachtung der islamischen Lebensgebote sind sich Pauschal- und Individualurlauber gelegentlich am ähnlichsten.

Übernachten

Bis auf wenige luxuriöse Hotels sind Dahabs Unterkünfte einfach und preisgünstig. Etliche Camps bieten einfache Matratzenlager. Es gibt dort schlichte Zimmer oder Bambushütten, Gemein-

Sinai – Süden und Ostküste

Entspannt – Sonnenbadende am Strand in Dahab

schaftssanitäranlagen und meist auch eine Gemeinschaftsküche. Im Beduinendorf **Assalah** gibt es jede Menge Platz für **Camper;** wer Sorge um Hab und Gut hat, sollte eine abschließbare Hütte mieten.

Luxuriös – **Le Meridien Resort** 1: Tel. 069 364 04 25, Fax 069 364 04 28, www.starwoodhotels.com, DZ ab 130 €. Im Süden Dahabs auf einer Anhöhe, moderne Zimmer, gute Restaurants.

Solala – **Coralia Club Dahab** 2: Hotel Strip südlich von Dahab, Tel. 069 364 03 01, Fax 069 364 03 05, www.accorhotels.com, DZ ab 70 US-$. Eigentlich gutes Hotel, nette, aber etwas ältere Zimmer (Zimmer im neuen Anbau zu empfehlen), Tauchschule. Gäste beschweren sich häufig, dass an Service und Personal gespart wird. Toll ist der Strand: Traumhafte 650 m lang; man hat Platz ohne Ende.

Familienfreundlich – **Swiss Inn Golden Beach** 3: Hotel Strip südlich von Dahab, Tel. 069 364 04 71, Fax 069 364 04 70, www.swissinn.net, DZ ab 90 €. Beliebte Unterkunft in schöner Bucht. Der Sandstrand ist wunderbar weit, das Surfcenter sehr gut. Der Umgang im Hotel ist familiär. Die Zimmer sind angenehm heimelig möbliert, nicht zu überladen, nicht zu kühl. Einfach gut, dieses Hotel.

Freundlich – **Ganet Sinai Hotel** 4: Hotel Strip südlich von Dahab, Tel. 069 364 04 40, Fax 069 364 04 41, DZ ab 60 US-$. Hotel mit geräumigen Zimmern, schönem Strand und Surfcenter.

Gemütlich – **Nesima** 5: Mashraba, Tel. 069 364 03 20, Fax 069 364 03 21, DZ ab 50 €, www.nesima-resort.com, s. S. 199.

Wunderbar – **Christina Beach Palace** 6: Tel 069 364 03 90, www.christinahotels.com, DZ ab 36 €. Genau genommen handelt es sich um zwei Hotels, die ein schweizerisch-ägyptisches Paar als Beach Resort und Residence betreibt. Beide Hotels sind verständlicherweise sehr beliebt. Die Zimmer sind mit viel Liebe und arabischem Touch eingerichtet.

Gemütlich – **Ali Baba Hotel** **7**: Assalah, Tel. 069 364 05 04, Fax 069 364 08 49, www.alibabahotel.net, DZ ab 140 LE. Gemütliches, neues Hotel, geräumige Zimmer. Zum Hotel gehört ein Internet-Café; erstaunlich ist das umfassende Viagra-Sortiment der Apotheke.

Ruhig – **Bamboo House Hotel** **8**: Masbat, Tel. 069 364 02 63, Fax 069 364 04 66, www.alibabahotel.net, DZ ab 130 LE. Hübsches, kleines Hotel mit asiatischem Flair, sieben Zimmer, Dachterrasse, ruhig. Gut zum Abschalten und Entspannen.

Traumlage – **Mercure Dahab Bay View** **9**: Qunai Valley, Tel. 069 364 25 80, Fax 069 36 42 57, www.mercure.com, DZ ab 70 €. Dieses Hotel hat Flair, es liegt zwar weitab vom Schuss, dafür aber in einer traumhaften Bucht, die Berge als Kulisse, sehr stimmungsvoll.

Essen & Trinken

An der Touristenbucht reiht sich Café an Café, Restaurant an Restaurant; angeboten werden meist einfache, billige Gerichte. Bier gibt es fast überall. Gewarnt sei vor ägyptischem Schnaps – so viel Aspirin kann keiner schlucken, wie man gegen diesen Kater bräuchte! Besonders empfehlenswert sind (wenn nicht anders angegeben tgl. 12–24 Uhr):

Asiatisch – **Vie** **1**: Le Meridien Hotel Dahab, Tel. 069 364 04 25. Ab 120 LE. Fusion, dem Zauber- und Modewort zeitgenössischer Küche, huldigt der Koch im Vie – eine gelungene Vermengung europäischer und asiatischer Kochkunst. Tgl. 18.30–22 Uhr.

Originell – **Café Lakhbatita** **3**: s. Lieblingsort S. 200.

Mein Tipp

Glücksfall

Für Dahab ist das Nesima Glücks- und Ausnahmefall. Die Zimmer im orientalischen Kuppelstil sind liebevoll möbliert. Die Lage ganz nahe an der Bucht ist hervorragend und erstaunlich ruhig. Den kleinen Pool trennt lediglich die Strandpromenade vom Meer. Was das Nesima darüber hinaus auszeichnet, ist sein exzellentes Restaurant. Man isst auf der Terrasse oder drinnen mit Blick aufs Meer wirklich hervorragenden Fisch. Zubereitet wird gern auch nach Wunsch des Gastes. Immer nach dem *catch of the day* fragen! **Nesima – Hotel & Restaurant** **2**, Mashraba, Tel. 069 364 03 20, Fax 069 364 03 21, www.nesima-resort. com, DZ ab 66 €, Hauptgericht ab 75 LE.

Kein Nepp – **Neptune** **4**: Masbat, Tel. 069 364 02 62, tgl. 12–15, 17–24 Uhr. Hauptgericht ab 35 LE. Dahabs einziges und sogar ganz gutes chinesisches Restaurant. Nicht irritieren lassen: Die beiden manchmal als Samurai Verkleideten am Eingang sind nur die Kellner.

Günstig – **Carm Inn** **5**: Masbat, Tel. 069 364 13 00. Hauptgericht ab 30 LE. Einer der besseren Köche Dahabs serviert hier internationale Gerichte, darunter ägyptische Küche.

Angesagt – **Jay's Restaurant** **6**: Masbat, Mobil 012 335 33 77. Hauptgericht ab 20 LE. Wöchentlich wechselnde Karte mit ägyptischen, europäischen, auch asiatischen Speisen, Szenetreff.

Prima – **Shark's Restaurant** **7**: Masbat, Mobil 010 561 00 23. Hauptgericht ab 20 LE. Nur Abendessen im Liegen, reichhaltige Karte, auch vegetarische Gerichte, kein Alkohol.

Lieblingsort

Originelles Sammelsurium 3

Besitzer Ramez war ein ortsbekannter Freund schöner Frauen und harter Getränke. Dann, so erzählt er, hörte er die Stimme Gottes, die ihn auf den rechten Weg führte. Ramez gab das Hallodri-Leben auf, sammelte quer durch Ägypten Antiquitäten und möblierte mit dem Durcheinander (arabisch: *lakhbatita*) sein (selbstredend alkoholfreies) Restaurant **Café Lakhbatita**. Von der Decke hängen Zwiebeln und Knoblauch gleich kiloweise. Darüber hinaus hat Ramez' italienische Frau Paola die Regale mit Einmachgläsern gefüllt. Jenseits der Promenade isst man mit Meerblick; besonders gut: Pizza mit Shrimps, Garnelen in Öl und Knoblauch (**Café Lakhbatita:** Mashraba, Tel. 012 828 46 12, tgl. 11–24 Uhr, Hauptgericht ab 40 LE).

Sinai – Süden und Ostküste

Aktiv & Kreativ

Surfen – Die **Masbat Bay** [1] ist wegen des schwierigen Einstiegs nur für Könner geeignet. Entlang der Küste ist bei Flut 50–70 cm Wasser auf dem Riffdach; dort kann man gut starten. Weite Sandstrände fehlen hier allerdings; zum Kiten eignet sich **Ras Abu Galum** [2].

Tauchen – Israelische Besatzer machten den Tauchsport in dieser Region populär. Von der Hardcore-Destination für Einzelgänger hat sich Dahab inzwischen zum professionellen Tauchreiseziel entwickelt. In der Umgebung gibt es an die 40 Tauchbasen. Das kilometerlange Saumriff entlang der Küste vor Dahab bietet mit seinen 30 Tauchplätzen Tauchern aller Erfahrungsstufen entsprechende, interessante Ziele (s. hierzu auch S. 47). Erfahrenstes Tauchzentrum (mit Hotel) ist das **Inmo Divers Home** [3], Tel. 069 364 03 70, Fax 069 364 03 72, www.inmodivers.de; Open-Water-Kurs (2010) 280 €; weitere Preise auf der Homepage.

Reiten – Der **Blue Beach Club** [4], Assalah, Tel. 069 364 04 13, besitzt einen Reitstall mit einem halben Dutzend Pferden.

Glasbodenboote – **Franco:** Hotels Coralia, Hilton, Iberotel, Mobil 016 587 13 54. Vom Schiff aus Korallen und Fische bestaunen; man bucht am Strand bei den Booten.

Wüstentouren – **Dahab Safari** [5]: Masbat, Mobil 018 216 29 89. Coloured Canyon 200 LE/Person, Dünenexkursion 300, Jeep-/ Kamelsafari 1 Tag 320 LE. Einer der örtlichen Veranstalter, mit dem man, per Jeep oder Kamel, wunderbare Ausflüge in Berge und Wüsten des Sinai unternehmen kann.

Dance und Kinderballett – **Regula Mahler Bashir**: Termine und Kontakt: Mobil 010 188 50 99, regula@oeff oeff.ch.Die in Dahab lebende Tanzpädagogin aus der Schweiz bietet – natürlich auch für Urlauber – Fitnesskurse an. Tänzerisch trainiert man für wenige Dollar pro Stunde Kondition, Koordination, schult den Rücken, kräftigt Beine, Bauch, Po und erarbeitet Schrittkombinationen zu fetziger Musik. Das Kinderballett eignet sich für Kleine ab 5 Jahren.

Yoga – **Jana Czipin**: Mobil 010 390 90 87. Aus den Zeiten, als die Aussteigerszene Dahab bevölkerte, erhielt sich das Angebot für Yoga. Jana Czipin bietet **Ashtanga Yoga** an, eine dynamisch-kraftvolle Yogaform aus Mysore/Südindien, für jeden geeignet, der bewegungsfreudiges, körperorientiertes Yoga mit meditativen Aspekten betreiben möchte. **Sara Campbell:** Mobil 012 744 56 46. Sara Campbell bietet **Kundalini-Yoga** an, bei dem man körpereigene Energien zu stimulieren und diese gezielt einzusetzen versucht, um Stress abzubauen.

Abends & Nachts

Wegen des ausgelassenen Nachtlebens kommt bestimmt niemand nach Dahab – ein bisschen was geht aber auch hier:

Tanzbar – **Tree** [1]: Masbat, Promenade, Mobil 010 244 47 81, tgl. ab 21 Uhr. Hier gibt's das teuerste Bier außerhalb des Hotels; der Laden ist vor allem dienstags voll, die Stimmung ausgelassen.

Luftig – **Nesima Bar:** [2] Nesima Hotel & Restaurant, Mashraba, Tel. 069 364 03 20, Fax 069 364 03 21, www.nesima resort.com. Drinks ab 12 LE. Freitags ist auf der Dachterrasse oft Party.

Rammelvoll – **Rush** [3]: Assalah, tgl. ab 21 Uhr. Die Pool-Bar ist vor allem freitags voll, glänzt gelegentlich mit Modenschauen zur Bodyschau.

Nett – Blue Beach Bar 4: Blue Beach Club, Assalah, Tel. 069 364 04 13, tgl. ab 17 Uhr. Nette Musikbar, lockeres Ambiente.

Infos

Internet/Notfall

Dahab hat und braucht keine Tourist Information – es gibt die Website **www.dahab.net,** betrieben von der Deutschen Julia Lippold, ein sehr gepflegtes Portal mit vielen aktuellen Infos zu allem, was Dahab-Touristen interessiert. Als besonderen Service gibt es einen Newsletter und direkte Buchungsmöglichkeiten für Unterkünfte und vieles mehr.
Tourist Police: Tel. 069 364 01 88.

Verkehr

Busse: Tgl. mehrmals nach Sharm el Sheikh, zum Katharinenkloster, nach Nuweiba, Taba und Kairo. Die Abfahrtszeiten erfragt man in den Hotels. Abfahrt ist an der Hauptstation, außerhalb von Dahab City im Südwesten der Stadt.
Sammeltaxis: Mehrmals tgl. nach Sharm el Sheikh, Dahab, Taba und Richtung Kairo/Nildelta.
Mietagen: Max Car, Hilton Hotel, Tel 069 364 03 10.

Von Dahab nach Nuweiba ▶ G 7/8

Eine Stunde fährt man auf der Hauptstraße mit dem Auto von Dahab Richtung Norden nach Nuweiba. Wer viel Zeit und einen Allradantrieb hat, kann die Strecke auch auf einer Piste entlang der Küste zurücklegen. Etwa 38 km nördlich von Dahab führt außerdem eine gut ausgebaute Straße

zum **Katharinenkloster** (s. S. 222) und von dort weiter an die Ostküste.

Nationalpark Ras Abu Galum ▶ G 7

An der Küste schöne Strände, im türkisfarbenen Meer einige unberührte Korallenriffe und an Land weitgehend unberührte, weil von Touristen wenig besuchte Wildnis – seit 1993 gehört das Gebiet um Ras Abu Galum zum **Naturschutzprogramm Sinai** (bitte Wege/Pisten nicht verlassen!). Es wird von den Rangern von Ras Mohammed bei Sharm el Sheikh betreut. Unter besonderem Schutz stehen hier aber nicht nur Flora und Fauna, sondern vor allem auch der Lebensraum für die Beduinen, die hier noch weitgehend unbehelligt vom Tourismus leben.

Nach ca. 28 km auf der Hauptroute (von Dahab aus gerechnet) geht es rechter Hand auf eine Piste, auf der man nach 6 km ein **Beduinendorf** erreicht, das sich durch Zisternen ausreichend Wasser gesichert hat und schon allein deshalb als wohlhabend gilt.

Gebel Sukhn ▶ G 7

Nahe dem 15 km entfernten Gebel Sukhn führt die schwierige Piste durch tiefe Schluchten, durch die unwirtlichsten und gleichzeitig faszinierendsten Berglandschaften des Sinai, die aber nur mit dem Jeep und unter Begleitung eines ortskundigen Führers zu erkunden ist. Zum Meer hin öffnet sich das Wadi mit einer langen Geröllzunge, über die man die an der Küste verlaufende Piste (Dahab–Nuweiba) erreicht: Richtung Süden erwartet einen nach 5 km eine kleine Bucht, an der man problemlos im Schlafsack oder im Zelt übernachten kann. Richtung

Sinai – Süden und Ostküste

Norden führt der Weg, der nach Regenfällen im Winter unbefahrbar sein kann, in Richtung Nuweiba.

Oase Ain Khudra ▶ G 7

Von der Straße Dahab-Nuweiba biegt man nördlich des Ras Abu Galum Nationalparks in eine Straße Richtung Katharinenkloster ab. Von der Abzweigung aus gerechnet, liegt nach etwa 15 km rechts ein Parkplatz, von dem aus man in die kleine malerische Oase Ain Khudra wandert, in der einige wenige Beduinen leben. Überwältigend ist das Farbenspiel des gelben und rötlichen Sandes und der sattgrünen Palmen, kontrastiert von schwarzen Basaltformationen. Nur mit Allradantrieb ist der Weg von Ain Khudra über das Wadi Saada nach Nuweiba befahrbar (oder umgekehrt); ein Führer ist empfehlenswert.

Zwischen Dahab und Nuweiba beginnt der sogenannte ›neue Sinaitourismus‹, wie ihn Tourismusminister und Investoren entworfen haben. Keine einzige Bucht ist hier ohne Bebauungsgenehmigung und/oder Bebauungsplan. Komfortable bis luxuriöse Hotels, so die langfristige Planung, sollen hier die Küste säumen und ganzjährig Touristen anlocken. Die vielen Hotelrohbauten sind unübersehbar.

Nuweiba ▶ G 6

Der Ort Nuweiba selbst ist zwar trostlos, aber seine Strände und Wassersportmöglichkeiten sind wunderschön. Geröll und Sand, beides von Regengüssen und den nachfolgenden Fluten durch mehrere Wadis aus den Bergen ins Tal und an die Küste gespült, formen die Ebene, auf der Nuweiba am Meer liegt.

Orientierung

Nuweiba ist eigentlich kein richtiger Ort, hat nicht einmal ein Zentrum. Das Leben ist hier weit davon entfernt zu pulsieren. Nuweiba besteht aus drei Ortsteilen: im Süden **Hafen** und Hilton Coral, 8 km nördlich davon die **City** mit dem kleinen Basar, Supermärkten, einigen Cafés und Restaurants. Im Norden folgen der Ortsteil **Tarabin** und die Strände der Hüttencamps, die sich über 50 km bis Taba Heights erstrecken.

Ein Geheimnis der Ortsplaner bleibt es, warum sie Nuweiba mit überbreiten Straßen durchzogen haben. Diese Teerbahnen unterstreichen die Atmosphäre der Leere und Verlassenheit. Auch der Suk erinnert eher an ein paar Garagen mit Gelegenheitsverkauf.

Dennoch: Zum Urlauben ist Nuweiba sehr erholsam. Das haben auch viele junge Leute entdeckt: Der alternative Dahab-Tourismus hat sich zuletzt in die zahlreichen Camps, Ecolodges und Hotels verlagert, die sich von Nuweiba aus Richtung Norden aneinanderreihen. Wer die Region von früher kennt, wird erschrecken, wie die einst wundervolle Küste südlich von Taba inzwischen verbaut, mit Rohbauten und Dauerhotelruinen zugepflastert und verplant ist.

Übernachten

Nuweibas Norden ist bis Taba Heights dicht bebaut. Die bei weitem nicht vollständige Liste umfasst von Süden nach Norden folgende Hotels, Clubs und Camps: Bawadi, Blue Wave, Freedom Camp, Riviera Beach, Ghazala Beach, Yasmaina Camp, Crazy Horse, Basata, Aqua Sun, Miami, Love Beach, Sallyland, Kamanana, Sonesta, Radisson, Taba Paradiso. Achtung: Zu jüdischen Feiertagen und Ferien kommen

Nuweiba

Übernachten
1. Sonesta Beach Resort Taba
2. Hilton Coral
3. La Sirène
4. Swisscare Nuweiba Resort
5. Sallyland Tourist Village
6. Bawaki Beach Hotel
7. El Waha Tourism Village
8. Habiba Camp
9. Basata Camp

Essen & Trinken
1. Han Kang
2. Cleopatra
3. Dr. Shishkebab
4. Mataamak

Aktiv & Kreativ
1. Tauchbasis im La Sirène Hotel
2. Kamelschule im Habiba Camp
3. Kamelsafaris im Maagana Camp

---

traditionell viele Reisende aus Israel auf den Sinai. Dann sind Zimmer und Hütten knapp.

Sportlich – **Sonesta Beach Resort Taba** 1: 14 km nördlich von Nuweiba an der Taba-Nuweiba Road, Tel: 069 356 02 00, Fax 069 356 02 22, www.sonesta. com/taba, DZ ab 95 €. Angenehm weitläufiges Sporthotel, komfortable Zimmer; 4-Sterne-Hotel.

Traumhaft – **Hilton Coral** 2: Tel. 069 352 03 20, Fax 069 352 03 27, www. hilton.com, DZ ab 90 €. Eine Hotelanlage so grün wie eine Oase, mit exzellentem Strand, hervorragenden Büffets, attraktiven All-inclusive-Angeboten. Hier kann man wirklich toll entspannen.

Familiär – **La Sirène** 3: Tel.069 350 07 05, Fax 069 350 07 01, www.scubadivers.de, DZ mit 7 Tagen Tauchkurs

390 € pro Person. Gemütliches Hotel mit Sandstrand; Simon Appel ist seit 1986 Sinai-Fan; sein Tauchcenter wird allseits hoch gelobt.

Familienfreundlich – **Swisscare Nuweiba Resort** 4: Tel. 069 352 06 40, Fax 069 352 06 41 www.swisscarehotels.com, DZ ab 50 €. Komfortables Hotel, großer (Frischwasser-) Pool, schöner Strand; die Zimmer sind geräumig; für Reiter gibt es Ausritte auf Pferd oder auch Kamel.

Angenehm – **Sallyland Tourist Village** 5: 20 km nördlich von Nuweiba, auf halbem Weg zwischen Nuweiba und Taba, Tel. 069 353 03 80, Fax 069 353 03 81, DZ ab 55 €. Ruhiges und weitläufiges Bungalowdorf; sehr angenehm.

Einfach – **Bawaki Beach Hotel** 6: 18 km nördlich von Nuweiba, Tel. 069

205

Lieblingsort

Im Paradies der Beduinen ▶ G 6
Durch die Wüste wandern, Dünen besteigen – Safarispaß zu Fuß, im Jeep, mit dem Rad oder auf dem Kamel. Eine Tour nach **Ain Umm Ahmed** (übersetzt; ›Quelle der Mutter von Ahmed‹) bietet all das. Der Vorteil von Ain Umm Ahmed: Es ist mindestens so bezaubernd wie die bekannteren anderen Sinai-Oasen, aber um einiges weniger besucht. So fühlt man sich hier, umgeben von Zitronen, Datteln, Olivenbäumen und schattigen Palmenhainen, zurückversetzt in vorindustrielle Zeiten (s. auch S. 209).

Sinai – Süden und Ostküste

350 04 70, Mobil 012 218 48 42, www.bawaki.com, DZ ab 45 US-$. Schöne Anlage am Strand, freundliches Personal, Meerwasserpool. Das Traditionshotel gehört zu den Tourismus-Pionieren auf dem Sinai.

Einfach – **El Waha Tourism Village** 7: Tel. 069 350 04 20, Fax 069 350 04 21, www.elwahavillage.com, DZ ab 30 €. Schöner Sandstrand, geräumige Chalets, aber auch einfachere Bungalows sowie Campingmöglichkeiten für Budget-Reisende nahe dem Meer.

Empfehlenswert – **Habiba Camp** 8: Nuweiba, Tel. 069 350 07 00, Fax 069 350 03 39, www.sinai4you.com/habiba, DZ ab 19 €. Kleines, aber feines Hüttenhotel, hervorragendes Strandrestaurant, Sept.–Mai eigene Kamelreitschule. Das Hotel organisiert auch mehrtägige Ausflüge in die jordanische Nabatäer-Stadt Petra.

Fantastisch – **Basata Camp** 9: 25 km nördlich von Nuweiba, Tel. 069 350 04 80, Fax 069 350 04 81, www.basata.com, DZ ab 90 LE. Neudeutsch: eine Ecolodge (s. S. 28). Keine Disco, gemeinsames Essen, schlafen in Strohhütten oder unter freiem Himmel – das ist das Erfolgskonzept des deutsch sprechenden, vom ökologisch sanften Tourismus beseelten Sherif Ghamrawy, der seine Gäste auch den Müll trennen lässt. Gute Bucht zum Schnorcheln, Tauchen ist jedoch verboten. Frühzeitig reservieren.

Essen & Trinken

Fernöstlich – **Han Kang** 1: gegenüber Domina Hotel, Tel. 069 350 09 70, tgl. 10–1 Uhr. Hauptgericht ab 30 LE. Gutes Essen, so gut eben koreanische Küche hier sein kann.

Gut – **Cleopatra** 2: Gegenüber Domina Hotel, Tel. 069 350 50 03, tgl. 17–23 Uhr. Hauptgericht ab 25 LE. Das Restaurant ist sehr bliebt. Ägyptisch zubereiteter Fisch, leckere Vorspeisen, hausgemachte Pizza.

Deftig – **Dr. Shishkebab** 3: Suk, Tel. 069 350 02 73, tgl. 9–24 Uhr. Hauptgericht ab 45 LE. Gelungene ägyptische Vorspeisen (Tehina, Hummus) und Grillgerichte (Kofta, Kebaab).

Hausmannsküche – **Mataamak** 4: Habiba Camp, Tel. 069 350 07 00, tgl. 17–23 Uhr. Hauptgericht ab 25 LE. Frühstück, Mittagessen, Abendessen – und alles gut.

Aktiv & Kreativ

Ausflüge – Nuweiba ist ein idealer Ausgangspunkt für Ein- oder Mehrtagesausflüge in die Berg- und Oasenwelt des Sinai, z. B. nach **Ras Abu Galum** (s. S. 203) **Ain Khudra** (s. S. 204), zum **Coloured Canyon** (s. S. 209), nach **Ain Umm Ahmed** (s. S. 206, 209) und nicht zuletzt auch zum **Katharinenkloster** (s. S. 222). Mehrtägige Ausflüge werden auch nach Jordanien angeboten: nach **Petra,** in die alte Stadt der Nabatäer; Infos bei den Hotels.

Tauchen – **Tauchbasis im La Sirène Hotel** 1: Tel. 069 350 07 01, Fax 069 350 07 02, www.scuba-divers.de. Immer wieder empfohlen.

Kamelreitschule und -safaris – Im **Habiba Camp** 2: Tel. 069 350 07 00, Fax 069 350 03 39, www.sinai4you.com/habiba. Günstigste Kamelreitkurspreise in Verbindung mit Hotelbuchung. Schöne Kamelsafaris organisiert Ibrahim vom nördlich Nuweibas gelegenen **Maagana Camp** 3 aus, Mobil 012 795 24 02.

Organisierte Touren – **Diverse lokale Anbieter:** in den Hotellobbys. Organisierte Touren per Jeep oder Kamel zu Tageszielen, ab ca. 35 €/Person für einen Tag, Meditationsreisen unter wuestenmeditation.de.

Taba und Umgebung

Infos

Notfall
Tourist Police: Tel. 069 350 02 31 (nahe Domina Hotel), Tel. 069 350 04 01 (City).

Verkehr
Busse: Mehrmals tgl. nach Dahab, Sharm el Sheikh, Taba und Richtung Kairo/Nildelta; Auskunft: Tel. 069 352 03 71.
Sammeltaxis: Mehrmals tgl. nach Taba, Dahab, Sharm el Sheikh, Kairo/Nildelta.
Fähre: Zwei Fähren von Nuweiba, tgl. 11 und 18 Uhr, nach Aqaba in Jordanien; Tickets gibt es am Hafen. Die Fähren laufen oft mit bis zu zehnstündigen Verspätungen aus (verlässlicher, sauberer ist die neue Fährlinie AB Maritime, Tel. 069 352 04 72, www.abma ritime.com.jo; tgl. außer Sa).
Mietwagen: Europcar, im Hilton Coral Hotel, Tel. 069 352 03 20.

Coloured Canyon !

▶ G 6

Der Name Coloured Canyon erklärt, warum gerade diese Schlucht so berühmt und daher so viel besucht ist: Der Sandstein schimmert hier, und das unterschiedlich zu jeder Tageszeit, in Weiß und Gelb und vielen, mit Worten gar nicht zu beschreibenden Rottönen.

Von Nuweiba fährt man nordwestlich (Karte: Straße Nr. 37). Nach ca. 9 km erreicht man die Oase **Ain Furtega** (Palmen, Beduinenhütten, Tee-Stopp), fährt von dort über das **Wadi Nekheil** (schöner Ausblick vom Bergkamm) auf einfacher Piste zum Coloured Canyon. Die letzten 2 km muss man laufen, denn das Wadi verjüngt sich und ist an manchen Stellen nur 1–2 m breit. Die stark erodierten Sandsteinmassive mit ihren 60 m Höhe wirken durch die Enge noch viel

höher, als sie wirklich sind. Den Canyon kann man mit einem Beduinenführer auf verschiedenen, teils schwierigen Wanderwegen erkunden. Ein Leser legte Wert auf die Anmerkung, dass sehr dicke Menschen an mindestens einer Stelle Probleme haben könnten, sich zwischen den Felsen durchzuzwängen.

Oase Ain Umm Ahmed ▶ G 6

Das schöne Ain Umm Ahmed gehört zu den wenigen Oasen, die vom Tourismus weitgehend unbehelligt blieben; sie lohnt einen Aufenthalt von zwei Tagen (Selbstverpflegung!). Die ›Quelle der Mutter Ahmeds‹, wie der Name übersetzt heißt, erreicht man über die Straße nach **Nakhl** (Richtung Ahmed-Hamdi-Tunnel; Abzweigung km 20). Von einem Wadi geht es über einen Pass in die Oase, die sich, wie vom Aussichtspunkt gut zu sehen ist, hinter einer in Ocker, Blau und Rot schimmernden Mondlandschaft, mit ihrem Gürtel aus Palmen eng an den Fels schmiegt.

Einige Beduinen leben hier und heißen Besucher sehr willkommen. Am Wasser entlang kann man bis zum 3 km entfernten **Wadi el Ain** wandern, wo um eine Quelle Akazien wachsen. Den nahen Berg **Ras el Kelb** (999 m hoch) sollten nur Kletterer unter Führung eines Beduinen besteigen.

Taba und Umgebung ▶ H 5

Taba Heights ▶ H 5

www.tabaheights.com
Bei der Weiterfahrt nach Norden entlang der 63 km langen Küstenstraße

Sinai – Süden und Ostküste

von Nuweiba nach Taba sieht man das Entstehen einer ganzen Reihe neuer Hotel- und Bungalowanlagen. Inmitten des ägyptischen Nirgendwo, nahe an der Grenze zu Israel, beschlossen mutige Investoren, luxuriöse Hotels entlang der Küste zu errichten – das war der Anfang des größten Tourismusprojekts seit dem Jahr 2000 an der Küstenstraße: Taba Heights, das in seiner Gänze demnächst vollendet sein wird und das schon jetzt ein attraktives und luxuriöses Ziel für erholsamen Urlaub in der Sinai-Abgeschiedenheit ist. Taba Heights ist das Schwesterprojekt zu El Gouna (s. S. 126) und wird am Ende eine autonome Stadt aus Hotels diverser Kategorien sein – samt Golfplatz, Businesscenter, Internetcafés, Spas, Fitnessstudios sowie Tauch- und Surfschulen.

Übernachten

Elegant – **Sofitel Taba Heights:** Tel. 069 358 08 00, Fax 069 358 08 08, www.sofitel.com, DZ ab 125 €. Von allen Zimmern Blick über den Golf von Aqaba, sehr flach abfallender, schöner Strand, vielfältiges Sportangebot, auch Kajak, Hochseefischen. Wunderschön die Sternenkuppel im Hotelfoyer.

Luxuriös – **Hyatt Regency Taba Heights:** Tel. 069 358 02 34, Fax 069 358 02 35, www.taba.regency.hyatt.com, DZ ab 150 €. Das Hyatt ist die spiegelverkehrte Kopie des Sheraton Miramar in El Gouna. Am schönsten sind die Chalets rund um die künstliche Lagune. Auf dem übergroßen Hotelgelände finden sich mehrere Pools. Das Hotel wird vor allem zu jüdischen Feiertagen von israelischen Reisegruppen vereinnahmt; frühzeitige Reservierung ist immer anzuraten. Service und Zimmer entsprechen dem gehobenen Hyatt-Standard. Das Nightlife bestreiten Animateure, Russian Shows. Die wunderschöne Bar dient gleichzeitig als Dancefloor.

Luxuriös – **Marriott Taba Heights:** Tel. 069 358 01 00, Fax 069 358 01 09, www.marriott.com, DZ ab 130 €. Gleiche 5-Sterne-Klasse wie das Hyatt, aber architektonisch nicht ganz so ansprechend; im Komfort kaum Unterschied.

Aktiv & Kreativ

Wassersport – **Waterworld:** Tel. 069 358 00 99, Fax 069 358 00 98, www.

Taba und Umgebung

Der enge Coloured Canyon schimmert in allen Rottönen

redseawaterworld.com. Shuttlebusse verbinden die Taba-Heights-Hotels und dieses Wassersportzentrum. Im Angebot u. a.: Segeln, Tauchen, Surfen und Parasailing.

Golf – **Golfplatz von Taba Heights:** 069 358 00 73, Fax: 069 358 00 74, golf@tabaheights.com. Der zwischen Meer und Bergen situierte 18-Loch-Champion-ship-Golfplatz liegt zwischen 4 und 70 m über dem Meeresspiegel und steht den Gästen des gleichnamigen Hotels zur Verfügung.

Quad-Bike-Safaris – **Alasdair Clarke:** 012 398 90 56, www.tabaquads.com, der 2-Stunden-Trip kostet pro Person 65 €. Mit dem Quad *offroad* durch Wüsten und Canyons (zu ermäßigten Preisen auch für Kinder ab 6 Jahren).

Ausflüge und Safaris: **Pro Tours:** Tel. 069 358 00 76, Fax 069 358 00 75, www.protourstravel.com. Ausflüge nach **Kairo** und zum **Katharinenkloster**, nach **Eilat** (Israel) und in die Felsenstadt **Petra** (Jordanien), dazu Jeepsafaris zum **Coloured Canyon, Blue Hole** und **Ras Mohammed**. Im Gegensatz zu den anderen Ausflügen sollte man sich für Petra mindestens zwei Tage Zeit nehmen.

Sinai – Süden und Ostküste

Taba Heights ist das Schwesterprojekt zu El Gouna auf dem Sinai

Infos

Mietwagen: Orascom Limousines, Hyatt Regency Hotel, Lobby, Tel. 012 297 72 26.

The Fjord ►H 5

Stünde diese Bucht (arab.: Marsa Murakh) an der Straße zwischen Taba Heights und Taba nicht unter Naturschutz, würde hier längst ein Megahotel residieren. So aber kann man in einem unberührten Fjord schwimmen, den Blick auf Meer und nahe Berge genießen – oder vom hoch gelegenen Rasthaus an der Straße (Billardtisch im Freien) auf diese einmalig geformte Bucht hinabsehen. Die Bucht ist nur mit dem Auto zu erreichen.

Pharaoneninsel (Gezira el Fara'un) ►H 5

Die kleine, felsige Insel Gezira el Fara'un kurz vor Taba heißt übersetzt Pharaoneninsel, doch mit einem Pharao hat sie nichts zu tun (s. S. 214). Man erreicht sie nur per Auto, also mit einem Leihwagen, oder im Zuge einer organisierten Tour. Boote gibt es am Ufer.

Taba ►H 5

Taba, der kleine Grenzort zu Israel, besteht im Wesentlichen aus dem Hilton Taba und dem Grenzübergang nach Israel. In den vergangenen Jahren wurde der Ort nicht nur konsequent begrünt, sondern auch darauf geachtet, dass nicht überall Müll herumliegt. Von Taba aus kann man für einen Bade- oder Nightlife-Ausflug mühelos über die Grenze ins israelische Eilat wechseln.

Taba wurde als letzter Ort 1989, sieben Jahre nach Rückkehr des übrigen Sinai zum ägyptischen Territorium, von Israel an Ägypten zurückgegeben. Die beiden Länder hatten unterschiedliche Auffassungen darüber, ob Taba schon Sinai oder noch Negev sei. Zudem hat-

Taba und Umgebung

ten die Israelis mit dem Bau des So-
nesta-Hotels begonnen, dem heutigen
Hilton Taba. Als die jungen Friedens-
beziehungen durch Israels Invasion im
Libanon 1982 auf einen Tiefpunkt san-
ken, gab es bis 1985 nicht einmal Ge-
spräche über eine Rückgabe. Danach
wurden sogar alte Karten aus osmani-
scher Zeit herangezogen, um eine Lösung zu finden, die sich dann aber
letztendlich auf politischer Ebene
fand. Ägypten zahlte knapp 40 Mio.
US-$ Entschädigung, und im April 1989
wurde die Grenze um 100 m nach Norden verlegt: Damit gehörte Taba end-
gültig zu Ägypten.

Übernachten

Weltberühmt ist der Grenzort als Ver-
handlungsplatz für die Nahost-Frie-
densgespräche zwischen Israel und der
palästinensischen Regierung. Viele Reisegruppen, die eine Dreiländerreise Is-
rael-Jordanien-Ägypten unternehmen,
machen im Hilton Taba Zwischenstation.
Wundervoll – **Tobya Boutique-Hotel:**
Km 2 Taba International Road, Tel 069
353 02 75, Fax 069 353 02 69, www.to
byaboutiquehotel.com, DZ ab 180 US-$.
Natürliche Baumaterialien, stilsicher
schlichtes Design, handgewebte Teppiche, viel Holz, großzügig geschnittene
Räume mit Meerblick. Das sind einige
der Zutaten, die das Tobya zum außer-
gewöhnlichen Hotel machen; dazu
kommen ein großzügiger Strand, Restaurants, die schöne Saloume-Bar und
ein Casino, in dem ausländische Gäste
ihr Glück herausfordern können. Das
Künstlerpaar Sadek Abu el Dahab and
Nadia Shalaby verwirklichte hier seinen Traum einer Oase der Entspannung; eine Zeitschrift nannte das Tobya die »Perle des Sinai«.
Luxuriös – **Hilton Resort & Nelson Village:** Tel. 069 353 01 40, www.hilton.

de/taba, DZ ab 130 €. Hier kann man es
wirklich aushalten, auch wenn der Pool
nicht riesig und der Strand nicht übermäßig weitläufig ist. Sogar einen Nachtclub gibt es. ›Rocks‹ heißt er jetzt, früher
einmal ›World's End‹. Apropos: Wem es
zu langweilig wird: Der Grenzüberang
nach Eilat (Israel) ist nur einen Steinwurf
entfernt, der Übertritt zu Fuß einfach.
Toller Ausblick – **Helnan Taba Bay:**
Taba, Tel. 069 922 00 03, Fax 069 922 00
04, www.helnan.com, DZ ab 60 €. Sehr
schöne Lage an Farun Island.
Ökologisch – **Basata Camp:** s. S. 208.

Essen & Trinken

Man hat kaum Alternativen und isst
am besten im Hotel; ein Abend im **Tobya Boutique Hotel** (s. o.) ist empfehlenswert.
Vorzüglich – **Casa Taba:** Am Strand des
Taba Hilton Resort & Nelson Village,
Tel. 069 353 01 40, tgl. 19–22.30 Uhr.
Hauptgericht ab 120 LE. Dieses italienische Restaurant (mit Terrasse zum Golf
von Aqaba), bietet bei Vorspeisen,
Fisch und Fleisch erstklassige Qualität;
beachtlich ist auch die Auswahl der
nicht ganz billigen, sehr guten importierten Weine; Reservierung nötig.

Infos

Flüge: Taba International Airport:
mehrmals wöchentlich Inlandsflüge,
Charterflüge aus Deutschland, Öster-
reich und der Schweiz. Von Sharm el
Sheikh tgl. Inlands- und internationale
Flüge. Büro im Taba Airport: Tel. 069
353 03 67. **Egypt Air** im Taba Hilton,
Tel. 069 353 00 11, Fax 069 353 00 10.
Busse: Mehrmals tgl. nach Nuweiba,
Dahab, Sharm el Sheikh und Richtung
Kairo/Nildelta; Auskunft: Tel. 069 353
02 50.   ▷ S. 216

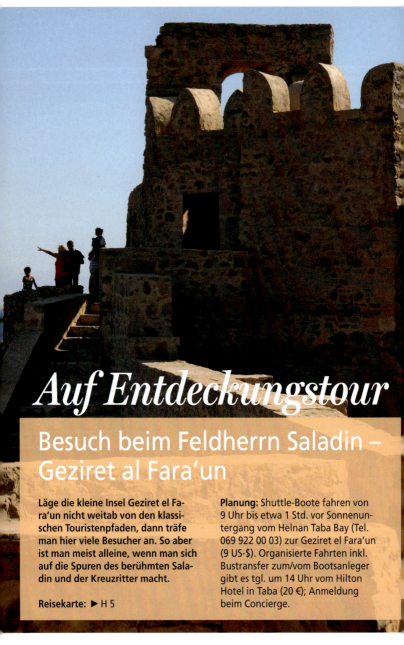

Auf Entdeckungstour

Besuch beim Feldherrn Saladin – Geziret al Fara'un

Läge die kleine Insel Geziret el Fara'un nicht weitab von den klassischen Touristenpfaden, dann träfe man hier viele Besucher an. So aber ist man meist alleine, wenn man sich auf die Spuren des berühmten Saladin und der Kreuzritter macht.

Reisekarte: ▶ H 5

Planung: Shuttle-Boote fahren von 9 Uhr bis etwa 1 Std. vor Sonnenuntergang vom Helnan Taba Bay (Tel. 069 922 00 03) zur Geziret el Fara'un (9 US-$). Organisierte Fahrten inkl. Bustransfer zum/vom Bootsanleger gibt es tgl. um 14 Uhr vom Hilton Hotel in Taba (20 €); Anmeldung beim Concierge.

Der Anblick ist majestätisch. Im Meer eine Festung, auf ihren Mauern die im Wind wehende Flagge. Von hier oben reicht der Blick bis Israel, Jordanien und über die ruhige See bis nach Saudi-Arabien. Die Insel Geziret Fara'un kurz vor Taba heißt übersetzt ›Pharaoneninsel‹, doch mit einem Pharao hat sie nichts zu tun, weshalb früher auch der Name ›Koralleninsel‹ gebräuchlich war.

Die Festung heute
Mit dem Boot setzt man vom Ufer über. Die Lage der Insel abseits der klassischen Touristenpfade garantiert eine fast immer ungestörte Besichtigung. Sehen Sie sich die Festung von außen an, dann geht es ins Innere. So bekommt man den besten Eindruck von dem massiven Bau; verlaufen kann man sich auf dem übersichtlichen Gelände nicht. Typisch für die Festung sind die vielen kleinen Räume: Schlafzimmer, Badehäuser, Küchen. In den Türmen waren Taubenhäuser untergebracht. Brieftauben hielten die militärische Kommunikation zwischen den Festungen im Heiligen Land aufrecht.

Kreuzritterzeit und Eroberung
Schon die pharaonischen Expeditionen, die in Jahresabständen zu den Schürfgebieten im Zentralsinai kamen, legten hier an. Außerdem soll die Insel Teil des biblischen Hafens Ezion-Geber des Salomo gewesen sein. Der Zweck der Insel, strategisch günstig an der engsten Stelle des Golfes von Aqaba gelegen, war von Anfang an nicht ausschließlich ein kriegerischer. Die Kreuzritter nutzen ihre Festung als Zollstation für arabische Händler, konnten von hier aus arabische Schiffe ausmachen. Nicht zuletzt diente die Insel auch als sicherer Zwischenstopp für christliche Pilger zwischen Jerusalem und Katharinenkloster.

Als gesichert gilt, dass der islamische Feldherr Saladin 1170 den Kreuzrittern die Insel abnahm, darauf die heute von Grund auf renovierte Festung erbaute und diese später moslemischen Mekkapilgern als Rastplatz überließ. Unklar ist, ob Saladin bei seiner Bautätigkeit eine bereits seit 1116 bestehende Feste Balduins I. lediglich erweiterte oder sie komplett erneuerte.

Festungsbau unter Saladin
Sowohl beim Bau von Burgen wie auch bei deren Erstürmung ging Saladin mit mathematischer Perfektion vor. Der Feldherr hatte eigens Bau- und Belagerungsingenieure dabei, die unter die Fundamente von Burgen Stollen trieben, die sie dann gesteuert einbrechen lassen konnten. Nur so waren Burgen einzunehmen – oder durch langwieriges Belagern und Aushungern. Dies wissend erachtete Saladin die Pharaoneninsel als idealen Platz für eine burgliche Anlage. Als Insel, mit dem Meer als ›Burggraben‹, war die Festung nur mit erheblichen Mühen von Land zu erreichen. Der Fels verhinderte, dass ein Angreifer mit Stollen die Festung zu Fall bringen könnte.

Wer war Saladin?
Salah el-Din Yussuf Ibn el Ayubi heißt der ca. 1138 im heute irakischen Tikrit geborene spätere Gründer der Ayubiden-Dynastie mit ganzem Namen. Der berühmte Kurde rief 1187 zum Heiligen Krieg auf, eroberte Jerusalem und brach die Herrschaft der Kreuzritter am östlichen Mittelmeer. In Ägypten beendete er die Fatimiden-Herrschaft, in Kairo erbaute er die bis heute erhaltene Zitadelle. Saladin gilt als einer der großen islamischen Feldherren.

Mit dem Boot geht es nach der Besichtigung zurück ans Ufer.

Sinai – Süden und Ostküste

Mein Tipp

Ecolodge-Traum
35 m über dem Meer hat sich Architekt Hani Rushdie seinen Traum von einem festungsähnlichen Hotel erfüllt, das – angepasst an die Landschaft des Sinai – ganz aus Basalt und Granit besteht. Wer dabei an eine Kreuzritterburg oder eine Saladinfestung denkt, liegt nicht ganz falsch. Es gibt einen natürlichen Pool, unter der Festung einen merkwürdig-faszinierenden *treasure room* (Schatzraum), in den man nur durch eine Luke im Boden gelangt. Derzeit ist das Castle leider nur für Tagesgäste geöffnet (Mindestverzehr 50 LE/Person). **Castle Zaman,** Taba-Nuweiba Road, 18 km nördl. Taba Heights, Al-Borqa Mountain, Tel. 018 214 05 91, www.castle zaman.com.

Sammeltaxis: Mehrmals tgl. Richtung Nuweiba, Dahab, Sharm el Sheikh, Kairo/Nildelta.
Mietwagen: Lotus Rent a Car, Taba Hilton Hotel, Mobil 012 950 17 61.

Ausflug nach Eilat (Israel) ▶ H 5

Sinaiurlauber können ohne Mühe und meist auch ohne großen Zeitaufwand (außer am Beginn und Ende israelischer Feiertage) für einen Tag oder einen Abend – ausschließlich zu Fuß – ins benachbarte Eilat gehen. Die Grenze liegt in Gehweite direkt hinter dem Taba Hilton. Auf israelischer Seite warten meist Taxis.

Die 32 000-Einwohner-Stadt Eilat am Golf von Aqaba (benannt nach der gleichnamigen jordanischen Nachbarstadt Aqaba im Osten) liegt auf einem schmalen Küstenstreifen, wo die Wüste Negev, der Sinai und die Bergketten Jordaniens zusammentreffen. Um künstlich angelegte Hafenlagunen drängen sich große Luxushotels, die man mit wenig Rücksicht auf ein schönes, einheitliches Stadtbild hochgezogen hat. Zu den ebenfalls weniger geglückten Gegebenheiten Eilats zählt der Flughafen: Seine Start- und Landebahn liegt mitten in der Stadt und zerteilt sie.

Orientierung

Die Orientierung in Eilat ist denkbar einfach: Über den Stränden liegt die City mit ihren Geschäften, Bars, Cafés und Discos, östlich davon an der Lagune der Hotelbezirk, und im Süden Richtung ägyptische Grenze findet man auf 5 km das sehr schöne Coral-Beach-Areal, das weniger überlaufen ist als die hotelnahen Strände am North Beach.

Zusammen mit Aqaba und Taba will Eilat nach einem gefestigten Frieden ein Dreiländer-Badezentrum am Roten Meer bilden.

Geschichte

Im Alten Testament wird Eilat, dort Elat genannt, mehrmals erwähnt. Bei ihrem Auszug aus Ägypten machten die Israeliten auf dem Weg ins Gelobte Land hier Halt. Als Handels- und Marinehafen, der Eilat auch heute ist, wird die Stadt erstmals unter König Salomo erwähnt: »Und Salomo baute auch Schiffe in Ezion-Geber, das bei Elat liegt am Ufer des Schilfmeers im Land der Edomiter« (1. Könige 9, 26) – ver-

Ausflug nach Eilat (Israel)

mutlich die Pharaoneninsel südlich von Taba (s. S. 214).

Das strategisch wichtige Schilfmeer verband Vorderasien mit Arabien, Afrika und Fernost; und Eilat fungierte als Umschlagplatz für Waren aller Art, die dann auf den Karawanenwegen nach Ägypten, Syrien und Mesopotamien (heute Irak) weitertransportiert wurden. Über Eilat soll sich auch die Königin von Saba auf ihrem Weg zu Salomo in Jerusalem eingeschifft haben. Die Schiffe baute man aus dem Holz des Edom-Waldes um Aqaba. Unter Joschafat, König von Juda, brach von Eilat eine Expedition auf, um das Gold der sagenhaften Stadt Ofir zu finden, doch »sie fuhren nicht, denn sie zerschellten bei Ezion-Geber« (1. Könige 22, 49). Damit endete im 9. Jh. v. Chr. die israelitische Schifffahrt. Archäologen fanden zuhauf Relikte aus dieser Zeit – vom Angelhaken bis zu Lagerraumruinen.

Eilat gehörte in den folgenden Jahrhunderten den Edomitern, den Nabatäern, die es Aila nannten, danach den Griechen und Römern sowie den Byzantinern und den Kreuzfahrern, die es befestigten und den Hafen ausbauten. Unter türkischer Herrschaft verlor Eilat jede Bedeutung.

Im März 1949 eroberten israelische Soldaten den jordanischen Ort in einer Blitzaktion, die berühmt wurde. Denn die Soldaten hatten die israelische Flagge vergessen und malten den Davidstern kurzerhand auf ein Betttuch, das dann gehisst wurde.

Sehenswert

Coral Beach Nature Reserve

Von Taba kommend liegt vor dem Ort Eilat das Naturreservat Coral Beach (Coral Beach Nature Reserve), in dem man ohne Taucherbrille und Atemge-

rät in die Tiefen des Roten Meeres abtaucht – so wohlorganisiert, lehrreich und durchdacht wie leider nirgends in Ägypten.

Unterwasser-Observatorium

Underwater Observatory Marine Park: Coral Beach, Tel. 009 72 8 636 42 00, Fax 009 72 8 637 31 93, www.coralworld.com; Sa–Do 8.30–17, Winter bis 16.30 Uhr, Fr und Fei 8.30–16 Uhr; 79 NIS, Kinder 69 NIS

Das 1975 gegründete und seither ständig erweiterte Unterwasser-Observatorium, ein Rundbau in Form eines Korallenriffs, umfasst Meerwasserbecken für Haifische und Seeschildkröten, ein Aquarium mit Meeresmuseum sowie das eigentliche Observatorium, das 4,5 m unter dem Meeresspiegel einen beeindruckenden Blick auf das farbenprächtige Leben eines Korallenriffs gestattet.

Ein spezielles Flutungssystem versorgt die Aquarien ständig mit frischem Meerwasser und dem darin enthaltenen Plankton. Durch Glas beobachtet man hier Seepferdchen, Schalentiere, Barrakudas, Clownfische, Trompeten- und Napoleonfische und Hunderte anderer Meerestiere, auch höchst giftige Exemplare wie den Skorpionfisch, der auf dem Meeresgrund im Sand eingegraben auf seine Beute lauert. In Freiheit können Sie die Fische entweder im 6 m tiefen Observatorium oder vom U-Boot Yellow Submarine aus (tgl. ab 10 Uhr) beobachten.

Delfinbecken

Dolphin Reef: Coral Beach, Tel. 009 72 8 630 01 00, Reservierung Tel. 009 72

Eilat im Internet
www.eilat-today.com
www.eilat-guide.com

Sinai – Süden und Ostküste

Das Delfinbecken ist eine der Attraktionen des israelischen Badeorts Eilat

8 630 01 11, www.dolphinreef.co.il; tgl. 9–17 Uhr; ca. 30 € pro Person, Schnorcheln mit Delfinen ca. 50 € pro Person zusätzlich

2 km südlich von Eilat, an der Strecke von/nach Taba, sollte man den Besuch des Dolphin Reef keinesfalls verpassen. Es ist mehr als nur ein Delfinbecken, in dem dressierte Tiere Kunststücke vorführen. Es ist eine Attraktion mit Luna, Sheaba, Nikita und den anderen Delfinen, dazu Hühnern, Katzen und Pfauen. Das Reef versteht sich nicht als herkömmliches Dolphinarium, sondern bildet die Delfine angeblich aus, um sie später ins Meer zu entlassen. Besucher (ab 10 Jahren) können mit den Tieren schwimmen, beim Füttern zuschauen und helfen. Das Reef organisiert übrigens auch Tauchexkursionen.

Internationale Wissenschaftler arbeiten hier an einem Experiment, bei dem Delfine mit bisher großem Erfolg als Therapeuten eingesetzt werden, um schwerst verhaltensgestörte Kinder zu heilen. Das tägliche Schwimmen mit den Meeressäugern lässt die kleinen Patienten wieder Zutrauen auch zur menschlichen Umwelt finden, wobei noch völlig unklar ist, was die Delfine dazu befähigt. Tierschützer allerdings kritisieren sowohl das Delfinbecken als auch die Experimente mit den gefangenen Delfinen.

Übernachten

Bezaubernd – **Royal Orchid:** Almoq Beach, Tel. 009 72 8 636 03 60, Fax 009 72 8 637 53 23, www.orchidhotel.co.il, DZ ab 250 US-$. Gegenüber dem Underwater Observatory liegt im Stil eines thailändischen Dorfes die bezauberndste Hotelanlage Eilats.

Essen & Trinken

Am **New Tourist Center** und der **North Beach Waterfront Promenade** findet man sehr viele Cafés, Pubs, Restaurants und Bars, wo man mit einem Sundowner-Cocktail in den Abend gleitet.

Aktiv & Kreativ

Eilat ist auf Familienurlauber eingestellt. Es gibt Spielplätze, Planschbecken und eine Westernstadt, die Texas Ranch; ein Miniaturzug, der sogenannte Eilat-Express, verkehrt am Northern Beach.

Glasbodenboot – Mehrmals tgl. starten Glasbodenboote (am North Beach), um Nichttauchern die Unterwasserwelt näherzubringen; Infos in den Hotels.

Vogelbeobachtung – **International Birding and Research Center:** www.birdsofeilat.com, Tel. 08 633 53 39, 050 211 24 98, 052 331 11 14, 2 Std./150 NIS p. P., 4 Std./220 NIS p. P., ganzer Tag 400 NIS/p. P. Um die Natur (über Wasser) zu genießen, muss man sich aus Eilat herausbewegen, etwa in die Ausläufer des Wadi Araba. Ornithologisch Interessierte sollten auf keinen Fall die fantastischen Exkursionen des International Birdwatching Center verpassen, in dem man über 400 Vogelarten beobachten kann. Es wurden Wanderrouten ausgearbeitet; eine Exkursion führt zu einer Station, bei der die Vögel für Forschungszwecke um die Krallen beringt werden.

Abends & Nachts

Cool – **Three Monkeys:** Promenade am Royal Beach Hotel, Tel. 009 72 8 636 88 88, tgl. ab 22 Uhr, ab 60 NIS. Seit Jahren Eilats größter und beliebtester Platz zum Trinken und Tanzen. Voll wird's ab Mitternacht. Mit kurzen Hosen und Flipflops kommt man hier nicht am Türsteher vorbei.

Infos

Tourismusbüros
Tourist Information Center: 8 Beit Hagesher St., Tel. 009 72 86 30 91 11/2, Fax 009 72 86 33 91 22, www.eilat.muni.co.il, www.eilat-today.com, So–Do 8–18, Fr 8–14 Uhr. U. a. gute Tourentipps.
Reservation & Information Center: Durban Center, Tel. 08 637 47 41, tgl. 7–23 Uhr. Auch Vermittlung von Hotels.

Grenzübertritt
Von Taba aus muss man zu Fuß über die Grenze, wo auf der israelischen Seite normalerweise Taxis warten.

Verkehr
Flüge: Bei Arkia, Red Mall, Tel. 08 63 84 88 88, 03 690 22 10 (zentrale Reservierung), www.arkia.co.il, bucht man Inlandsflüge von/nach Haifa und Tel Aviv. Dieselben Strecken bedient Israir, Tel. 03 795 70 00, www.israirairlines.com. Germania und El Al flogen zuletzt Eilat nicht mehr an.
Citybusse: Stadtbusse sind neben Taxis das gängige Verkehrsmittel in Eilat.
Fernbusse: Von 8–17 Uhr stdl. Busse nach Tel Aviv und mehrmals tgl. u. a. nach Beer Sheva, Jerusalem und Haifa; die Linie 15 fährt an die ägyptische, die Linie 16 an die jordanische Grenze.
Mietwagen: Avis: Harava Rd., Shalom Plaza Hotel, Tel. 009 72 8 637 31 64, www.avis.co.il. **Eldan:** 140 Shalom Center, Tel. 009 72 8 637 40 72, www.eldan.co.il. **Hertz:** Hatmarim Blvd, Tel. 009 72 8 637 66 50/55, www.hertz.co.il. **Sixt:** Shalom Plaza Hotel (Store 1018), Tel. 009 72 8 637 35 11, Fax 009 72 8 637 35 12, www.sixt.co.il.

Währungshinweis
1 New Israelis Shekel (NIS) entspricht etwa 0,20 € bzw. 0,26 CHF.

Das Beste auf einen Blick

Zentralsinai

Highlights!

Katharinenkloster: Eine Mönchsfestung, Heim des biblischen Dornbusches, ein kleines Labyrinth aus Gassen, mit Kirchen und wunderschönen Ikonen, unmittelbar am Mosesberg gelegen – dies ist wohl der kulturelle Höhepunkt eines jeden Besuchs auf dem Sinai. S. 222

Der Mosesberg: Das Gipfelplateau des Mosesbergs beeindruckt am meisten bei Sonnenaufgang. Dann eröffnet sich dem Besucher ein wunderbarer Ausblick über den gesamten Zentralsinai. S. 233

Auf Entdeckungstour

Wanderung auf den Moses- und Katharinenberg: Die im Dunkeln beginnende Wanderung führt auf den Berg, auf dem Moses die Zehn Gebote empfing. Viele fromme Pilger fiebern ein Leben lang dem Tag entgegen, an dem sie endlich diesen Berg besteigen. Anstrengender ist der Weg auf den Katharinenberg. S. 234

Gebirgstrekking im Zentralsinai: Die Bergwelt des Sinai lockt als Trekkingziel mehr und mehr Naturfreunde an, die auf mehrtägigen Gebirgswanderungen unter Führung von Ortskundigen die Abgeschiedenheit und Stille genießen. S. 238

Kultur & Sehenswertes

Gebeinhaus: Knochen auf Knochen, Schädel auf Schädel, so stapeln sich im Gebeinhaus vor den Toren des Katharinenklosters die Skelette verstorbener Mönche. Auf diese Weise löste man über Jahrhunderte das Problem, dass es nicht ausreichend Grund für Erdbestattungen gibt. S. 232

Aktiv & Kreativ

Fastenwandern: Rund um den Mosesberg begegnet man immer wieder Fastenwanderern. Das ist anstrengend, soll aber Wunder bei Reinigung und Entschlackung von Körper und Seele wirken. S. 241

Genießen & Atmosphäre

Al Karm Ecolodge: Die meisten kommen für einen kurzen Tagestrip von der Ostküste in den Zentralsinai. Wer aber die besondere Atmosphäre von Wüste und Bergwelt mehr als nur schnuppern möchte, wohnt zum ungestörten Entspannen in der Al Karm Ecolodge, einem kargen Beduinencamp unweit des Katharinenklosters. Wer will, geht mit Beduinen wandern oder klettern. S. 241

Abends & Nachts

Wüstennächte: Die schönsten Abende erlebt der Reisende in der Wüste. Das kann ein Barbecue mit Beduinen sein, wie es fast alle Hotels arrangieren; oder ein Wüstenausflug mit Übernachtung – ein besonderes Erlebnis, schon des klaren Sternenhimmels wegen. Man wandert mit Sheikh Mousa und seinen Beduinen. S. 241

Auf heiligem Boden

Im Herzen des Sinai, in einer atemberaubend schönen Bergwelt, liegt beim Ort Katrien, auch Migla, St. Katharina, das älteste Kloster der Christenheit. Man bewegt sich auf biblischem Grunde. Nach alttestamentarischer Überlieferung sprach Gott hier zu Moses, gab den Menschen die Zehn Gebote.

Es ist das Highlight des Sinai, eine der Topsehenswürdigkeiten Ägyptens und UNESCO-Welterbe. Wie eine Trutzburg liegt es am Fuße des Mosesberges auf einem Hochplateau inmitten einer fantastischen Bergwelt (wo es im Winter übrigens auch empfindlich kalt werden kann). Es hat sich all die Jahrhunderte, umgeben von Muslimen, geschickt gegen Zerstörung und Angriffe behauptet. Hat man das Kloster betreten, glaubt man, in ein von Umberto Eco entworfenes Labyrinth einzutauchen.

Im Katharinenkloster sind Pilger nicht wirklich willkommen. Die vom Tourismus überlasteten Mönche sehen sich weder als Seelsorger, noch zelebrieren sie Messen. Sie fühlen sich in ihrem Eremitendasein durch den touristischen Massenansturm gestört. Dass viele Reisende an diesem bedeutenden Schauplatz biblischer Tradition wenigstens einmal im Leben gewesen sein wollen, beeindruckt sie im Alltag wenig. Auch wenn die Mönche viele Schätze aus Bibliothek und Ikonensammlung der Öffentlichkeit vorenthalten, was man zu sehen bekommt, das ist immer noch atemberaubend: den Platz des brennenden Dornbuschs, die mit Ikonen geschmückte Basilika oder das Gebeinhaus.

Vom Parkplatz aus führt ein sanft ansteigender Schotterweg in knapp 10 Minuten zum Plateau des Klosters.

Infobox

Internet
www.sinaimonastery.com: offizielle Seite zum Katharinenkloster.

Besuch im Katharinenkloster
Der gemeinsame Tag der gläubigen Männer beginnt um 4 Uhr früh und endet gegen 5 Uhr nachmittags.

Die Mönche achten streng auf die Öffnungszeiten! Anmeldung zur Besichtigung von Bibliothek und Kapelle des brennenden Dornbusches (ausgewählte Fachbesucher) unter der Nummer Tel. 02 24 82 85 13.

Ausrüstung
Für Wanderungen auf dem Sinai ist neben guten Wanderschuhen warme Kleidung für die oft kühlen Nächte vonnöten. Auch empfiehlt es sich, einen eigenen Schlafsack und eine Taschenlampe mitzubringen.

Wer die Kapelle des Brennenden Dornbuschs im Kloster besichtigen darf (oder sich als Einzelreisender ›hineinschmuggeln‹ kann), sollte ebenfalls eine Taschenlampe bei sich tragen.

Katharinenkloster❗ ▶ F 7/8

www.sinaimonastery.com; tgl. 9–12 Uhr außer Fr, So und an bestimmten Feiertagen, deren Daten unter der Kairoer Nummer Tel. 02 24 82 85 13, 069 347 03 48, Fax 02 24 82 58 06 erfragt werden können, Eintritt 20 LE

Katharinenkloster

Namensgeberin des Klosters ist Katharina, eine junge Frau aus Alexandria, die Anfang des 4. Jh. während der Christenverfolgung den Märtyrertod starb. Katharina war klug, schön, belesen und aus bestem Hause. Ihr Todesurteil unterschrieb sie, als sie versuchte, Kaiser Maximianus von seinem Glauben abzubringen. Bei der öffentlichen Enthauptung floss statt Blut Milch aus ihrem Körper, so die Legende. Danach brachten Engel den Leichnam auf den Gipfel des Berges, wo ihn Mönche fanden und eigens eine Kapelle errichteten. Ein Stück der **Marmorsäule**, an die Katharina angebunden war, findet sich in der Kapelle. Erst im 10. Jh. benannte man das Kloster, bis dahin der Gottesmutter geweiht, offiziell in Katharinenkloster um.

Erste Eremiten

Die Geschichte hängt (sie ist historisch nicht belegt) mit der Ausbreitung des Christentums zusammen, das der hl. Markus nach Ägypten trug. Die ersten Eremiten kamen – wie Antonius – im Jahr 300 an den Berg Sinai, um nur für Gott in Askese zu leben.

Kaiser Konstantin und seine Mutter Helena pilgerten 327 zur Stelle des **brennenden Dornbuschs,** und Helena stiftete 330 eine der Gottesmutter geweihte **Kapelle** auf dem Berg Sinai. Eine Pilgerwelle unter der Aristokratie des Byzantinischen Reiches brach aus, und eine Reihe von Geistlichen blieb gar für immer, um auf dem Berg Kälte, Hunger und Hitze zu trotzen.

Im 6. Jh. errichtete Kaiser Justinian eine schützende **Befestigung,** weil Mönche und Pilger von Räubern und Wegelagerern überfallen wurden. Den Bau der Hagia Sofia in Konstantinopel und der hiesigen Basilika befahl ebenfalls Justinian (530). Heute gleicht die christliche Stätte mit ihrer 15 m hohen Granitmauer einer Festung, die seit jeher wertvolle Sammlungen von Ikonen und Manuskripten beherbergt.

Mohammeds Schutzbrief

Dass das Kloster im islamischen Herzland die Jahrhunderte fast unbeschadet überstand, hängt mit dem sogenannten Schutzbrief des Propheten Mohammed zusammen.

Ägypten wurde 640 friedlich islamisiert und obwohl das Kloster plötzlich so etwas wie ein vorgeschobener Posten der Christenheit war, konnte es sich sicher fühlen, denn 15 Jahre, bevor sich der Islam in ganz Arabien verbreitet hatte, war der reisende Prophet Mohammed im Kloster zu Gast gewesen und von den Mönchen höchst zuvorkommend behandelt worden.

Der frühe Islam verzichtete ausdrücklich auf Zwangsmissionierung und -bekehrung und so stellte der Prophet einer Abordnung von Brüdern,

Mein Tipp

Medizin vom Katharinenkloster
An einem Stand nahe dem Eingang zum Katharinenkloster und der Touristenpolizei verkauft ein Beduine **Dr. Ahmeds Kräutersäfte.** Die verschiedenen Flüssigkeiten versprechen Linderung bei Husten, Kopfweh, Verstopfung, Bauchweh, Rheuma, Nierenschmerzen und zu niedrigem oder zu hohem Blutdruck. Viele Anhänger homöopathischer Medizin schwören auf die prompte Wirkung dieser Kräutermischungen vom Katharinenkloster.

223

Lieblingsort

Traumblick über Kloster und Sinai ▶ F 7/8

Mächtig erhebt sich das **Katharinenkloster** am Fuße des Mosesbergs. Wer einen guten Ausblick auf die Anlage, über die Klostermauern und die nähere Umgebung sucht, der muss nur ein Stück weit die **Mosesstiege** am Mosesberg erklimmen – je weiter man sich entfernt, desto schöner wird der Blick über Kloster und Sinai.

Zentralsinai

die ihn in Mekka aufsuchte, ein Schutzschreiben für das Kloster aus. Besiegelt mit seinem Handabdruck sicherte er ausdrücklich den Erhalt der geistlichen Stätte und die Glaubensfreiheit der Mönche zu (eine Kopie findet man am Eingang des Klosters rechter Hand von den Stufen des Gewölbes).

Die Mönche pochen auf die Echtheit des Briefes, die Wissenschaft geht eher von einer gekonnten Fälschung aus. Dagegen spricht wiederum ein Bezug in Sure 95 des Koran, in welcher der Prophet einleitend »beim Feigenbaum und dem Ölbaum und dem Berg Sinai und diesem sicheren Gebiet« schwört.

Wie auch immer – das Papier verfehlte seine Wirkung nicht: Ein ägyptischer Herrscher nach dem anderen erneuerte den Schutzbrief für das Kloster, das mittlerweile etwa hundert derartiger Dokumente besitzt. 1517, als ottomanische Truppen den Sinai besetzten, stahlen diese das ›Original‹, gaben es dem Sultan von Istanbul als Geschenk und hinterließen dem Kloster nur die bis heute erhaltene Kopie.

Angreifende Beduinen

Die Eroberung Ägyptens 1517 durch die Türken stärkte dank der klugen Politik der Mönche das Gedenken an den Schutzbrief des Propheten und hielt das Ansehen des Klosters hoch, über dessen Zustand Pilger in den folgenden Jahrhunderten höchst unterschiedliche Berichte gaben. Ein Problem war allerdings auch mit zusätzlichen päpstlichen Schutzbriefen, die es sowohl von der katholischen als auch von der orthodoxen Kirche gab, nicht zu lösen, sondern nur mit Befestigung und Verbarrikadierung: die regelmäßig wiederkehrenden Überfälle von Beduinen. Zeitweise sollen bis zu 400

Mönche in dem Kloster gelebt haben, sogar römisch-katholische. Finanzieren konnte sich die Gemeinschaft durch Schenkungen von Ländereien auf Kreta, auf Zypern, in der Türkei, in Rumänien und Russland, die sie jedoch im 19. Jh. allesamt verloren.

Eindeutig belegt ist die Geschichte des Klosters wieder ab 1798, als Napoleon Bonaparte während seines gescheiterten vierjährigen Ägyptenabenteuers den Mönchen Frankreichs Schutz zusicherte. Mehr noch: die Gelehrten, die mit Napoleon reisten, konnten den Kaiser davon überzeugen, das durch ein Erdbeben beschädigte, von nur sechs Mönchen bewohnte Kloster zu befestigen. Durch europäische Reisende lebte das Katharinenkloster in den Herzen frommer Pilger und wissensdurstiger Bibelforscher wieder auf, darunter der Schweizer Forscher Johann Ludwig Burckhardt, der 1812 Petra (im heutigen Jordanien), die rosarote Felsenstadt der versunkenen Nabatäerzivilisation, entdeckt hatte.

Im 19. Jh. ließ der Albaner Mohammed Ali, der Vater des modernen Ägyptens, den Mönchen sogar Geld für den Erhalt ihrer Gebäude und Kirchen zukommen. Die Brüder konnten sich nun so sicher fühlen, dass sie sogar jene Zugänge wieder öffneten, die seit dem Mittelalter geschlossen waren. Über dem Nordosteingang befindet sich auch noch der hoch über dem eigentlichen Eingang gelegene Zugang, durch den der Besucher wie Waren einst mithilfe eines Flaschenzugs und eines kleinen Korbes hochgehievt werden mussten.

Das Kloster heute

Das **älteste von christlichen Mönchen bewohnte Kloster** gehört nicht zur koptischen Kirche Ägyptens, sondern zur griechisch-orthodoxen. Früher lebten hier Mönche aus vielen Ländern, heute sind es ausschließlich Griechen, Syrer und Armenier, die ihren gemeinsamen Tag um 4 Uhr beginnen und gegen 17 Uhr beenden.

Der Orden genießt größte Unabhängigkeit, die sich unter anderem in der Wahl des Erzbischofs von St. Katharina (kleinstes Bistum der Welt) manifestiert. Den Bischof (gleichzeitig auch Abt) weihen der Patriarch von Jerusalem, ein ökumenischer Patriarch der griechisch-orthodoxen Kirche Griechenlands sowie die Bischöfe von Alexandria, Konstantinopel (Istanbul), Rom und Moskau.

Die Arbeiten im Kloster werden je nach Geschick verteilt, breiten Raum nimmt die Lektüre spiritueller Texte ein. Einige Mönche bewirtschaften den klostereigenen Obst- und Gemüsegarten.

Mosesbrunnen und Museum

Gegenüber der Nordwestecke der Basilika befindet sich ein stillgelegter **Brunnen**, aus dem angeblich Moses getrunken haben soll. Darüber liegt das **Museum**. Es zeigt in neun Räumen, die als heilige Sakristei bezeichnet werden, wundervolle Ikonen, darunter **byzantinische Meisterwerke** aus dem 6. Jh. Darüber hinaus sind auch **Manuskripte** in Aramäisch, seltene Gebetsbücher, wertvolle Bibeln, Kreuze, liturgische Gegenstände aus Silber, Gold, Elfenbein und Edelsteinen zu sehen.

Der Stolz des Klosters sind die in einer Glasvitrine gezeigten Blätter aus dem **Codex Sinaiticus**, der im Britischen Museum in London aufbewahrt wird (s. S. 231).

Orientierung im Kloster

Nur ein kleiner Teil der gesamten Klosteranlage, die im Inneren aus wenigen Gassen, vielen Treppen und verwinkelten Gebäuden besteht, ist für Besucher geöffnet. Das Kloster erstreckt sich über zwei Ebenen. Die Grundfläche beträgt 85 x 75 m; die 13 bis 15 m hohen rötlichen Granitmauern aus dem 6. Jh. sind in bestem Zustand. Der Eingang befindet sich an der Nordostseite.

Der Schutzbrief des Propheten und ein Brief des Leipziger Theologen Konstantin von Tischendorf (s. S. 231) hängen in einem dunklen Gewölbe, das an einem Buchladen vorbei zur äußeren Gasse des Klosters führt. Links geht es zum brennenden Dornbusch, rechts zur Basilika Justinians.

Frühbyzantinische Basilika

Die frühbyzantinische **Basilika** (Grundfläche 40 x 20 m) betritt man seitlich durch die Vorhalle, eine mit **Ikonen dekorierte Galerie**. Über 2000 Ikonen beherbergt das Kloster – die älteste datiert aus dem 6. Jh.: Es ist die weltweit wichtigste Einzelsammlung. Das Kloster geriet durch Glück und Geschick nie in den Bilderstreit (Ikonoklasmus) des 8. und 9. Jh., der mit einem Verbot der Anfertigung und Verehrung von Heiligenbildern endete und sogar deren Zerstörung verlangte.

Am Ende der Vorhalle sind in Vitrinen Kopien einiger **wertvoller Bibeln** aus Äthiopien, Persien, Georgien und Griechenland ausgestellt. Schön sind auch die nach außen führenden Holzportale aus dem 6. Jh. Die Darstellungen von Christus mit verschiedenen Tieren sind Originale.

Katharinenkloster

Auf dem Niveau des brennenden Dornbusches (s. l.) liegt das breite **Mittelschiff der Basilika,** getragen von zwei Reihen mit je sechs Säulen und gesäumt von zwei schmalen Seitenschiffen. Das Innere wirkt mit seinen Ikonen, prachtvollen goldenen Kerzenleuchtern und Lüstern auf uns heute sehr überladen.

Die **Apsis** zeigt ein original erhaltenes frühchristliches Mosaik: die Verklärung Christi auf dem Berg Tabor: »Und er wurde verklärt vor ihnen, und sein Angesicht leuchtete wie die Sonne, und seine Kleider wurden weiß wie das Licht. Und siehe, da erschienen ihnen Moses und Elija; die redeten mit ihm ... Als er noch so redete, siehe, da überschattete sie eine lichte Wolke: Und siehe, eine Stimme aus der Wolke sprach: Dies ist mein lieber Sohn, an dem ich Wohlgefallen habe; den sollt ihr hören« (Matthäus 17, 2–5).

Um Jesus gruppieren sich Moses und Elias, zu seinen Füßen liegt Petrus, seitlich knien Jakob und Johannes. 32 Medaillons rahmen die zentrale Szene ein; sie zeigen die Abbilder der zwölf Apostel sowie 16 Propheten, die beiden Stifter des Mosaiks (links und rechts in der Ecke), König David (im Medaillon unter Jesus) und eine Kreuzdarstellung (im Medaillon über Christus' Haupt). Über dem Doppelfenster eine Darstellung Moses mit den Zehn Geboten.

Heiliger Boden

Über dem **Doppelfenster,** das als durchdachter Bestandteil des Mosaiks den **Blick auf den Mosesberg** freigibt, ist Moses am brennenden Dornbusch sowie bei der Entgegennahme der Zehn Gebote dargestellt. Interessant ist an diesem Motiv, dass die Zehn Gebote in dieser frühen Darstellung auf Rollen geschrieben stehen, nicht auf Steintafeln, wie es die biblische Überlieferung will.

Der **marmorverkleidete Altar** beherbergt links und rechts zwei **Schreine der Katharina** (mit Goldkrone geschmückter Kopf, mit Goldringen dekorierte Hand Katharinas), Schenkungen der russischen Zaren Peter der Große (1680) und Alexander II. (1860). In den nicht zugänglichen Seitenschiffen reiht sich **Kapelle an Kapelle.** Eine weitere Besichtigung der Basilika ist, außer für privilegierte Reisegruppen, nicht möglich.

Einzelreisende können Glück haben und sich unter Umständen unbemerkt einer privilegierten Reisegruppe anschließen, die durch die **Jakobuskapelle** bis zur kleinen **Kapelle des brennenden Dornbusches** aus dem 4. Jh. vorgelassen wird (Taschenlampe empfehlenswert). Beachtung verdient dort die Holzdecke mit dem grünen Sternenhimmel. Die Kapelle befindet sich an der Stelle des **ursprünglichen Dornbusches,** der aber wohl von frühen christlichen Pilgern für Souvenirzwecke Zweig um Zweig zerlegt wurde, bis ihn die Mönche an den heutigen Standort verpflanzten.

Stufen führen hinab zu einer Kammer von nur 3 x 5 m, die einen kleinen, von vier Marmorsäulen getragenen Altar birgt und als heiligster Platz des Klosters gilt. Durch das winzige Fenster über dem **Altar** gelangt nur einmal pro Jahr, am 23. März, ein Sonnenstrahl und fällt dort auf den Boden, wo die Wurzeln des Dornbusches angeblich bis heute liegen.

Falls die Kapelle betreten werden darf, dann nur ohne Schuhe, wie der Herr in Exodus 3,5 Moses befiehlt: »Und er sprach: Tritt nicht näher heran! Zieh deine Sandalen von deinen Füßen, denn die Stätte, auf der du

In der prachtvoll ausgestatteten Basilika

229

Zentralsinai

stehst, ist heiliger Boden!« Von hier geht man den Weg durch die Basilika zurück, an der Mosesquelle und am Klostereingang vorbei und stößt am Ende der Gasse auf den von einer Mauer geschützten brennenden Dornbusch, eine Art, die auf dem Sinai insgesamt nur zwölfmal von Botanikern geortet wurde (nach Auskunft der Mönche scheiterten auch alle Versuche, selbst von Botanikern, Ableger dieses syrischen Blasenstrauches andernorts als hier zum Gedeihen zu bringen).

Glockenturm und Moschee

Der **Glockenturm**, ein Zarengeschenk aus dem 19. Jh., besitzt zehn Metallglocken sowie eine aus Holz, die all-

Die Handschriften der Bibliothek sind ein Kleinod des Klosters

morgendlich geschlagen wird, während die Metallglocken nur an Fest- und Sonntagen zu hören sind.

Neben dem Turm liegt eine **Moschee**, die, so schließen Archäologen aus der Grundstruktur, ein umgebautes Gästehaus ist und im 11. Jh. zur Besänftigung des Vandalenkalifen und Christenfeindes Al Hakim erbaut worden war. Das 10 m hohe **Minarett** ist niedriger als der Glockenturm; den

Schlüssel für die Moschee haben die Mönche den Beduinen des Mosesbergs anvertraut.

Die Bibliothek

Nur auserwählten Fachbesuchern ist die **Bibliothek** südlich der Basilika zugänglich. Sie beinhaltet rund 2000 in zwölf Sprachen (u. a. Griechisch, Syrisch, Armenisch, Arabisch, Polnisch) verfasste Bücher und Manuskripte des 3.–19. Jh. Hinzu kommt die größte **Handschriftensammlung (3500 Bände)** nach der des Vatikans, zu der einer der ältesten Bibeltexte, der **Codex Syriacus** (2. Jh.) und der nicht minder bedeutende **Codex Sinaiticus** (4. Jh.) zählen. Letzterer ist wiederum eng verbunden mit der Geschichte des Leipziger Theologen Friedrich Konstantin von Tischendorf. Der sächsische Theologe war von 1844 an auf Order des Zaren Alexander des Großen, Schutzherr der Christenheit im Orient, mehrmals für Studienzwecke in St. Katharina und stieß dort u. a. mithilfe eines Mönchs auf den Codex, den er schließlich in weiten Teilen an sich nahm. Seither dreht sich vieles um die Frage dieses Diebstahls.

Die Bibliothek des Klosters darf man sich nicht vorstellen wie jenes Labyrinth des versteckten Wissens aus ›Der Name der Rose‹. Das Anfang der 1950er-Jahre erbaute Gebäude an der Südwestmauer, das zudem noch eine **Ikonengalerie** und das **Refektorium** der Mönche beherbergt, ist ein feuersicheres, nicht gerade geräumiges, aber funktionales Haus, kaum geeignet für große Besucherströme.

Die Sammlung umfasst Schriftrollen, manche mehrere Meter lang, Pergamente und Bücher aus der Zeit nach der Entstehung der Buchdruckerkunst im 15. Jh., die sich mit unterschiedli-

Zentralsinai

chen – religiösen, liturgischen, natur- und geisteswissenschaftlichen sowie mit historischen – Themen befassen. Berühmt wurde schon vor dem Codex Sinaiticus der so genannte Codex Syriacus, die erste Bibelübersetzung überhaupt aus dem 5. Jh. Sie wurde aus dem ursprünglichen Pergament entfernt, um es neuerlich zu benutzen. Aus diesem Grund lässt sich der Text teilweise nicht mehr mit dem bloßen Auge erkennen.

Ein anderer Schatz der Bibliothek ist das **Traktat des Abtes Klimakos** aus dem 12. Jh., das sich mit der Himmelsleiter beschäftigt. Das in 30 Kapitel unterteilte Buch vermittelt einen aufschlussreichen Einblick in das Klosterleben, da sich der Autor nicht nur allgemein mit den 30 Tugenden, die in den Himmel führen, und den Versuchungen, die das verhindern können, beschäftigt, sondern sich explizit zur mönchischen Lebensweise äußert: Wie man beispielsweise andächtig beten und Ikonen verehren sollte oder wie ein Mönch sich in der Öffentlichkeit zu benehmen habe (leider keine Pflichtlektüre für die heutigen Mönche).

Mönch am Mac
Damit der Codex Sinaiticus und andere Werke der Bibliothek in ihrer Gesamtheit der Menschheit virtuell zugänglich werden, gibt es verschiedene **Projekte der Digitalisierung**. Der in Texas geborene Father Justin hat in seiner Computerwerkstatt hier im Katharinenkloster begonnen, den Codex (soweit hier vorhanden) sowie die übrige Bibliothek – illuminierte Handschriften, alte Handschriften, dicke Folianten – mit einer Spezialkamera einzuscannen und digital zu katalogisieren. Irgendwann soll alles, auch der weltweit verstreute Codex, wieder zusammengeführt werden – zunächst im Internet, danach in Bildbänden.

Ikonengalerie

Den größten Schatz des Katharinenklosters repräsentiert aber die **Ikonengalerie**, die zum größten Teil nicht zugänglich ist. Den unermesslichen Reichtum an kostbaren Unikaten kann man nur erahnen, wenn man die dagegen vergleichsweise unspektakuläre Ikonenauswahl in der Basilika und dem Museum gesehen hat.

Gebeinhaus

Außerhalb des Klosters liegt der von einer Bergquelle ausreichend mit Wasser versorgte **Garten**. Die Erde, auf der die Oliven, Aprikosen, Orangen und Gemüse für die Mönche gedeihen, holten schon vor Generationen die Glaubensbrüder selbst aus fruchtbaren Gegenden des Sinai. Ein unterirdischer Tunnel, der blockiert ist, verbindet den Garten mit dem Klosterinneren.

Als zentrales Gebäude lohnt einen Besuch die **Kapelle des Tryphon,** die als **Gebeinhaus** dient. Da rund um das Kloster felsiger Steinboden das Anlegen von Gräbern unmöglich macht, werden in der Kapelle die Skelette der verstorbenen Mönche aufbewahrt. Allerdings: Die frisch Verstorbenen werden zuvor für etwas mehr als ein Jahr auf einem kleinen Durchgangsfriedhof neben der Kapelle bis zu ihrer Skelettierung in der Erde begraben.

Danach werden sie umgebettet, wobei das Wort umgebettet eher übertrieben pietätvoll klingt. Wie sich ein jeder mit einem Blick durch die Gittertür vergewissern kann, herrscht in dem Gebeinhaus eine eigene, dem Leben im Kloster entsprechende hierarchische Ordnung für die Ewigkeit: Die Knochen werden auf einen Haufen geschichtet, ein Schädel auf den anderen – soweit es sich um einfache Mönche

Der Mosesberg

Historische Darstellung des Mosesberges mit dem Katharinenkloster, 16. Jh.

handelt. Märtyrer und Bischöfe dagegen werden etwas pietätvoller in Holzkästen in bestimmten Nischen der Kapelle zur letzten Ruhe gebettet. Eine ungewöhnliche Prozedur widerfuhr dem Eremiten und Heiligen Stephanos, gestorben 580: Er wurde lange Zeit auf einem Stuhl sitzend, bekleidet und eine violette Kappe auf dem Schädel tragend zur Schau gestellt. Diese makabre Sehenswürdigkeit wurde mittlerweile entfernt.

Der Mosesberg! ▶ F 8

Der 2285 m hohe **Mosesberg** gilt nicht nur Christen als heilig, sondern auch den beiden anderen Offenbarungsreligionen, dem Islam und Judentum. Dabei stellen sich alle Religionen wohl dieselben Fragen: Was geschah hier nach dem Auszug der Israeliten wirklich? Und: Wo geschah was? Die Bibelforschung versucht – ohne absehbares Ende – zu klären, wo die Schlüsselereignisse der Bibel wirklich stattfanden.

Auf dem Berg Sinai gab Gott, so die Überlieferung, Moses die Zehn Gebote. Vom Berg Horeb spricht das Alte Testament. Ob damit aber der Berg Sinai oder der Gebel Serbal nahe der Oase Feiran gemeint war, ist nicht belegbar. Für den Berg Sinai spricht die frühe Anwesenheit der Einsiedlermönche an diesem Berg, möglicherweise hatten sie genauere Hinweise aus alten Schriften, die inzwischen verlorengegangen sein könnten. Im Arabischen wird der Mosesberg Gebel Musa oft auch Gebel Iti genannt, der Berg, an dem man sich verliert – wie sich die Israeliten verloren, als sie um das Goldene Kalb tanzten, während Moses den Dekalog empfing.

Ein Erlebnis ist die frühmorgendliche Besteigung des Bergs (s. S. 234).

Gesucht: Die Zehn Gebote

Wo sind die Tafeln mit den Zehn Geboten? Selbst der texani-   ▷ S. 237

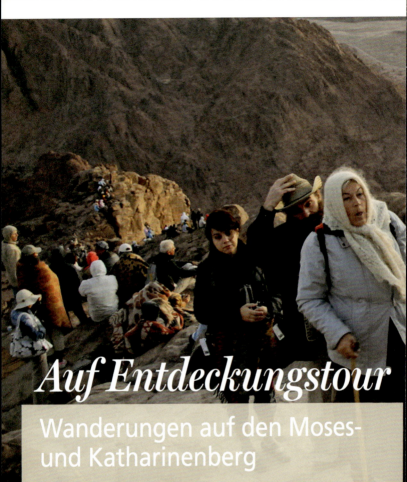

Auf Entdeckungstour

Wanderungen auf den Moses- und Katharinenberg

Es ist der heilige Berg des Sinai – und der Christenheit. Den Mosesberg kann der Reisende auf ganz besondere Weise erleben: mit einer Wanderung auf das Gipfelplateau. Gottes Lohn für die Mühe ist das erhebende Gefühl, an demselben Ort zu stehen wie einst Moses. Einsamer und anstrengender ist der Weg auf den Katharinenberg.

Reisekarte: ▶ F 8

Start: Morgens gegen ca. 2 Uhr; von November bis März kann man die Tour auch bei frühem Tageslicht beginnen, ohne die Mittagshitze fürchten zu müssen, verpasst dann aber den Sonnenaufgang.

Zeit: Mosesberg: ca. 7–8 Stunden, Katharinenberg ca. 9–11 Stunden.

Die Wanderung beginnt am frühen Morgen am Fuß des Berges Sinai, kurz nach zwei Uhr. In dem einfachen Matratzencamp, das Beduinen hier am Fuß des Mosesbergs aufgeschlagen haben, erwacht das Leben. Am Abend zuvor gab es für die Ausflugsgruppe gegrilltes Lamm, Getränke und frühe Bettruhe. Dutzende Touristen und Pilger trinken im Dunkeln ein Glas starken Tee und versuchen, ihre Müdigkeit abzuschütteln. Sie haben eine anstrengende Tour vor sich, auf die sich manche ein Leben lang gefreut haben.

Auf den Mosesberg

Ein Schotterweg führt von dem Camp zum Sammelplatz, wo bereits geschäftstüchtige Kameltreiber mit ihren Tieren darauf warten, dass sich aus Richtung des Camps die ersten Kegel von Taschenlampen nähern. Mindestens 100 LE werden sie dafür verlangen, dass all die Leute, die keine allzu ausgeprägte Wanderlust verspüren, etwa zwei Drittel des Weges Sikket el Basha hoch zum Gipfel auf dem Rücken eines Kamels zurücklegen können. (Ein zweiter, äußerst anstrengender Weg, Sikket Saydna Musa, führt hinter dem Kloster zum Mittelplateau. Diese sog. Mosesstiege eignet sich nur für geübte Berggeher mit Kondition.)

Das Kamel-Taxi ist ein sicheres Geschäft für die Beduinen.

Die Gruppen, die den Berg besteigen wollen, den Moses mit weit über 80 Jahren erklommen haben soll, sind bunt gemischt: junge Leute, Rucksackreisende, Pauschaltouristen, die mit dem Bus kamen, Sinai-Traveller, die mit dem Jeep quer durch die Wüste anfuhren – und viele alte Leute, Gläubige aus allen Ländern, die sich, so betagt sie auch sein mögen, diesen Weg zu gehen ein Leben lang gewünscht haben – so wie sich andere in Jerusalem

auf dem kurzen Kreuzweg Jesu, der Via Dolorosa, mit schweren Kruzifixen selbst geißeln. Für viele bedeutet die Wanderung so viel wie eine Pilgerfahrt nach Lourdes oder Altötting. Eine ältere Dame aus dem Sauerland erzählt, sie habe bei einem früheren Ägyptenbesuch ein Gelübde abgelegt. Sollte ihr Mann vom Krebs geheilt werden, dann wollte sie auf dem Mosesberg zu Gott beten.

Vor dem letzten, steilen Stück lädt das **Mittelplateau** mit einer großen Zypresse zur Rast ein. Hier soll der Herr Elias erschienen sein, und hier sollen sich zwei Höhlen befunden haben. In der einen versteckte sich Elias vor den Israeliten, die ihn töten wollten; in der zweiten Grotte soll er sich verborgen haben, nachdem er die Priester, die Gott Baal dienten, ermordet hatte. Eine verlassene Kapelle erinnert an den Propheten. Vor der **Mosesstiege** soll nach einer anderen Überlieferung der heilige Stefan Pilgern die Beichte abgenommen haben, ehe er ihnen Absolution erteilte und sie das Tor des Glaubens passieren ließ: barfuß, so wie auch Moses barfuß vor den Herrn trat. Vom Mittelplateau führen anstrengende Stufen zum Gipfel.

Kurz unterhalb des Gipfels liegt ein kleines Plateau; ein **Stein trägt einen Abdruck**, von dem der beduinische Volksglaube sagt, es sei der Fußabdruck eines Kamels des Propheten und stehe in Verbindung mit Mohammeds Nachtreise in den Himmel (nach offizieller Auslegung islamischer Geschichte fand diese wunderbare Reise mit dem Pferd Al Buraq allerdings in Jerusalem statt, nach Mekka und Medina daher auch drittheiligster Ort der Muslime). Wer viele der alten Menschen sieht, vor allem im letzten Drittel des Weges, wie sie sich keuchend die unregelmäßigen Steinstufen –

235

nicht viel mehr als zurecht gelegte Felsblöcke – hochquälen, wer sieht, wie manche am Ende ihrer Kräfte kurz vor dem Ziel aufgeben müssen, der fragt sich, ob niemand diese Menschen vor der kolossalen Anstrengung gewarnt hat und wie viele hier oben wohl schon kollabiert sind. Die Beduinen jedenfalls sagen, sie würden regelmäßig halbtote Pilger vom Berg holen. Das mag ein wenig übertrieben sein – aber nur ein wenig.

Auf dem **Gipfelplateau** angekommen, sind alle Mühen vergessen. Hier steht anstelle einer von Kaiser Justinian im 4. Jh. errichteten **Kapelle** ein Neubau aus den 1930er-Jahren. Daneben erinnert eine **Moschee** daran, dass hier der als Heiliger verehrte Nebi Saleh in den Himmel aufstieg.

Dicht drängeln sich meist Pilger, Wanderer und Sammler von **Sonnenaufgangs-Schnappschüssen**. Die einen genießen die **Landschaft und das Panorama**, wenn das Morgenrot das Grau der Dämmerung vertreibt und den Blick weit über den Sinai freigibt. Andere blicken ergriffen zum **Himmel**,

Pilgerwanderer auf den Mosesberg

beten leise; eine Gruppe aus der Ukraine singt einen Kirchenchoral. Der Leiter der Gruppe, ein Pfarrer, predigt und segnet seine Gläubigen. Man trinkt Tee, isst eine Kleinigkeit.

Dann geht es wieder hinab ins Tal. Die ersten kräftigen Strahlen der Sonne lassen spüren, dass der Tag heiß werden wird, der Abstieg schon am frühen Vormittag beschwerlich werden könnte.

Für den Abstieg hat man erneut die Wahl: die Mosesstiege Sikket Saydna Musa, in die Knie gehend und bei Fehltritten gefährlich, wird zum raschen Abstieg benutzt, ist aber Ungeübten nicht zu empfehlen; die 3700 Granitstufen legte ein Mönch in Erfüllung eines Gelübdes an. Wer nicht sehr trainiert ist, bzw. seine Kniegelenke schonen will, sollte den Pfad, auf dem man aufgestiegen ist, nehmen.

Auf den Katharinenberg

Eine weitere Besteigung liegt für – allerdings wirklich sportliche – Bergeher nahe: die des **Katharinenberges** (Gebel Katharina). Vom Gipfel (2642 m) erlebt man den **besten Ausblick über den Sinai** (bei gutem Wetter vom Golf von Suez bis über den Golf von Aqaba, Jordanien, Saudi-Arabien). Fünf Stunden dauert der Auf-, etwa drei der Abstieg. Der Pfad entstand ebenfalls in Erfüllung eines Mönchsgelübdes. Die **Rebhuhnquelle** im ersten Drittel des Weges erinnert an pilgernde Mönche, die beim Aufstieg vor Hitze und Durst umzukommen drohten. Da flog nach der Legende ein Rebhuhn hoch und zeigte den Gottesleuten die rettende Quelle. Die **Kapelle** auf dem Gipfel beherbergt einige unbedeutende Ikonen; in zwei Kammern können Pilger übernachten, den Schlüssel muss man vorher im Katharinenkloster besorgt haben.

sche Abenteurer Cyril Jones, leibhaftige Vorlage für die Indiana-Jones-Filme, machte sich schon mit Schaufel und Spaten auf die Suche nach den **Steintafeln**, auf denen einst die Zehn Gebote standen. Jones versuchte sein Glück – vergeblich, wie schon viele vor ihm an vielen anderen Orten – bei Jericho im Westjordanland. Für Glücksritter ebenso wie für seriöse Forscher wäre der Fund der verschollenen Tafeln so bedeutend wie das Auftauchen des Heiligen Grals – wenn es sie denn überhaupt gibt. Denn mehr und mehr verdichten sich die Indizien, dass das gesamte Alte Testament reine »Fiktion« ist, wie Rolf Krauss, Archäologe am Ägyptischen Museum in Berlin, nach über 20-jähriger Forschung im Einklang mit anderen angesehenen Forschern resümierte.

In Exodus 20, 1–17, finden sich die zehn Regeln, die, auch vom religiösen Kontext losgelöst, nicht mehr und nicht weniger leisten, als allgemeine Regeln für ein zivilisiertes menschliches Zusammenleben aufzustellen.

1. Ich bin der Herr, dein Gott. Du sollst nicht andere Götter haben neben mir. Du sollst dir kein Bildnis noch irgendein Gleichnis machen, weder des, das oben im Himmel, noch des das unten auf Erden, oder des, das im Wasser unter der Erde ist. Bete sie nicht an und diene ihnen nicht. 2. Du sollst den Namen des Herrn, deines Gottes, nicht unnützlich führen; denn der Herr wird den nicht ungestraft lassen, der seinen Namen missbraucht. 3. Du sollst den Feiertag heilig halten. 4. Du sollst Vater und Mutter ehren. 5. Du sollst nicht töten. 6. Du sollst nicht ehebrechen. 7. Du sollst nicht stehlen. 8. Du sollst nicht falsch Zeugnis reden wider deinen Nächsten. 9. Du sollst nicht begehren deines Nächsten Haus. 10. Du sollst nicht begehren deines Nächsten Weib,

Knecht, Magd, Vieh oder alles, was sein ist.

Verschwundene Bundeslade

Nach der Überlieferung wurde die Bundeslade mit den Gesetzestafeln in der Stiftshütte aufbewahrt, einem Zelt, das während des Exodus der Israeliten als eine Art mobiler Ersatz-Tempel diente.

Davids Sohn König Salomo (965/964–928 v. Chr.) ließ sie im Ersten Tempel von Jerusalem aufbewahren. Die **Bundeslade** war eine Truhe aus Akazienholz, die die beiden Gesetzestafeln Mose, den Stab Arons sowie das biblische Manna-Brot enthielt, eigentlich eine essbare, honigsüße Absonderung der Manna-Schildläuse, die die Israeliten in der Wüste Sinai vor dem Verhungern bewahrte.

Nebukadnezars Babylonier plünderten 586 v. Chr. den Tempel. Der Prophet Jeremias, der in seinen Klageliedern (Lamentationes) die Zerstörung des Tempels beweinte, versteckte die Bundeslade angeblich auf dem Berg Nebo im Ostjordanland. Sie ist bis heute verschwunden – wie der Heilige Gral, der Trinkbecher Jesu vom letzten Abendmahl.

Katrien (St. Katherina/Migla) ► F 7/8

Das Katharinenkloster liegt knapp 4 km vom Ort **Katrien** (auch Migla, Katreen, Katrin, St. Katherina oder St. Catherine genannt und geschrieben) entfernt. Hier eine Nacht zu bleiben, birgt den Vorteil, dass man am Morgen schon im Kloster unterwegs ist, wenn die Touristenbusse erst anrollen. ▷ S. 241

Auf Entdeckungstour

Gebirgstrekking im Zentralsinai

Die Bergwelt des Sinai wird seit Jahren mehr und mehr von Naturfreunden entdeckt, denen Ausflug und Kletterpartie in ein Wadi nicht genug sind. Bevorzugt in der Region um das Katharinenkloster treffen sich Trekking-Urlauber zu Kamelsafaris und Gebirgswanderungen.

Reisekarte: ▶ F 7/8

Zeit: 4–7 Tage

Planung: Sämtliche Touren müssen mit einem beduinischen Führer unternommen werden, den Sheikh Mousa, Mountain Tours Office, vermittelt (s. S. 241).

Start: St. Kathrin, El Milga Bedu Camp (5 Minuten von der Busstation, 3 km vom Kloster entfernt).

Den Badetrubel auf dem Sinai – viele suchen ihn erst gar nicht, ziehen dem Strandtourismus die Stille der Wüste und der Berge vor. Lawrence von Arabien, einst im heutigen Jordanien unterwegs, war nicht der erste, ist aber bis heute einer der prominentesten Reisenden, die die Wüste als Seelenlandschaft beschreiben, für jeden nachvollziehbar auf Trekkingtouren. Da erlebt man diesseits des Golfes von Aqaba den biblischen Sinai als sinnliches Erlebnis. Ein Trip-Tipp für geübte Berggeher ist die folgende Tour – Notizen aus dem kleinen Reisetagebuch.

Tag 1: Das Tee-Frühstück findet im Schatten statt, mit Blick auf den Stein-Bungalow von Sheikh Mousa, hinter dem sich die mächtigen Sinai-Berge erheben. Während die Trekking-Touristen noch entspannen, haben Sheikh Musas Leute die Lastkamele für den Aufstieg ins Gebirge beladen. Bereits am Vorabend fand der Gepäck-Check statt: Ist warme Kleidung für die kalten Wüstennächte eingepackt, dazu Moskitonetz, Sonnenschutz, reichlich Energieriegel, Taschenlampe und Toilettenpapier. Sechs bis acht Stunden wandert man am ersten wie an jedem anderen Tag, erreicht die Passhöhe **Nagb el Faria**, genießt von dort erstmals den Blick über den Sinai. Ein Erlebnis ist die Übernachtung unter dem klaren Sternenhimmel. Wenn es ein Himmelszelt gibt, dann ist das Tuch, vor dem das Himmelsgold nur so funkelt, schwarz wie Pech.

Tag 2: Die Lastenkamele sind vor den Trekkern losgezogen; man wird sie erst am Abend wiedertreffen, wenn ihre Treiber auch das Abendessen zubereiten. Den Proviant für den Tag trägt jeder Trekker mit sich. In der Ferne erkennt man den **Gebel el Banat** mit seinen bizarren Felsformationen. Der Aufstieg erlaubt einen einzigarti-

gen Blick auf das St. Katharinakloster und sogar weit ins Wadi Feiran. Der steile Abstieg ins **Wadi Gharba** macht die Knie weich. Das Wadi, im Sommer trocken, verwandelt sich im Winter nach Regenfällen in einen reißenden Bach. Im Frühjahr stößt man hier auf natürliche Pools, sieht ab und an sogar Wasserfälle, die im Sommer natürlich versiegen.

Bei dem Flecken **Sheikh Awad**, in dem der Sheikh als Lokalheiliger verehrt wird, wächst auf einer kargen Ebene im Sommer kaum ein Grasbüschel. Hier wird das Nachtquartier aufgeschlagen, mit Glück in einem Beduinengarten.

Tag 3: Die Entlohnung für das eher karge Sheikh Awad bringen die Wanderung zum **Grab von Sheikh Ahmed**, ins **Wadi Ginab**. Grün macht sich breit. Mächtige Palmen erheben sich auf dem Weg ins Wadi Tilah. In beduinischen Gärten wuchern Kräuter. Einer der Führer erteilt eine Kurzlektion in Naturheilkunde à la Sinai. Die eine Teemischung helfe gegen Bauchschmerzen und Magenkrämpfe, ein Kapernsud kuriere Entzündungen. Übernachtung im Wadi Tilah.

Tag 4: Wadi Watin. Wanderung durch das landschaftlich abwechslungsreiche Wadi Ginab zum Wadi Watin mit Beduinengärten, Palmengruppen und Steinformationen wechseln sich ab. Vor dem Sonnenuntergang geht es hinauf zu einem Plateau des Abbas Basha, ein Platz, der in der Abenddämmerung einen einmaligen Rundblick bietet. Namensgeber des Berges ist ein türkischer Pascha, der sich an diesen Platz zurückzog, um sein Asthma in der klaren Sinai-Luft zu kurieren. Er starb hier 1854. Eine andere Version (von noch etlichen weiteren) erzählt, der Pascha suchte einen Ort für seinen Bergpalast, ließ auf jeden

Gipfel ein Stück Fleisch legen. Dort, wo das Fleisch zuletzt verrottete, ließ er den Bau auf 2383 Metern beginnen, wurde aber 1854 ermordet. Der Palast wurde nie vollendet. Nach der Überlieferung bildeten Soldaten bis zum Bauplatz einen Menschenkette, reichten von Mann zu Mann jeden Stein weiter.

Tag 5: Auf dem Programm steht ein anspruchsvoller Aufstieg zum **Abbas-Berggipfel,** zu dem ein leichter und ein etwas schwierigerer Weg führen. Der Lohn: ein fantastischer Ausblick auf Katharinen- und Mosesberg. Letzte Übernachtung unter dem Sternenhimmel.

Tag 6: Über das malerische **Wadi Quweis** geht es bequem nach St. Katherina. Das letzte Mittagessen mit den Beduinen. Einige machen sich zum Mosesberg auf, wollen den Mosesberg erklimmen und am nächsten Tag den Sonnenaufgang erleben. So endet die Trekkingtour.

Immer wieder entschädigen die Ausblicke über den Sinai für die Anstrengungen der Wanderung

Katrien

Dass es relativ viele Unterkünfte an dem abgelegenen Ort gibt, hängt damit zusammen, dass die Gegend um St. Katherina Ausgangspunkt für Wanderungen, Trekking und ähnliche Aktivitäten ist. Von einer Anfahrt erst in der Nacht ist abzuraten; die Strecke ist dunkel und jede Nachtfahrt in Ägypten gefährlich.

Übernachten

Ordentlich – **St. Catherine Tourist Village:** Wadi El Raha, Tel. 069 347 03 24, Fax 069 347 03 74, www.misrsinai tours.com/ST.html. DZ ab 75 US-$. Sehr ordentliches Hotel, das bei Reisegruppen beliebt ist.
Gemütlich – **Catherine Plaza:** Tel. 347 02 89, Fax 069 347 02 92, www.cathe rineplaza.com, DZ ab 70 US-$. Komfortables Hotel mit Pool, Restaurants, Billard, Gelegenheit zum Mountainbiking, Trekking (ein- und mehrtägig).
Modern – **Monastery Guesthouse St. Catherine:** Am Kloster, Tel. 069 347 03 53. Modernisiertes, angenehmes Klosterhostel. DZ ab 45 US-$.
Beduinisch – **Al Karm Ecolodge Sheikh Awad:** Tel. 069 347 00 32, DZ ab 80 LE. Von Beduinen betriebenes, abgelegenes Camp. Der Aufenthalt hier bedeutet, sich in karger Umgebung auf das absolut Wesentliche und absolut Notwendige zu beschränken. Man kann im Gebirge wandern und klettern, Kraft tanken. Andere Gäste sind des Fastens wegen hier.

Essen & Trinken

Einfach – **Ikhlas:** nahe der Bäckerei, Tel. 069 347 04 55. Schlichtes Restaurant mit Teppichen und niedrigen Tischen; Hauptgericht mit Fleisch oder Huhn ab 30 LE.

Einfach – **Katreen Resthouse:** Neben Ikhlas, hinter der Moschee. Tel. 069 347 03 74. Mit netter Veranda. Einfache Hauptgerichte ab 25 LE.

Aktiv & Kreativ

Fastenwandern – »Allah hat aus der Wüste alles Überflüssige entfernt, damit wir Menschen das wahre Wesen der Dinge erkennen können«, wirbt ein Veranstalter für **Sinai-Fastenwanderungen.** Des milderen Klimas wegen finden diese Touren meist in der höher gelegenen Gebirgswüste (1800 m) rund um den Mosesberg statt. Fasten als ganzheitliche Methode soll Herz, Kreislauf und Bewegungsapparat entlasten, Ab-

Mein Tipp

Wohnen und Trekking mit Sheikh Mousa

Das Camp ist ein Tipp bei Rucksackreisenden. Es gibt einfache Matratzenlager, Gemeinschaftsbad, Zelte. Das mag alles etwas unbequem sein, aber die Beduinen organisieren mit Jeep und Kamel ein- und mehrtägige Wüstensafaris. Angeboten werden auch Klettertouren, Yoga- und Meditationskurse.

Hinter allem steckt der umtriebige Besitzer des Camps Sheikh Mousa, der nur Leute aus seinem Stamm beschäftigt. Er sorgt übrigens auch für die notwendige Registrierung bei der Polizei. **El Malga Bedu Camp,** Mobil 010 641 35 75, 010 689 08 20, www.sheikmousa.com, Räume und Zelte ab 40 LE.

Nicht vergessen: Kleine Gastgeschenke mitbringen.

Zentralsinai

lagerungen in Gefäßen abbauen, den Stoffwechsel aktivieren, Schlacken und eingelagerte Giftstoffe ausscheiden und überflüssiges Gewicht auf gesunde Art und Weise abbauen.

Das alles auf dem Sinai zu tun, ist nicht jedermanns Sache, sicher aber ein einmaliges Erlebnis. Angebote, die man gut prüfe, gibt es im Internet (www.tit-travel.de, www.skr.de, www.fasten-kolleg.de, www.sinai.heart-of-the-earth.com).

Alternative zu Sheikh Mousa – **Sheikh Sina Bedouin Treks:** El Milga, St. Katherine, Tel./Fax 069 347 08 80, Mobil 011 255 11 50, www.sheikhsina.com. Der Beduinenführer kostet ca. 50 €/Tag, Proviant inklusive.

Ethnotour – **Katrin Biallas:** 72160 Horb, Tel. 07451 907 92 66, www.sinai-bedouin.com. Wer Gruppen bis zu 10 Mitreisenden nicht scheut, dafür aber mehr als bei jeder anderen Wanderung über Sinaibeduinen erfahren will, der ist bei der Ethnologin Katrin Biallas richtig. Im Frühjahr (März/April) und im Herbst (Oktober/November), den temperaturmäßig angenehmsten Zeiten, begleitet die Wissenschaftlerin den Beduinen Sliman, seine Brüder und ihre Urlauber auf Kameltouren im Zentralsinai. Dabei fungiert sie auch als Dolmetscherin, wenn das Englisch auf der einen oder anderen Seite nicht ganz ausreicht. Die Reisegruppen bestehen laut Biallas aus maximal 8–10 Teilnehmern. »Zusätzlich zur Sprache«, so Biallas, »dolmetsche ich sozusagen auch die Kultur der Beduinen und versuche, Sinnzusammenhänge zu vermitteln.«

Infos

Flugzeug: Saisonal fliegt Air Sinai (Tel. Kairo 02 25 76 07 50 oder 02 25 77 29 49) von den wichtigsten Touristenorten den kleinen Airport an.

Servicetaxis: Mehrmals tgl. von/nach Nuweiba.

Blaue Wüste (Blue Desert) ►F 7

Hat man das Katharinenkloster und seine Hausberge erkundet, fährt man den Weg zurück, den man gekommen ist. Kurz vor der Gabelung der Straße Wadi Feiran–Katharinenkloster–Nu-

Blaue Wüste

weiba führt in östliche Richtung eine für alle Autos befahrbare, feste 4,5 km lange Piste zur Blauen Wüste, wo einer der fast vollständig verblasste Rest des umstrittenen Werkes des belgischen Künstlers Jean Verame erwartet: Peace Junction. 14 km² Felsen bemalte Verame Anfang der 1980er-Jahre mit Zustimmung des damaligen Präsidenten Anwar el Sadat mit der Himmelsfarbe Blau – als Symbol für den 1979 in Camp David geschlossenen Frieden zwischen Ägypten und Israel. Die Farbe ist im rauen Klima verblasst, wie im wirklichen Leben auch der Geist des Camp-David-Abkommens.

Weiterfahrt

Über die gut ausgebaute Straße gelangt man an die Ostküste nach Nuweiba, Dahab und Sharm el Sheikh. Interessant ist auch die Reise Richtung Sinai-Westküste, ins Wadi Feiran (s. S. 249) oder ins Wadi Mukattab (s. S.253).

Der Sonnenuntergang taucht den Sinai in ein beinahe mystisches Licht

Das Beste auf einen Blick

Sinai – Westküste

Highlight!

Wadi Feiran: Inmitten des ansehnlichen Wadi Feiran mit seinen Gärten, Palmenhainen und Tamarisken liegt das Kloster Deir Sagheyar. Die Ordensfrauen heißen ihre Besucher herzlich willkommen und so ist Feiran ein idealer Stopp auf dem Weg zum Katharinenkloster. S. 254

Auf Entdeckungstour

Serabit el Khadem und der Forest of Pillars: Er ist der Liebesgöttin Hathor, auch Herrin des Türkislandes Sinai, geweiht, der Tempel von Serabit el Khadem. Die Route, die man mit orstkundigem Führer unternimmt, führt über einen Pass auf 850 Meter. Vom Serabit geht es weiter in den einmaligen Talkessel des Gebel Fuga mit einem Wald aus Lavasäulen. S. 250

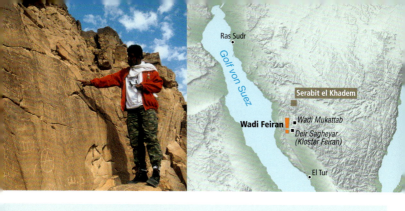

Kultur & Sehenswertes

Antike Graffiti: Ein ganz spezielle Graffiti-Sammlung zeichnet das Wadi Mukattab aus. Über Kilometer findet man dort an Felswänden die Hinterlassenschaften von Reisenden. Der Großteil der stark verwitterten Botschaften stammt aus der Zeit der Nabatäer (2./3. Jh. v. Chr.), die vom jordanischen Petra aus Handel betrieben. S. 253

Aktiv & Kreativ

Surfen: Die Gelegenheit ist gut, an der windsicheren (und nicht so überlaufenen) Westküste mit dem (Kite-) Surfen zu beginnen. Sowohl das Ramada Hotel und La Hacienda in Ras Sudr als auch das Moses Bay Hotel in El Tur haben gute Surfcenter. S. 248 und 257

Frauenferien im Kloster Feiran bietet ein Schweizer Veranstalter, verbunden mit Yoga, Tanzen und Schnorcheln. S. 255

Genießen & Atmosphäre

Mal-Safari: Die überwältigenden Eindrücke des Sinai nicht nur mit dem Foto festhalten, sondern als Gemälde oder Zeichnung verewigen – mit letzterem befassen sich die Teilnehmer einer Mal- und Kamelkarawane, die u. a. Serabit el Khadem ansteuert. Keine Scheu: Es sind keinerlei bildnerische Vorkenntnisse nötig. S. 253

Auszug aus Ägypten –
Auf den Spuren des Moses

Die Westküste ist die Schattenküste des Sinai. Am Golf von Suez liegt zwar das Surferparadies Ras Sudr. Doch die meisten Urlauberbusse fahren hier nur durch. Die Küstenstraße dient als gut ausgebauter Zubringer für alle, die rasch in den Zentralsinai oder nach Sharm el Sheikh gelangen wollen. Mancher Halt oder Ausflug lohnt sich aber durchaus. Denn an Sonne man-

Infobox

Anreise
Wer bei seiner Fahrt auf der Küstenstraße bleibt, kann mit jedem gewöhnlichen Auto oder dem Bus die gut ausgebaute Straße nehmen. Bei Abstechern in unwegsame Regionen aber sind ein Geländewagen mit Allradantrieb und in fast allen Fällen auch ein einheimischer Führer zwingend nötig.

Beduinenführer
Führer organisiert man sich in Wadi Feiran oder in Abu Zenima bei **Rabia Barakat Selim,** rechtzeitig anmelden per Handy 010 531 23 80, E-Mail rabia@belovedegypt.com, www.1worldtours.com/DesertTours.htm.
Ein anderer Englisch sprechender Führer ist **Ahmed Selim Barakat,** Mobil 012 736 12 12.

Reisepass-Kontrollen
Bei der Fahrt auf die Sinai-Halbinsel wird an etlichen Kontrollstellen wegen des Sonderstatus des Sinai (s. S. 90) der Reisepass mit dem gültigen Ägyptenvisum verlangt.

gelt es hier tatsächlich nicht. Dass der Tourismus am Golf von Suez dennoch eher darbt, liegt an der mangelnden Infrastruktur und der allgegenwärtigen Ölindustrie.

Der Ölförderung vor der Küste ist es anzulasten, dass immer wieder einmal Strände stark verschmutzt sind, der Sand teerschwarz verklebt ist. Im Landesinneren, unweit der Küstenstraße, erwartet den Reisenden die Bergwelt des Sinai. Beeindruckend ist das Farbenspiel des Gesteins, das in vielen Tönen schimmert.

Von **Suez** aus führt 14 km nördlich (Richtung Ismailiya) eine Abzweigung zum 1,7 km langen **Ahmed-Hamdi-Tunnel,** der den Suezkanal unterquert. Auch wer von Kairo kommt, muss durch dieses Nadelöhr.

Der Ahmed-Hamdi-Tunnel verbindet das ägyptische Festland mit dem Sinai, Afrika mit Asien. Von hier führt die Strecke nach Sharm el Sheikh an der Westküste des Sinai (Golf von Suez) entlang und um die Südspitze herum.

Die Straße ist gut ausgebaut, landschaftlich aber wenig aufregend. Man sieht im Golf Tank-, Fracht- und Kreuzfahrtschiffe passieren, zahlreiche Ölbohrtürme, mancherorts von Schlick und Teer arg verschmutzte Strände. Korallenriffe gibt es hier nur wenige, dafür aber zieht der Golf von Suez viele hartgesottene Surfer aus aller Welt an.

Oase Ain Musa ► C 4

26 km vom Ahmed-Hamdi-Tunnel entfernt liegt zum Meer hin die **Oase Ain Musa.** Muslimische Pilger, die hier frü-

her auf ihrer Reise nach Mekka vorbei-
kamen, verehren diesen Ort. Aber
auch die Christen, denn in biblischen
Zeiten machten hier – **nach der Durch-
querung des Roten Meeres** – die Israeliten Rast: Als das Volk durstig war, so
die Überlieferung, es aber kein Wasser
gab, stritt es heftig mit Moses. Da
zeigte sich Gott und sprach zu Moses:
»Dann sollst du (mit deinem Stab) auf
den Felsen schlagen, und es wird Wasser aus ihm hervorströmen, so dass das
Volk zu trinken hat. Und Mose machte
es so vor den Augen der Ältesten Israels. Und er gab dem Ort den Namen
Massa und Meriba wegen des Streitens
der Söhne Israel und weil sie den Herrn
geprüft hatten, indem sie sagten: Ist
der Herr in unserer Mitte oder nicht?«
(Exodus 17,6–7).

Ain Musa – beim Blick auf die große
Landkarte stellt man fest, dass dieser
Ortsname zwischen Palästina, Jorda-
nien und Ägypten ziemlich oft vor-
kommt, im Volksglauben immer ver-
knüpft mit der sagenhaften biblischen
Begebenheit. In der palmenreichen
Oase gibt es noch heute eine Reihe von
teils **warmen Quellen,** doch meist ist
das Wasser brackig. Sie stehen im Erd-
inneren in Verbindung mit anderen
Quellen, die jenseits des Golfes bei Ain
Sukhna und bei Heluan südlich von
Kairo entspringen.

Ras Sudr ▶ C 5

Die Fahrt gen Süden ist landschaftlich
monoton. Viele Strände sind hier noch
immer wegen versteckter Minen ge-
sperrt oder mit riesigen Lagertanks für
Öl im Besitz von Petroleumfirmen.
34 km weiter südlich liegt Ras Sudr, ein
bei **Surfern** beliebter Fleck, an dem
1996 ein erstes luxuriöseres Hotel, inzwischen gefolgt von anderen, eröffnete und seither fast immer ausge-

bucht ist. In dem kleinen **Beduinenort**
gibt es Telefon, eine Tankstelle mit
Werkstatt, kleine Supermärkte.

Übernachten

Traumlage – **Sinai Stars Resort:** Ras
Sudr, Tel. 069 387 00 88, www.sinai
starsresort.com, DZ ab 99 US-$. Bunga-
lows, Apartments, Suiten, herrliche
Gartenanlage, feinster Sandstrand.
Tauchbasis und hervorragendes Surfcenter (Club Mistral, www.club-mis-
tral.de). Es gibt – gezeitenabhängig –
einen stehtiefen Bereich, der sich am
Ramadastrand 150 m ins Meer erstreckt. Der Nord- bis Nordostwind
baut sich im Laufe des Vormittags auf
und erreicht mittags seinen Höhepunkt.

Beruhmt – **Moon Beach Resort:** Tel. 01
05 81 00 88, www.moonbeachholi
days.com, DZ ab 60 €. Der Moon Beach
ist fürs Surfen ideal und weltweit bekannt dafür. An Wochenenden wird
das oft ausgebuchte Hotel durch Wo-
chenendgäste aus Kairo sehr lebhaft
und voll; wer nicht surft, der wird sich
hier nicht so wohl fühlen. Besonders
schön sind die Bungalows in Strandnähe (frühzeitig reservieren); Service
und Personal lassen ab und an zu wünschen übrig. Surf- und Kiteequipment
kann man im Hotel mieten (ca.
250–300 €/Woche).

Angenehm – **La Hacienda Beach Re-
sort:** Reservierung über Kairo Tel. 02 24
18 66 67, www.lahacienda-resort.com,
DZ ab 80 US-$. 30 km südlich von Ras
Sudr. Strandhotel in andalusischem
Stil, komfortable Zimmer mit Klimaan-
lage, zwei Swimmingpools am Strand.
Luxuriös sind die Bungalows, »Copa
Cabanas« genannt. Im »Club Nathalie
Simon Center« (www.fun-kite.com)
lernt man (Kite-)Surfen; Equipment
wird vermietet (ca. 280 €/Woche).

Sinai – Westküste

Aktiv & Kreativ

Top-Surfreviere – **La Hacienda Lagoon** ist ein Surfspot für Anfänger. Der Wind kommt *onshore*, das Wasser ist stehtief und die Umgebung für Kitesurfer sicher. **Paradise Huge Lagoon** ist für Anfänger wie Könner geeignet. Der Wind kommt sideshore, das stehtiefe Wasser ist kristallklar.

Wildes Baden – Interessante Plätze für Schwimmer und für Surfer findet man entlang der 50 Kilometer **von Ras Sudr nach Hamamet Fara'un** viele. Man muss aber damit rechnen, dass Strände und Buchten nicht sauber sind.

Hamamet Fara'un und Abu Zenima ▶ D 6

Von Ras Sudr kommend, biegt die Hauptstraße nach El Gharandal zunächst nach links ab. Eine Stichstraße führt rechts zum an der Küste gelegenen **Hamamet Fara'un** (›Bad des Pharaos‹). Heiße **Schwefelquellen** (über 70 °C) treten aus dem Boden, wie man schon aus der Ferne an dem fauligen Geruch merkt. Beduinen und Reisende kurieren hier schon seit Menschengedenken ihr Rheuma; in einer Grotte im Fels findet man eine **natürliche Sauna**. Das abkühlende Bad kann man dann im Meer nehmen, falls es nicht gerade verschmutzt ist.

Die Legende erzählt, der Pharao, der die Israeliten durch das Rote Meer verfolgte und dabei mit seinem ganzen Heer ertrank, solle hier als ein Fluch Gottes bis in alle Ewigkeit spuken. Fast jeder Beduine weiß von einer mysteriösen Begegnung zu erzählen. Mehrmals im Jahr machen sich Umweltschützer die Mühe, diesen beliebten Ausflugsort vom Restmüll seiner vielen Besucher zu befreien. Kommt man kurz danach, findet man einen sehr sauberen Strand vor. Ansonsten muss man mit starker Verschmutzung durch Dosen, Plastiktüten, Mineralwasserflaschen etc. rechnen.

Südlich des alten Dorfes **Abu Zenima** (ca. 30 km südlich von Hamamet Fara'un), benannt nach einem islamischen Heiligen, liegt heute eine neue Siedlung, die zum größeren Teil aus Ölindustrie mit ihren Anlagen und Rampen besteht. Moses und die Israeliten

Richtung Wadi Feiran

Ras Sudr gehört zu den Top-Surfrevieren für Anfänger wie für Könner

sollen hier nach dem Zug durchs Rote Meer ihr Lager aufgeschlagen haben.

Richtung Wadi Feiran ▶ D6–E7

Als höchst sehenswerter Abstecher (mit einer Übernachtung) führt 2 km südlich der Tankstelle von **Abu Zenima** eine 40 km lange, anfangs leicht befahrbare, später für normale Pkws schwierige Straße durch das **Wadi Matalla** bis auf 3 km an die antiken Türkisminen und das berühmteste, nicht am Nil gelegene pharaonische Heiligtum heran, **Serabit el Khadem** (s. S. 250).

36 km südlich von Abu Rudeis zweigt eine mit »St. Catherine« beschilderte Straße nach links in den Zentralsinai ab, die mit normalen Pkws über das Katharinenkloster bis an die Ostküste befahrbar ist. Das größte Wadi des Sinai, das **Wadi** ▷ S. 252

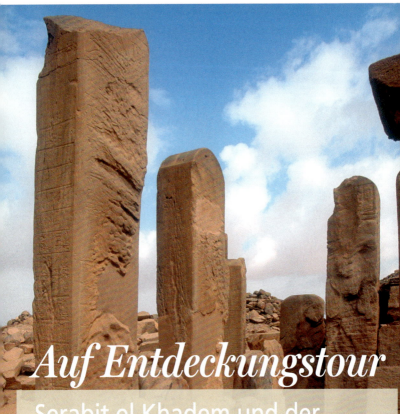

Auf Entdeckungstour

Serabit el Khadem und der Forest of Pillars

Bei den Pharaonen war der Sinai das Türkisland und die Liebesgöttin Hathor die dazugehörige Schutzgöttin. An recht abgelegener Stelle errichtete man ihr nahe der Westküste den Tempel von Serabit el Khadem.

Reisekarte: ▶ E 6

Planung: Ausgangspunkt der zweitägigen Tour ist Abu Zenima. Übernachtungsmöglichkeit am Serabit oder Gebel Fuga im einfachen Matratzen- und Schlafsacklager.

Führer: In Abu Zenima bei **Rabia Barakat Selim** rechtzeitig per Handy anmelden. Mobil 010 531 23 80; rabia@belovedegypt.com, www.1worldtours.com/DesertTours.htm oder: **Ahmed Selim Barakat,** Mobil 012 736 12 12.

Der **Türkis** gilt den Ägyptern seit jeher als besonderer Edelstein, weil seine Farbe – ob in Form einer Hand oder eines Auges – neidvolle und böse Blicke brechen soll. Im pharaonischen Jenseitsglauben galt er als Sinnbild der Erneuerung. Schon sehr früh ließen sich daher **Minenarbeiter** in Serabit el Khadem nieder, die den wertvollen Stein und Kupfer abbauten und nach Ägypten brachten. Überreste ihrer Kultur, der Minen wie eines Tempels, beeindrucken den Besucher auch heue noch.

Tempel und Stelen

Über ein **Plateau mit antiken Wandzeichnungen** führt der erfahrene Führer – auf den man keinenfalls verzichten sollte – die Besucher hoch zum **Tempel von Serabit el Khadem** (850 m). Er wurde während der 12. Dynastie (20.–18. Jh. v. Chr.) der Göttin Hathor geweiht und trägt auch Inschriften der Pharaonin Hatschepsut aus der 18. Dynastie (16.–13. Jh. v. Chr.). Hathor, die Liebesgöttin, wurde auch als Herrin des Türkislandes angebetet.

Der Tempel wurde in mehreren Stufen erbaut und erweitert. Während der 12. Dynastie entstand die **Felskapelle der Hathor,** im Laufe der folgenden Jahrhunderte ließen verschiedene Pharaonen neue Räume hinzufügen; der letzte entstand gegen Ende des Neuen Reiches unter Ramses VI. (20. Dynastie, 12. Jh. v. Chr.).

Bemerkenswert ist die Anzahl der mit Inschriften überzogenen **Stelen,** die der Archäologe Flinders Petrie Anfang des 20. Jh. entzifferte: genaue Berichte über diverse Expeditionen zu den Türkis- und Kupferminen (im nahen Wadi Nasib). Darüber hinaus wies er nach, dass die alten Ägypter im Tempel gemeinsam mit Semiten ihre Religion ausübten; die aus Beamten und Schreibern bestehenden Expeditionen hielten keine Sklaven, sondern heuerten Halbnomaden an.

Forest of Pillars

Einen nicht unbeschwerlichen Ausflug von Serabit aus ist der Talkessel des **Gebel Fuga** wert (1 Std. Abstieg ins Tal, dann kurze Weiterfahrt oder Kamelritt mit dem Bedu-Führer): Schon aus der Ferne glaubt man, auf eine von Star-Wars-Designern gestaltete Filmlandschaft zu treffen. Nicht nur geologisch Interessierte sind fasziniert von den tiefdunklen röhrenförmigen Gesteinsgebilden, die am Fuße des Gebel Fuga bis Mannshöhe, teils wie gemäht und gerodet auf dem Boden liegen.

Mit bis zu 20 cm Durchmesser erinnern die bizarren Röhren an versteinerte Kakteen und merkwürdig ungleichmäßig geformte Stalagmiten. Wer beim Anblick des ›**Forest of Pillars**‹ genannten Steinwaldes an von Vulkaneruptionen gestaltete Unterwasserwelten denkt, der liegt womöglich nicht falsch. Die Lavasäulen sind rund eine Million Jahre alt und stammen damit – so eine Theorie – aus der Zeit, als diese Region des Sinai unter der Oberfläche des Meeres lag. Nur wenige solcher Vulkanformationen gibt es auf der Erde – eine davon in China.

Eine andere Theorie geht davon aus, dass die Säulen Hämatiten sind, bekannt auch als mangan- und eisenhaltige Blutsteine. Zu der Röhrenform kam es danach, als aus dem Erdinneren austretendes heißes Wasser das Eisenoxid aus dem Sandstein, dem es die typische Farbe gibt, herauswusch und an die Oberfläche trug. Dort kühlte das Wasser ab, das Eisenoxid lagerte sich um die Austrittsstellen ringförmig ab und wuchs so in Ringen zu den Säulen, wie man sie hier sieht. Fotogen sind die Säulen besonders im Licht des frühen Morgens.

251

Sinai – Westküste

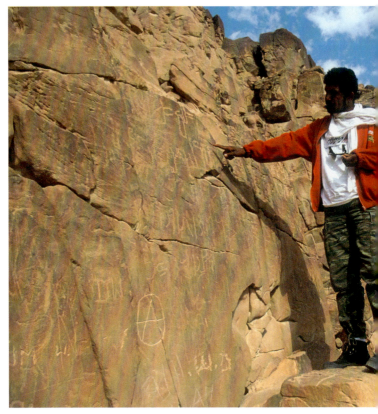

Die ältesten Graffitis auf dem Sinai stammen aus dem 3. Jt. v. Chr.

Feiran, erreicht man, wenn man nach der Abzweigung die Ebene **El Qa'a** durchquert. Die Straße windet sich in das Gebirge hinauf, landschaftlich eine wildromantische Route, die man nicht verpassen sollte.

Es lohnt sich, 22 km von der Küstenstraße entfernt (noch vor Beginn der Oase Feiran!), einen Abstecher Richtung Norden ins **Wadi Mukattab** zum Tal der Inschriften zu machen. Möglich ist das mit einem normalen Pkw, aber da der Weg sehr kompliziert ist, wird ein Beduinenführer dringend empfohlen (s. S. 246).

Übernachten

Im Hause eines Sheikhs – Vorbei am Gebel Matalla führt die Route auf einen Pass, von dem es in einer scharf nach Süden verlaufenden Kurve in das Wadi Nasib geht. Ab hier werden die Straßenverhältnisse schlechter. Nach einigen Kilometern Pistenfahrt erhebt sich

Wadi Mukattab

auf einem Hügel ein weißes Gebäude: **Siedlung und Haus der Sheikh-Familie Barakat**, wo man übernachten kann (als Geschenk für die Familie Proviant mitbringen!).

Aktiv & Kreativ

Mal-Karawane nach Serabit El Khadem – **InSpiration Reisen GmbH:** Gesegnetmattstr. 2, CH-6006 Luzern, 041 763 37 77, Fax 041 763 37 78, www.inspiration-reisen.ch. Es ist eine außergewöhnliche Karawane, die von Beduinen geführt durch den Sinai zieht, denn eine Künstlerin begleitet die Gruppe (maximal 12 Personen). Bei der Tour geht es nicht nur um die Magie der Wüste, es geht ums Zeichnen und Malen des Erlebten, des Gesehenen und des Gefühlten. Die Künstlerin: »Wir alle haben als Kinder gezeichnet. Diese Anlage, Eindrücke aufs Papier fließen zu lassen, jedes auf seine Art und in seiner Sprache, haben wir auch heute noch. Vielleicht liegt sie zurzeit verborgen, und wir brauchen eine kleine Anregung. Um uns am Ende der Reise an unseren persönlich gestalteten Impressionen erfreuen zu können, sind Neugierde, Entdeckungsfreude, Offenheit gegenüber Ungewohntem, und die Bereitschaft, sich darauf einzulassen, wichtiger als bildnerische Vorkenntnisse.«

Wadi Mukattab ▶ E 7

Nirgends auf dem Sinai findet man mehr **antike Graffiti** als in dieser Region, zum Teil sind die Inschriften allerdings sehr verwittert, oft ergänzt von närrischen und überflüssigen Gravuren späterer Reisender (bis in alleriüngste Zeit).

6 km ab Feiran entdeckt man am Weg die ersten Inschriften, die sich über gut 2 km an den Felswänden verteilen. Sie stammen zum Großteil aus der Zeit der Nabatäer (2./3. Jh. v. Chr.), die von Petra aus den Handel im Norden Arabiens kontrollierten. Diese Graffiti sind aber nicht die ältesten.

Aus der 3. Dynastie um 2600 v. Chr. datiert eine von Pharao Semerchet stammende Inschrift an der Gebel-Maghara-Mine, die seinen siegreichen Kampf gegen beduinische Räuber und Wegelagerer dokumentiert. Der Pha-

Sinai – Westküste

rao steht neben einem hohen Würdenträger, der als »königlicher Kommandeur« tituliert wird. Bis in die byzantinische Zeit reichen die antiken, in Stein geritzten Zeichnungen sowie Kurzkommentare in Hieroglyphen, in Nabatäisch, Hebräisch und Griechisch zurück.

Die Besonderheit der inhaltlich belanglosen und nur schlecht zu erkennenden Steindokumente liegt in der Schrift selbst, die erst 1915, ein halbes Jahrhundert nach ihrer Entdeckung, entziffert wurde.

Hinter den Zeichen vermutete der englische Archäologe Flinders Petrie, der den Sinai im 19./20. Jh. systematisch bereiste, eine alphabetische Schrift, was er aber nie beweisen konnte. Doch er sollte Recht behalten. Die von Petrie 1905 auf einem kleinen Sandsteinsphinx entdeckten sogenannten **protosinaitischen Inschriften** bestehen aus nur rund zwei Dutzend, zur Hälfte von ägyptischen Hieroglyphen abgeleiteten Schriftzeichen. Petrie schlussfolgerte richtig, dass dies zu wenige Zeichen für eine entwickelte phonetische Bildsprache seien, die als Minimum Hunderte Zeichen benötige. Dank Petries Fund konnte das Protosinaitische entschlüsselt, als semitische Sprache und als frühester Vorläufer des Alphabets eingeordnet werden.

Schöne Reliefs

In der protosinaitischen Schrift verloren die Hieroglyphen ihre Bedeutung, wurden nach einer Übergangsphase nur mehr als Buchstaben benutzt und führten damit über die semitischen Sprachen, aus denen das Griechische hervorging, zur lateinischen Schrift, die wir heute schreiben. Ein Beispiel: Das hieroglyphische Zeichen für Kuhkopf wurde zum hebräischen Alef,

dann zum griechischen Alfa und schließlich zum lateinischen A. Die am besten erhaltenen Reliefs wurden während des 19. Jh. aus dem Stein geschnitten und sind im Ägyptischen Museum in Kairo untergebracht.

Wadi Maghara ▸ E 7

Mit dem Wadi Mukattab lässt sich auch gleich das **Wadi Maghara** erkunden, das sich in Wadi Iqna und Wadi Qanaia teilt, wo sich alte **Türkisminen** befinden. Vom Wadi Mukattab fährt man Richtung Wadi Sidri. Linker Hand (nach Nordwesten) geht es zum **Grab Sheik Suleimans**; rechter Hand ins Wadi Maghara. 1 km weiter hat man die Anhöhe erklommen: Rechts gelangt man ins Wadi Iqna, links ins Wadi Qanaia. Hier parkt man den Wagen und geht zu Fuß bis zu den Minen. Vom Wadi Maghara aus führt über 55 km eine äußerst schwierige Piste (nur mit Beduinenführer!) zum **Gebel Fuga**, dem Talkessel mit dem **Forest of Pillars**, dem Säulenwald (s. S. 251), ab.

Wadi Feiran❗ ▸ E 7

Grün, soweit das Auge reicht. Das **Wadi Feiran** ist eine schöne und große Oase, die leider ein permanentes Problem mit herumliegendem Müll hat. Gärten, große Palmenhaine und Tamarisken säumen hier das Wadi, das bei den Beduinen (wie auch bei den frühen Christen) als das biblische **Refidim** gilt, als der Ort, an dem Moses mit dem Stab Wasser aus dem Felsen schlug, wo die Israeliten ihr Lager aufschlugen und später gegen Amalek kämpften: »Danach kam Amalek und kämpfte in Refidim gegen Israel. Und Mose sagte zu Josua: Wähle uns Männer aus und zieh aus, kämpfe gegen Amalek! Mor-

254

gen will ich mich auf den Gipfel des Hügels stellen mit dem Stab Gottes in meiner Hand. Da tat Josua, wie Mose ihm gesagt hatte, um gegen Amalek zu kämpfen. Und Mose, Aaron und Hur stiegen auf den Gipfel des Hügels. Und es geschah, wenn Mose seine Hand erhob, dann hatte Israel die Oberhand, wenn er aber seine Hand sinken ließ, dann hatte Amalek die Oberhand. Da jedoch Moses Hände schwer wurden, nahmen sie einen Stein und legten den unter ihn, und er setzte sich darauf. Dann stützten Aaron und Hur seine Hände, der eine auf dieser, der andere auf jener Seite. So blieben seine Hände fest, bis die Sonne unterging. Und Josua besiegte Amalek und sein Kriegsvolk mit der Schärfe des Schwertes.« (Exodus 17,9–13). Moses betete am heutigen Gebel Tahuna; am Fuß des Berges erinnert eine **verfallene Kirche** an die biblische Schlacht.

Geschichte

Ausgrabungen förderten im Wadi Feiran, das in der Vorzeit ein Seebecken gewesen war, zahlreiche Relikte zutage, die eine frühe christliche Besiedlung belegen; in unzähligen **Höhlen** der Berge wollten Eremiten in Massen-›Einsiedeleien‹ nahe dem Berg Horeb (gemeint war der **Gebel Serbal**), den sie hier vermuteten, Askese üben. Als Berg Horeb, der Ort der Gesetzgebung, wird heute der Berg Sinai (Gebel Musa) am Katharinenkloster verehrt.

Über byzantinische und römische Zeit hinaus war das Wadi Feiran ein **spirituelles Zentrum der Christenheit,** sogar einen Bischofssitz gab es zeitweise in der befestigten Siedlung.

Der Bischof von Feiran unterstand einerseits dem Patriarchen von Jerusalem, andererseits galt er als Schutzherr des Katharinenklosters. Als das Katha-

Frauenferien im Kloster Feiran

»In der Berglandschaft des Sinai die Natur des Geistes kennenlernen, Stille ohne Mitte und Grenzen genießen und die Schwestern des griechisch-orthodoxen St. Katharina Schwesternordens Feiran besuchen«, so sehen die einwöchigen Sinai-Frauenferien eines Schweizer Veranstalters aus. Weitere Programmpunkte: Yoga, Tanzen, Schnorcheln, Spaziergänge, Kraft tanken. Info und Buchung: Mobil 002 06 93 64 02 28, www.swipin.ch, Skype-Kontakt: babsfathy.

rinenkloster sich nach einem Grundsatzstreit lossagte, war der Untergang der Christengemeinschaft Wadi Feirans besiegelt. Kunstvolle und erhaltenswerte Architekturelemente der Kirchen wurden zum Katharinenkloster gebracht und dort in die Neubauten integriert.

Nonnenkloster

Erhalten ist bis heute das **Nonnenkloster Deir Sagheyar,** das dem Katharinenkloster untersteht. Es wird von einem Dutzend Ordensfrauen bewohnt, die Besucher gerne willkommen heißen (auch einfache Gästezimmer!), solange diese im Kloster nicht fotografieren wollen.

Über den Watia-Pass Richtung Katharinenkloster

Das Wadi Feiran geht ins **Wadi el Sheikh** (Palmen, Gärten und Tamarisken) über. Von hier führt die Straße über den **Watia-Pass** Richtung Katharinenkloster (die Ausschilderung ist hier sehr gut). Die Straße schlängelt sich in engen Kurven auf und ab bis zu einer langen Geraden, die den **Blick auf den Talkessel** freigibt (eine der schönsten Sinaistrecken), wo in 1570 m Höhe Mo-

255

Sinai – Westküste

ses und die Israeliten angeblich einst ihr Lager aufschlugen – nahe dem heutigen Moses- und Katharinenberg (höchster Berg Ägyptens).

El Tur ▶ E 8

Zurück an der Küstenroute: Nach 72 Kilometern, gerechnet von der Tankstelle südlich von Abu Zenima, erreicht man – sofern man auf kürzestem Wege Richtung Sharm el Sheikh gelangen will – auf der Küstenstraße **El Tur** (auch **Tur el Sinai** genannt).

Der Ort löste im 11. Jh. Suez als **Haupthafen des Sinai** ab und gelangte durch Waren und Pilger von und nach Arabien zu Wohlstand. Hier mussten nach Ägypten zurückkehrende Mekkapilger, oft 25 000 Menschen am Tag, unter Quarantäne bleiben und versorgt werden.

Heute lebt El Tur, eine eher unattraktive Siedlung und Sitz der Verwaltung des südlichen Sinai, von der Landwirtschaft. Japan stiftete dem Ort ein **modernes Kulturzentrum,** das nahe der verfallenen Türkenfestung errichtet wurde und archäologische Ausgrabungen fördert. Bei den Aushubarbeiten fand man Keramiken, Ziegel- und Steinbauten aus mameluckischer Zeit.

Die örtliche **Kirche** gehört zum Katharinenkloster. Obwohl der berühmte Schutzbrief des Propheten, der die Mönche des Klosters vor Massakern durch islamische Araber bewahrte (s. S. 223), auch für diese Kirche galt, wurden im 15. Jh. von arabischen Stämmen in El Tur 40 Kirchenleute ermordet, die man heute als Märtyrer verehrt.

Von El Tur bis zum nächsten wichtigen Haltepunkt **Ras Mohammed** (s. S. 192) sind es 96 km auf der Küstenstraße vor der Kulisse rötlich schimmernder Berge. Das Meer wird zur Südspitze sauberer, auch der Korallenwuchs nimmt zu, bis eine ausgeschilderte Straße nach rechts in den Nationalpark Ras Mohammed führt.

Übernachten

Locker – **Moses Bay Hotel:** Tel. 06 93 77 43 43, Fax 06 93 77 43 45, DZ (mit Halbpension) ab 40 US-$. Das Hotel hat einen schönen eigenen Strand, ist gut geeignet für Surfer, die es familiär mö-

El Tur

gen; am Strand hat sich die »Surf Station Dacha« (s. u.) niedergelassen. Das Hotel organisiert für Gäste Kameltouren sowie Ausflüge zum Katharinenkloster und auf den Mosesberg, auch Flughafentransfers werden organisiert.

Aktiv & Kreativ

Surfen – **Dacha:** (sprich: Datscha), am Strand des **Moses Bay Hotels,** Mobil 010 559 73 86, www.katalka.ru, Boards kosten 1 Woche 200 €, 2 Wochen 300 € Miete. Wer nach El Tur kommt, hat nur Surfen im Kopf. Bei den beiden Russen Max und Masha gibt es Equipment und Unterricht.

Infos

Busse und Servicetaxis: El Tur ist Raststopp, mehrmals täglich erreichbar (Ortsmitte).

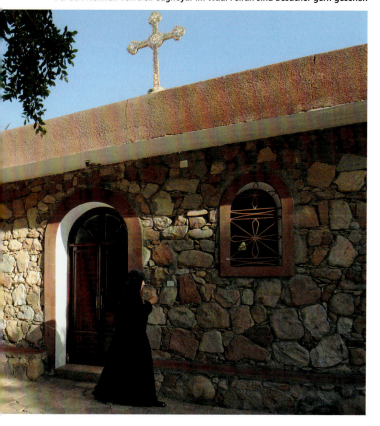

Bei den Nonnen von Deir Sagheyar im Wadi Feiran sind Besucher gern gesehen

Das Beste auf einen Blick

Suezkanal und Mittelmeerregion

Highlight!

Port Said: Der Spaziergang durch die Stadt ist ein Muss voller Abwechslungen: Im Suezkanal gigantische Tanker, Frachter, Kreuzfahrt- und Kriegsschiffe, die in Konvois durch die Wasserstraße ziehen. Im Zentrum der verwitterte Charme einer alten Stadt, deren Gesamtbild und Architektur durch viele Kriege, bis heute sichtbar, gelitten hat. S. 269

Auf Entdeckungstour

Bardawilsee: Ein ungewöhnliches Naturschutzgebiet stellt das Zerenike-Protektorat mit dem 38 km langen Bardawilsee dar. Es dient vom Aussterben bedrohten (Wasser-) Vögeln als wichtige ökologische Nische im Mittelmeerraum, ist allerdings stark bedroht. S. 274

Kultur & Sehenswertes

Suez-Historie: Der Suezkanal ist das zentrale Thema in dieser Region. Mit seinem Erbauer, Ferdinand de Lesseps (1805–1894), und seinem Werk befasst sich in Ismailiya ein kleines, sehenswertes Museum. S 267

Militärisch: Dem Konfliktherd Suezkanal gilt das Augenmerk in Port Saids **Kriegsmuseum,** das kritisch zu würdigen ist. Hier dreht sich alles um Siege über und Niederlagen durch Israel. S. 271

Aktiv & Kreativ

Zugfahrt am Kanal: Der Weg ist das Ziel. Mit der Bahn am Kanal entlangfahren und dabei dicke Schiffe beobachten. S. 268

Genießen & Atmosphäre

Entspannen: Eine schöne Rast legt man in Ismailiya am **Timsah-See** ein, dem Krokodilsee, eine große Lagune des Suezkanals (Ausweichstelle für die Schiffskonvois) mit Hotels und Strand. S. 266

Idyllisch: Wenig bekannt ist das **Strandhotel Bonita** an den Bitterseen, unter der Woche eine kleine Oase der Ruhe. S. 266

Abends & Nachts

Fischküche: Das Nachtleben mit Bars und Discos ist in dieser touristisch wenig entwickelten Region mau, also trifft man sich zum Essen. **Ismailiya** hat gleich zwei gute Adressen: **Chez George** gilt als der lokale Feinschmeckertempel für Fisch, in Rang und Beliebtheit gefolgt vom gediegenen **King Edward Restaurant.** S. 267

259

Von Suez nach El Arish

Es sind sehr unterschiedliche Regionen, die man auf dieser Tour kennenlernt. Die Landschaft um den Suezkanal glänzt als dicht besiedelte Boomregion der ägyptischen Wirtschaft. Hier kann sich der Reisende am Bittersee entspannen, in Suez die Schiffskonvois beobachten, das grüne Ismailiya kennenlernen und in Port Said shoppen gehen.

Die Mittelmeerküste östlich von Port Said hingegen, der Nordsinai, ist eine in jeder Bedeutung des Wortes abgelegene Gegend – touristisch in Vergessenheit geraten, aber gerade deshalb besonders reizvoll. Am Bardawilsee kann man Zugvögel beobachten, in El Arish am Palmenstrand das Mittelmeer genießen.

Hinter der beschaulichen Hauptstadt des Nordsinai, El Arish, endet mit Rafah, dem oft gesperrten Grenzübergang zum Gazastreifen, fast jeder Verkehr, endet jede Bewegungsmöglichkeit. Die Grenze nach Palästina und Israel ist für Ägypter fast so undurchlässig wie für Palästinenser.

Der Besuch von Suezkanalregion und Mittelmeer eignet sich vor allem für ausgesprochene Ägyptenfans und Leute, die gezielt das ganz normale Leben kennenlernen wollen. Wer flott reist, unternimmt die Tour in maximal vier bis fünf Tagen mit Übernachtungen in Suez, Port Said und El Arish.

Suez und Port Tawfiq ▶ C 4

Ausgangspunkt der Tour sind die Schwesterstädte Suez und Port Tawfiq. Suez, arabisch El Suweis, ist die ptolemäische Erweiterung einer pharaonischen Gründung und hieß einst Klysma, dann Qulsum. Erst im 19. Jh., mit dem Beginn der Bauarbeiten für den Suezkanal, begann die moderne Geschichte der heutigen Stadt. Südlich von ihr konzentriert sich im Golf von Suez die ägyptische Erdölindustrie. 750 000 Menschen leben in der an sich wenig aufregenden Stadt, die sich in rasendem Tempo nicht nur zu einem bedeutenden Zentrum der ägyptischen Ölindustrie entwickelt hat, sondern auch zu weltpolitischem Ruhm gelangte.

Drei Kriege führten Ägypten und Israel um den Sinai, während des ersten dieser Konflikte wurde ein Drittel von Suez zerstört. Die Narben sind bis heute sichtbar. Sehenswertes gibt es außer dem Kanal in Suez nichts.

Suez gegenüber liegt auf der westlichen Kanalseite Port Tawfiq, eine künstlich aufgeschüttete Halbinsel, die man entweder mit der Eisenbahn oder über eine Dammstraße erreicht. Von hier aus kann man wunderbar die Öltanker, Fracht- und Kriegsschiffe beobachten, die aus dem Suezkanal in Richtung Indischem Ozean fahren oder auf die Passage nach Norden im Konvoi warten.

Infobox

Reisemittel vor Ort

Insbesondere am Mittelmeer ist es empfehlenswert, ein Mietauto zu nehmen. Mit öffentlichen Verkehrsmitteln ist die Reise streckenweise (d. h. vom Suezkanal bis El Arish) sehr mühsam. Anders entlang des Suezkanals: Hier gibt es Bahn, Servicetaxis, Busse.

Suez und Port Tafwiq

Übernachten

Passabel – **Red Sea Hotel:** 13, Sh. Riad, Port Tawfiq, Tel. 062 319 01 90, DZ ab 50 US-$. Suez' bestes Hotel an der südlichen Suezkanaleinfahrt; kleine Zimmer. Größtes Manko: der Mangel an Freundlichkeit; aber zum Wohnen für ein paar Tage ist die Unterkunft durchaus zu empfehlen.

Einfach – **Summer Palace Hotel:** Port Tawfiq, Tel. 062 322 44 75, 322 54 34, Fax 062 332 19 44, DZ ab 65 US-$. Die Zimmer sind einfach, das Hotel ist leider ziemlich heruntergekommen, scheint aber dank seiner guten Lage immer noch Gäste zu finden. Hier wohnt man nur zur Not.

Schlicht – **Arafat Hotel:** Sh. Arafat (Hafennähe), Tel. 062 333 83 55, DZ ab 45 LE. Sauber, aber laut und lebhaft; viele Rucksackreisende. Es gibt nur Gemeinschaftsbäder, insgesamt kein so freundliches Haus.

Essen & Trinken

Bürgerlich – **Red Sea Hotel:** 13, Sh. Riad, Port Tawfiq, Tel. 062 319 01 90. Hauptgericht ab 40 LE. Guter Fisch zu guten Preisen, dazu einen wundervollen Blick aus dem 6. Stock des Hotelrestaurants.

Lecker – **Fish Restaurant:** Sh. al Salem, tgl. 12–2 Uhr. Hauptgericht ab 45 LE. Der frische Fisch wird nach Gewicht verkauft und landet auf dem Grill.

Arabisch – **El Magharbel:** 320 Sh. Salah Salem, Sa–Do 12–23, Fr ab 14 Uhr. Hauptgericht ab 35 LE. Gute schmackhafte ägyptische Hausmannskost.

Deftig – **Seaside Restaurant:** Sh. Saad Zaghlul, Tel. 062 322 32 54, tgl. 12–15,

Industrieromantik: Suez ist ein bedeutendes Zentrum der ägyptischen Erdölindustrie

Lieblingsort

Schiffsgewusel in der Wüste
▶ B/C 1 und C 4

Der Anblick ist grandios, wenn sich vor **Port Said** und **Suez** die Öltanker, Containerfrachter und Kreuzfahrtschiffe sammeln, um zu Dutzenden in täglichen Konvois den **Suezkanal**, weitgehend eine ›Einbahnstraße‹, zu passieren. Die dicken Pötte, dazwischen die winzigen Lotsenboote – es ist ein ›Gewusel‹ und Treiben, das nur noch von einem Anblick übertroffen wird: Wenn man aus der Ferne auf den Kanal blickt und ihn nur orten kann, weil die Konvois der Dickschiffe scheinbar durch die Wüste gleiten.

Suezkanal und Mittelmeerregion

Fahrt im Konvoi auf der MS Deutschland über den Grossen Bittersee

17–23 Uhr. Hauptgericht ab 30 LE. Auf dem Speiseplan stehen gegrilltes Huhn und Kebab.

Infos

Tourismusbüro/Notfall
Tourist Information: Sh. al Marwa, Port Tawfiq, Tel. 062 333 15 43, 331 11 41, Sa–Do 8–20, Fr 14–18 Uhr.
Tourist Police: Tel. 062 333 35 43.

Verkehr

Bahn: Mehrmals tgl. nach Ismailiya; dort Anschluss nach Kairo, ins Nildelta und nach Port Said.
Busse: Tagsüber fahren Busse vom neuen Busbahnhof (Sh. Mahatet, außerhalb an der Straße nach Kairo) fast stdl. Richtung Sinai, nach Port Said und über Ismailiya nach Kairo und ins Nildelta, ferner Richtung Rotmeerküste. Tel. 062 356 42 58 (Richtung Kairo, Rotes Meer), 062 356 48 53 (Richtung Deltastädte).
Sammeltaxis: Mehrmals tgl. in alle Richtungen; ab Busbahnhof (s. o.).

Suezkanal ▶ C 1–4

Mit der Party des 19. Jahrhunderts eröffnete die französische Kaiserin Eugénie, Gemahlin Napoleons III., am 17. November 1869 nach zehnjähriger Bauzeit den Suezkanal. Die europäische High Society reiste fast geschlossen an und labte sich bei einem 24-Gänge-Menü, rotem Burgunder und Champagner.

Bereits 1799 hatte Napoleon die Idee, Mittelmeer und Rotes Meer zu verbinden. Doch man ließ den Plan für den Durchstich fallen, da man wegen falscher Messungen von einem zu großen Wasserstandsunterschied ausging. Erst 1847 stellte eine Expertengruppe aus Franzosen, Briten und Österreichern die nahezu gleiche Höhe der beiden Meere fest. Der Abschluss der Arbeiten 1869 vollendete eine der größten Bauleistungen des 19. Jh., die der Khedive (Titel des ägyptischen Vizekönigs zwischen 1867 und 1914) Ismail Pasha in die Wege geleitet hatte. Er hatte 1856 einen Konzessionsvertrag mit der von Ferdinand de Lesseps gegründeten Compagnie Universelle du Canal Maritime de Suez abgeschlossen.

Nassers Coup

Nach Inbetriebnahme des Kanals überstiegen die Zinsen für die Baukredite die Einnahmen. Ägypten musste, um einen Staatsbankrott abzuwenden, einen 99 Jahre laufenden Konzessionsvertrag seiner Gläubiger akzeptieren (bis 1968); Frankreich und England erhielten die Finanzkontrolle. Die 1888 geschlossene Suezkanal-Konvention zwischen Großbritannien, Frankreich, Deutschland, Österreich-Ungarn, Italien, Russland, Spanien, Türkei und den Niederlanden garantierte bis 1968 freie Durchfahrt für Kriegs- und Handelsschiffe ohne Rücksicht auf Krieg oder Frieden.

Die Wende brachte der erste Präsident Ägyptens Gamal Abdel Nasser mit einem gleichermaßen politischen wie patriotischen Coup: der nach internationalem Recht illegalen Verstaatlichung des Suezkanals. Bei seiner Ankündigung am 26. Juli 1956 vom Balkon seiner Residenz in Alexandria aus rechnete er in einer flammenden Rede mit dem britischen und französischen Kolonialimperialismus ab.

Dass Nasser einen Krieg mit England und Frankreich riskierte, lag in seinem Kalkül. Ihm war aber wohl auch klar, dass Ägypten die Oberhand behalten würde. Sein Wille sollte geschehen: Obwohl militärisch überlegen, konnten sich England und Frankreich, unterstützt von Israel, wegen eines eindeutigen Votums der Vereinten Nationen nicht erlauben, den Suezkanal unter dem Vorwand, den Welthandel sichern zu wollen, zurückzuerobern.

Der erhoffte Wohlstand für Ägypten trat zwar nicht in gewünschtem Maße ein, aber immerhin gehören die Einnahmen aus den Kanalgebühren zu den großen Haben-Posten im ägyptischen Etat. Kanal- und Regionalwirtschaft boomen (s. S. 95).

Ahmed-Hamdi-Tunnel

Richtung Ismailiya, 14 km nördlich von Suez, führt eine Abzweigung zum 1,7 km langen Ahmed-Hamdi-Tunnel, der den Suezkanal unterquert und rund um die Uhr für den Verkehr geöffnet ist. Er verbindet das afrikanische Ägypten mit dem – geografisch betrachtet – asiatischen Sinai und wird seit 2001 durch eine mächtige Hängebrücke in Qantara von einem Teil des Verkehrs entlastet.

Fayed und die Bitterseen ▶ B/C 3/4

Von der Abzweigung zum Ahmed-Hamdi-Tunnel sind es noch 77 km bis Ismailiya. Doch vorher erstrecken sich über 37 km die beiden Bitterseen – historisches Areal. Dank des Suezkanals floss Mittelmeerwasser in die zwei ausgetrockneten Salzseen, die heute einen Wasserspiegel von 17 m haben. Der **Kleine Bittersee** liegt südöstlich des **Großen Bittersees,** der durch den Sechstagekrieg im Juni 1967 weltweit ein Begriff wurde. In den vergangenen Jahren entwickelte sich ein kleines Naherholungszentrum in Fayed, einem langweiligen, nur im Sommer lebendigen Ort am Großen Bittersee, der viele Kairoer anlockt. Hotelzimmer bekommt man auch im Sommer problemlos.

Übernachten

Idyllisch – **Bonita Hotel:** Seesüdseite, Tel. 062 327 26 74, www.hotelbonita.

Suezkanal und Mittelmeerregion

com, DZ (Halbpension) ab 200 LE. Hoteleigener Strand, Pool, Café, Restaurant. Man kann sich auch nur für den *day use* einmieten, zahlt als Tageszimmerpreis 90 LE pro Person, Mittagessen inklusive.

Ismailiya ▶ B 3

Die Stadt Ismailiya (mit Umland ca. 760 000 Einwohner) wurde 1863 als Sitz der Suezkanalgesellschaft gegründet und trägt den Namen des Khediven Ismail Pasha. Man lasse sich nicht täuschen von der tristen Einfahrt – Ismailiya ist Ägyptens grüne Stadt. Es gibt Grünflächen mit Bäumen und Bougainvilleen, Alleen und Spazierwege und obendrein zahlreiche Villen mit gepflegten Gärten. Baustil und Gartenanlagen sind größtenteils Erbe der Briten, die hier ihr Militärhauptquartier für den Nahen Osten unterhielten.

Kanalmuseum

Lesseps-Haus, Mohammed Ali Quay, Tel. 064 332 10 78; evtl. Öffnungszeiten bei der Tourist Information (s. u.) erfragen

Dem Erbauer des Suezkanals, Ferdinand de Lesseps (1805–1894), hat Ismailiya in dessen Villa ein kleines (zeitweise leider geschlossenes) Museum gewidmet. Darin ausgestellt sind Stücke, die während der Ausgrabungsarbeiten für das Kanalbecken gefunden wurden, darunter Keramiken und Papyri. Zehn Jahre lang buddelten 20 000 Arbeiter z. T. mit bloßen Händen den Durchstich aus. Gegenüber liegt der Stelengarten; die meisten Funde hier stammen aus Pithon (›Haus des Aton‹), der östlichen Grenzstadt Ägyptens während der Herrschaft von Ramses II.:

Das Lesseps-Haus in Ismailiya beherbergt das Kanalmuseum

Ismailiya

Sphingen, Sarkophage, eine sitzende Figur des Regenten.

Ismailiya-Museum

Mohammed Ali Quay, Tel. 064 391 27 49, tgl. 10–16 Uhr, 15 LE
Das kleine Museum am Stadtpark zeigt die Geschichte des Suezkanals mit 4000 Exponaten. Die Sammlung (u. a. Statuen, Stelen, Skarabäen) erzählt, mit Schwerpunkt auf der Region, von der pharaonischen über die griechisch-römische bis hin zur neueren Zeit. Anschaulich dokumentiert wird auch der erste Kanal, den in der Antike der Perser Darius zwischen den Bitterseen und Bubastis bauen ließ. Highlight ist ein Mosaik aus dem 4. Jh. mit Darstellungen (Dyonisos, Eros, Herkules, Jupiter) aus der griechischen und römischen Mythologie.

Timsah-See

Am Timsah-See (›Krokodilsee‹), der zum Suezkanal hin offen liegt, gibt es eine Reihe von nicht allzu teuren Hotels und Pensionen. Hier steht das weiß getünchte Hauptgebäude der Suezkanalverwaltung, vor dem die Motorboote der Lotsen liegen. Morgens und mittags kann man vom Ufer aus die zwei Konvois beobachten, die abwechselnd in beide Richtungen den Suezkanals ziehen: Der Timsahsee stellt eine der wenigen Ausweichstellen des Kanals dar. Es gibt nette **Strände**, die im Sommer von Tagesausflüglern aus nah und fern belagert werden. Hotels und Clubs bieten den sogenannten *day use* an (Tageseintritt für Benutzung des Strandes ab 50 LE/Person).

Übernachten

Angenehm – **Mercure Forsan Island:** Gezirat Forsan, Tel. 064 391 63 16,
www.mercure.com, DZ ab 59 €. Am Timsah-See, guter Blick von der Terrasse mit Pool auf die Suezkanalschifffahrt. In diesem Hotel kann man es ein paar Tage aushalten; das Personal ist sehr bemüh.

Gemütlich – **El Burg:** Midan Orabi, Tel. 064 332 63 27, Fax 064 332 77 61, DZ ab 150 LE. Schönes Hotel aus dem 19. Jh., klimatisiert, Satelliten-TV und eigene Badezimmer.

Einfach – **Crocodile Inn Hotel:** 179, Sh. Saad Zaghlul, Tel. 064 391 25 55, DZ ab 100 LE. In der Stadtmitte, fünfstöckiges, modernes Gebäude mit Bar und Kaffeehaus. Die Zimmer sind nicht übermäßig originell, aber dafür kann man vom Standort des Hotels aus fast alles zu Fuß errreichen.

Beliebt – **Al Salam Hotel:** Sh. El Geish, Tel. 064 391 44 01, DZ ab 100 LE. Beliebtes Hotel in Kanalnähe, renoviert, sauber und gemütlich. Im Sommer Reservierung empfohlen.

Abgewohnt – **Youth Hostel:** am Timsahsee, Sh. Emara, Tel. 064 392 28 50, Fax 064 392 34 29, ismailia.bookings@egyptyha.com, ab 55 LE pro Person. Sehr sauberes Haus, schöne Lage am See. Unverheirate Paare müssen getrennte Zimmer anmieten.

Essen & Trinken

Großartig – **Chez George:** 11 Sh. El Thawra, Tel. 064 391 83 27, tgl. 12–14.30, 17–23 Uhr. Hauptgericht ab 65 LE. Das beste Restaurant vor Ort, bekannt in ganz Ägypten für Fisch und Fleisch. Seit über einem halben Jahrhundert wählt der Gast den frischen Fisch von der Eistheke, bekommt lokale Spezialiäten wie die landesweit geliebte Molokhaya, hier mit Shrimps serviert. Nicht verpassen!

Gediegen – **King Edward Restaurant:** 171 Sh. el Tahrir, Tel. 064 391 54 51, tgl.

267

Port Said

Sehenswert	Übernachten	Essen & Trinken
1 Moschee	**1** Port Said Hotel	**1** Maxim
2 Suez Canal Building	**2** Resta Port Said Hotel	**2** Pizza Pino
3 Nationalmuseum	**3** Holiday Hotel	**3** Galal Seafood Restaurant
4 Kriegsmuseum	**4** Hotel de la Poste	
	5 Youth Hostel	**Aktiv & Kreativ**
		1 Strand

12–15, 17–23 Uhr. Hauptgericht ab 55 LE. Der ewige Zweite nach George. Gute Auswahl an Fisch, auch Fleisch, Pizza.

Deftig – **Al Gandoul:** Sh. Sultan Hassan, Tel. 064 392 82 51, tgl. 12–23 Uhr. Hauptgericht ab 45 LE. Gute gemischte Grillplatte, Pasta und Fisch.

Aktiv & Kreativ

Zugfahrt am Kanal – Eisenbahnfahrer erleben Richtung Port Said und Suez die dicken Pötte hautnah. Die Züge fahren mehrmals am Tag.

Infos

Tourismusbüro/Notfall
Tourist Information: Governorate Building, Mohamed Ali Quay, Tel. 064 332 10 78, Sa–Do 8.30–15 Uhr.
Tourist Police: Tel. 064 333 29 10.

Verkehr
Bahn: Alle 60–90 Min. Züge nach Kairo; mehrmals tgl. auch nach Suez und Port Said.
Busse: Alle 30–90 Min. Busse nach Port Said und Suez (Anschluss Sinai), stdl. nach Kairo und ins Nildelta. Busbahnhof 3 km nordwestlich der City. Info-Tel. 064 332 15 13.
Sammeltaxis: Ab Busbahnhof fast stdl. in alle Richtungen.

El Qantara ▶ B/C 2

Die Fahrt führt weiter nach Norden. Seit Menschengedenken dient das wenig einladende El Qantara beiderseits des Kanals Durchreisenden als Lager und Rastplatz. Archäologen fanden Spuren, die bis zu den pharaonischen Ramessiden im 2. Jt. v. Chr. zurückreichen. Die Karawanenroute nach Palästina, die hier entlangführte, wurde nachweislich auch noch von Ptolemäern und Römern genutzt.

Qantara war aber auch Durchzugsgebiet für Heere der verschiedensten Epochen, die in Ägypten einfallenden Armeen der Syrer, der Perser, Alexanders des Großen, der muslimischen Eroberer und – im Ersten Weltkrieg – der Briten. Nahe des Ortes zeugt ein kleiner Friedhof von einer Schlacht zwischen Briten und Türken, die 1915 mit den Deutschen zum Suezkanal vorstoßen wollten.

Mubarak Peace Suspension Bridge

Qantara bietet neben dem Ahmed-Hamdi-Tunnel die einzige Möglichkeit zur Überquerung der Wasserstraße. Seit 2001 führt die vierspurige, 70 m hohe Mubarak Peace Suspension Bridge über den Suezkanal. Der Bau der Hängebrücke wurde von Japans Regierung gesponsert und gilt neben dem Kanal als wichtiges Prestigeprojekt.

Port Said! und Port Fuad ▶ B/C 1

Nach 50 km erreicht man über eine gut ausgebaute Straße Port Said an der Mittelmeerküste, die dritte der großen Suezkanalstädte. Sie ist mit über einer halben Million Einwohnern die viertgrößte Stadt Ägyptens und zugleich wichtigster Hafen des Landes nach Alexandria. Immer mehr Mittelmeer-Kreuzfahrtschiffe machen hier halt.

Hätten die Ägypter nicht ein Geschenk der Franzosen verschmäht, stünde heute Frédéric Auguste Bartholdis 93 m hohe Freiheitsstatue an Port Saids Mole. Stattdessen griff New York im fernen Amerika ohne Zaudern zu. Fortan grüßte ein eher kleines Standbild des Suezkanalerbauers Ferdinand von Lesseps die ankommenden Schiffe. Aufgebrachte Nationalisten stürzten 1956 den steinernen Lesseps, dessen Statue heute am Ufer gegenüber in den Docks von Port Saids Schwesterstadt Port Fuad steht. An der Hafeneinfahrt ist nun nur noch der Sockel zu sehen.

Port Said ist eine junge Stadt, ihre Geschichte begann mit dem ersten

269

Suezkanal und Mittelmeerregion

Architektonisches Glanzstück: Das Suez Canal Building in Port Said

Spatenstich für den Suezkanal. Mittlerweile leben 4,85 Mio. Menschen in Stadt und Umland, die allein von der Kanalwirtschaft und dem Handel mit Umschlagwaren lebt. Zwei Molen schützen Hafen und Kanaleinfahrt.

Glück und Unglück des Ortes hingen immer untrennbar mit den Ereignissen um den Suezkanal und den Sinai zusammen: Die Kriege mit Israel zerstörten die Stadt teilweise und brachten nach der Suezkanalblockade Armut und Not. Seit dem anhaltenden Frieden mit Israel aber erlebt man einen stetigen wirtschaftlichen Aufschwung.

In Port Saids Schwesterstadt **Port Fuad** auf der gegenüberliegenden Kanalseite kann man günstig einkaufen. Die Stadt ist ein Umschlagplatz für alle Waren – vom Anzug bis hin zur Schokolade. Seit aber Ende der 1990er-Jahre der zollfreie Handel mit Waren aus der Freihandelszone stark begrenzt wurde, hat die Stadt an Emsig-

Port Said und Port Fuad

keit verloren und das Leben pulsiert hier heute um einige Schläge langsamer als früher.

Stadtrundgang

In Port Said – benannt nach dem unter Ismail regierenden Vizekönig Said Pasha – empfiehlt sich ein Spaziergang rund um den Hafen, wo riesige Kreuzfahrtschiffe auf Mittelmeer- oder Weltreise ebenso anlegen wie US-Flugzeugträger, die im Roten Meer und vor Arabien stationiert sind.

Von Port Fuad nach Port Said
Man beginnt den Rundgang am gegenüberliegenden Ufer in Port Fuad, wo die 1995 erbaute **Moschee** 1 steht – ein Beispiel moderner Architektur, das man unbedingt besichtigen sollte.

Port Saids Stadtarchitektur rund um die zentrale **Sh. Gumhurriya** (im Wesentlichen aus dem 19. Jh.) wird nach den Kriegszerstörungen von modernen Bauten dominiert. In einigen alten Gebäuden hat sich der englische Kolonialstil bewahrt, der allerdings nach den Kriegsschäden leider mehrheitlich nicht originalgetreu rekonstruiert wurde.

Achitektonisches Glanzstück ist das **Suez Canal Building** 2 nahe der Anlegestelle der Fähre mit seinen weiß glänzenden Kolonnaden und drei türkisgrünen Kuppeln (Innenräume nicht zugänglich).

Nationalmuseum 3
Sh. Palestine, an der Hafeneinfahrt bei den Hotels, Sa–Do 9–16 Uhr, 15 LE
Zum touristischen Muss gehört seit der Renovierung das Nationalmuseum. Es zeigt Funde aus verschiedenen Epochen seit der pharaonischen Zeit, u. a. pharaonische Mumien und Sarkophage, koptische Manuskripte und Münzen.

Kriegsmuseum 4
Sh. 23rd July, nahe der Hafeneinfahrt, Tel. 066 322 46 57, Sa–Do 9–16 Uhr, Eintritt frei
Sehenswert ist – mit aller kritischen Distanz – das Kriegsmuseum, das – u. a. mit einem US-Panzer mit aufgemaltem Davidstern – die Sinaikriege, auch die großen Niederlagen gegen Israel, als Siege glorifiziert.

Suezkanal und Mittelmeerregion

Übernachten

Gehoben – **Port Said Hotel** `1`: Sh. El Corniche, Tel. 066 332 08 90, Fax 066 332 37 62, www.misrtravel.net, DZ ab 140 US-$. An der Einfahrt zum Suezkanal, direkt am Sandstrand, mit wunderbarem Blick aufs Mittelmeer, ein Hotel zwischen Afrika und Asien, die erste Wahl am Ort.

Modern – **Resta Port Said Hotel** `2`: Sh. Palestine, Tel. 066 332 55 11, 066 332 55 11, Fax 066 332 48 25, www.restahotels.com, DZ ab 110 €. Bescheidenes, aber durchaus angenehmes 5-Sterne-Hotel mit eigenem Strand.

Abgewohnt – **Holiday Hotel** `3`: Sh. El Gumhurriya, Tel. 066 322 07 11/13, Fax 066 322 07 10, DZ ab 300 LE. Einfaches, etwas abgewohntes Hotel in der Stadtmitte.

Einfach – **Hotel de la Poste** `4`: 42 Sh. Gumhurriya, Tel. 066 322 40 48, DZ ab 15 US-$. Günstiges und ordentliches Hotel; etliche Zimmer mit Minibalkon. Spürbar ist noch ein Rest des alten Charmes, den das Haus einst verströmte.

Unruhig – **Youth Hostel** `5`: Sh. Mohamed Sahan, Tel. 066 322 87 02, ab 5 US-$. Weit abgelegen vom Zentrum,

riesige Schlafsäle; eher nicht zu empfehlen.

Essen & Trinken

Passabel – **Maxim** `1`: Resta Resort Einkaufszentrum, Sh. Palestine, 1. Stock, Tel. 066 323 43 35, tgl. 12–14.30, 18–23 Uhr. Hauptgericht ab 80 LE. Gutes Fischrestaurant, nur an der Atmosphäre hapert es.

Ordentlich – **Pizza Pino** `2`: 23 Sh. El Gumhurriya, Tel. 066 332 48 12, tgl. 12–15, 18–23 Uhr. Hauptgericht ab 45 LE. Pizza und Pasta in attraktiver Umgebung.

Empfehlenswert – **Galal Seafood Restaurant** `3`: Sh. El Gumhurriya, Tel. 066 322 96 68, tgl. 12–23 Uhr. Hauptgericht ab 55 LE. Ein lokaler Favorit. Man serviert Mezze, Calamari und sonstigen Fisch.

Einkaufen

Port Said ist ein kleines Shopping-Paradies. Nirgendwo sonst in Ägypen gibt es günstigere Elektronikartikel aus Fernost.

Aktiv & Kreativ

Baden am Stadtstrand – Der **Strand in der Nähe der Kanaleinfahrt** `1` eignet sich zum Sonnen und zum Baden; er ist deutlich sauberer als noch vor Jahren.

Infos

Tourismusbüro/Notfall
Tourist Information: 8, Sh. Palestine, Tel. 066 323 52 89, Sa–Do 9–16 Uhr. Hilfreich und kompetent.
Tourist Police: Tel. 066 322 85 70.

Mein Tipp

Droschkenfahrt
Die Pferdedroschken, Hantur genannt, sind – irgendwo zwischen romantisch und nostalgisch – die amüsanteste Art, durch Port Said zu fahren. Bremsen sie die Kutscher ruhig, wenn Sie Ihnen die Pferde zu wild über den Asphalt peitschen. Wenn Sie gut handeln zahlen Sie für die einstündige Fahrt 10–15 LE.

Verkehr

Stadttaxis: Auf der Straße anhalten, einsteigen; Strecken im Zentrum kosten kaum mehr als 5–15 LE.

Bahn: Alle 60–90 Min. nach Kairo; mehrmals tgl. nach Ismailiya und Port Said.

Busse: Alle 30–90 Min. (vom Busbahnhof an der Straße nach Kairo) nach Ismailiya, Suez (Anschluss Sinai) und Kairo; stdl. ins Nildelta und in die Orte am Mittelmeer, Tel. 066 372 98 83; **Superjet-Busse** fahren nach Kairo und Alexandria stdl. von 6–21 Uhr, Tel. 066 372 17 79.

Sammeltaxis: Fast stdl. in alle Richtungen, ab Busbahnhof.

Fähre: Rund um die Uhr regelmäßige Verbindung vom Hafen in Port Said nach Port Fuad auf der anderen Kanalseite.

Entlang der Mittelmeerküste

Um von Port Said weiter Richtung östliche Mittelmeerküste zu reisen, muss man zuerst zurück nach Qantara und dort auf der vierspurigen, 70 m hohen Mubarak Peace Suspension Bridge den Suezkanal überqueren. ›Horus-Straße des Krieges‹ nannten die Pharaonen die Route entlang der Mittelmeerküste, die sie nach Phönizien führte. Via Maris, ›Straße am Meer‹, hieß sie später bei den Römern.

Tell el Farama (Pelusium)
▶ C 2

15 km nordöstlich von Qantara zweigt ein Weg Richtung Norden ab, 6 km von hier liegen die Ruinen von Tell el Farama, dem antiken Pelusium (lohnenswert nur für archäologisch Interes-

sierte). Hier wurde Pompejus ermordet, was schließlich Cäsar nach Ägypten brachte. Im Grabungsfeld sind einige Granitsäulen und Zisternen zu sehen.

Pelusium war unter den Ptolemäern und den Römern eine wichtige Stadt. 306 v. Chr. versuchten die Heere des Ptolemäers Antigonus vergeblich, über Ägypten Asien zu erobern, wie der Geschichtsschreiber Diodorus Siculus im 1. Jh. v. Chr. berichtet. Hier zogen einst römische Heere und auch die Armee des Feldherrn Amr Ibn el As durch, der Ägypten islamisierte.

Bardawilsee ▶ D/E 1/2

Auf der Fernstraße nach El Arish erreicht man nach etwa 65 km den Bardawilsee, den nur eine Kette von Sanddünen vom Meer trennt. Etwa 15 % der Sinaibewohner ernähren sich vom Fischfang aus dem Bardawilsee (s. S. 274).

El Arish ▶ E/F 1/2

Die wenig befahrene Straße nach El Arish führt weiter durch sanfte Wüstendünen. Gelegentlich sieht man Beduinen und wild lebende Kamele.

In biblischer Zeit gehörte El Arish zum jüdischen Königreich; die Byzantiner richteten einen Bischofssitz ein. Jerusalems erster Kreuzfahrerkönig Balduin I. starb hier. Nach dem Ersten Weltkrieg sollte auf Wunsch der Zionisten El Arish Teil einer Heimstatt für die Juden werden. Während der Sinaibesatzung war die Stadt israelisch und ging erst mit dem Frieden von Camp David wieder in ägyptischen Besitz über.

El Arish galt nie als beliebtes Reiseziel europäischer Touristen. Eher war der Ort ein Tipp für Ägypter und junge Reisende, die an den einfachen Palmenstränden in schlichten   ▷ S. 277

Auf Entdeckungstour

Fischreiher und Kormorane – Bird Watching am Bardawilsee

Etwas abgelegen, aber nicht abwegig ist eine Tour zum Bardawilsee und dem Zerenike-Protektorat nahe El Arish. Beim ›Bird Watching‹ beobachtet der Interessierte je nach Jahreszeit Zugvögel auf ihrer Rast zwischen Europa und Afrika.

Planung: Die Zufahrt zum ›Zerenike Protectorate‹ liegt ca. 35 km östlich von El Arish an der Fernstraße (ausgeschildert); www.birdlife.org, tgl. von 8 Uhr bis Sonnenuntergang, 30 LE.

Zeit: ca. ein halber Tag

Reisekarte: ▶ D/E 1/2

Das 220 m² große, 1985 gegründete Zerenike-Naturschutzgebiet ist ideal zum Beobachten Fisch fressender Vögel (u. a. Kormorane und Fischreiher); auch Zugvögel aus Europa machen hier Rast. Nach Angaben internationaler Ornithologen überwintern jährlich an die 30 000 Wasservögel in dem Gebiet und ebensoviele Kormorane. Zwergseeschwalbe und Seeregenpfeifer, seit Jahren auf der Roten Artenschutzliste geführt, kommen hier noch in signifikanten Zahlen vor. Kernstück des Naturschutzgebiets ist der nur zwischen 50 cm und 3 m tiefe Bardawilsee, den eine Kette von 100 m bis 1000 m breiten Sanddünen vom Meer trennt.

Bird Watching

Von El Arish aus erreicht man nach etwa 35 km die ausgeschilderte Zufahrt zum ›Zerenike Protectorate‹. Das Auto parkt man am Information Center, wo man Umgebungskarten und Exkursionstipps bekommt. Damit ausgerüstet geht man auf den angegebenen Pfaden auf Tour zum ›Bird Watching‹, wie es das in Ägypten kein zweites Mal gibt. Das Information Center hilft dem Besucher auch die Stellen zu finden – abhängig von der Jahreszeit –, wo bestimmte Vögel jeweils am besten zu beobachten sind.

Der Bardawilsee gilt für vom Aussterben bedrohte Wasservögel als eine der bedeutendsten ökologischen Nischen im Mittelmeerraum, ist allerdings inzwischen auch selbst stark in seinem Fortbestehen bedroht.

Bedrohtes Vogelparadies

Der Besucher erlebt auf den ersten Blick einen weitgehend unberührten Naturraum, was leider auch in Sachen Erforschung gilt. So ist bisher ungeklärt, warum seit einigen Jahren Kormorane in so großer Zahl in das Reservat einfallen, dass der Fischbestand gefährdet ist – und damit das Auskommen der Fischer. Für die Wintermonate erlaubten die Behörden als Gegenmaßnahme die Jagd auf Kormorane, um sie zu stören, vom Fischfang abzuhalten und teils zu vertreiben. Bemerkenswert sind dabei vor allem die Kollateralschäden. Gestört und vertrieben wurden auch etliche Arten, die nicht im Ziel der Aktion standen.

Eine andere Gefahr lauert in Gestalt der Vogelfänger. Im Herbst werden an der Küste und am Bardawilsee traditionell kilometerlange Netze gespannt. Auch wenn die Jäger es nur (jährlich eine Viertelmillion) Wachteln abgesehen haben, kommen viele Vögel anderer Arten in den engmaschigen Fallen um, geschätzt 30 000 Exemplare jedes Jahr. Ähnlicher Bedrohung sind Falken ausgesetzt. Für außergewöhnlich schöne Exemplare dieser hoch geschätzten Tiere werden in Arabien viele tausend Dollar bezahlt.

Fischfang

Benannt ist der See nach dem Kreuzfahrerkönig Balduin I., der hier 1118 auf dem Rückmarsch von einem Ägypten-Feldzug starb – nach einer Fischvergiftung. Ursprünglich war der Bardawilsee nur an seinem östlichen Ende durch einen schmalen Zufluss mit dem Mittelmeer verbunden, und nur im Winter spülten Stürme frisches Wasser in den See, der sich im Sommer entsprechend aufheizte.

Ab 1905 wurden von Menschenhand weitere Zuflüsse geschaffen, die den See ganzjährig fluteten und somit auch Fischzucht und Fischfang ermöglichten. Zwei dieser Zuflüsse bestehen noch heute, sind allerdings von Sedimenten weitgehend blockiert. Den Boden des Sees bedeckt eine geschlossene Algenschicht.

Der jährliche Fischertrag liegt bei rund 3000 Tonnen und bildet für etwa 2800 Fischerfamilien die Existenz. Etwa 15 % der Sinaibewohner ernähren sich vom Fischfang aus dem 38 km langen See.

Gefahr Klimawandel
Eine von mehreren Gefahren droht dem Bardawilsee durch die Erderwärmung und die steigenden Meeresspiegel. Seit Jahren klettert der des Mittelmeers stetig und frisst sich in Ägypten im Jahr bereits bis zu 50 m landeinwärts. Bei einer weiteren Erderwärmung würde der Bardawilsee vom Meer überspült, fürchten Ökologen. Die Tierwelt verlöre ihr Habitat, die Bewohner des Nordsinai ihr zum Überleben nötiges Fischfanggebiet.

Noch drastischer werden die Folgen übrigens für das fruchtbare Niltal westlich von Port Said eingeschätzt: Das steigende Wasser würde nicht nur Böden auffressen, sondern die südlicher liegenden Böden übersalzen und damit für die Landwirtschaft unbrauchbar machen.

Bedrohlicher Tourismus
Hin und wieder diskutierte Pläne, den See für die landwirtschaftliche Bewässerung zu nutzen (und damit seine natürliche Funktion als Vogelreservat zu gefährden), wurden bisher nicht weiterverfolgt. Stattdessen wurde entlang des Sees Land für touristische Projekte verkauft, was für die Zukunft die weitaus größere Bedrohung darstellen könnte.

Harte Arbeit: Salzgewinnung am Bardawilsee

El Arish

Hütten wohnten und im Hochsommer die stets leichte und angenehme Brise genossen. Durch die Konzentration des Massentourismus auf Rotes Meer, Sinai und die neuen Touristensiedlungen an der Mittelmeerküste westlich von Alexandria blieb für El Arish der Aufstieg zum bedeutenden nationalen oder gar internationalen Badeort ein Traum. Zum Glück, möchte man sagen. Der Aufenthalt in Arish gestaltet sich erholsam. Die Bewohner von El Arish, von denen viele palästinensischen, jüdischen, türkischen und syrischen Ursprungs sind, gelten als sehr freundlich und aufgeschlossen gegenüber Fremden. Arish ist auch Sitz der engagierten Sinai University (Tel. 068 333 68 44, www.su.edu.eg), die am nördlichen, oft vernachlässigten Rand Ägyptens u. a. Ingenieure und Pharmazeuten ausbildet.

Orientieren kann man sich mühelos an der Sh. Fuad Zikry, die durch den gesamten Ort verläuft. Ein Gutteil der einst überall zugänglichen, 30 km langen Küste gehört heute – ordentlich parzelliert – zu Ferienwohnungen und Villen wohlhabender Ägypter aus Kairo und Alexandria. Trotzdem hat El Arish seinen Reiz nicht ganz verloren.

Environmental Tourist Exhibition Center

Rafah Road, tgl. 9–ca. 16 Uhr
Die Geschichte El Arishs und seiner Bevölkerung dokumentiert ein Informationszentrum, das Environmental Tourist Exhibition Center. Das Touristenbüro arrangiert auch Besichtigungen. Beduinen verkaufen hier traditionelle Handarbeiten.

Übernachten

Gut – **Swiss Inn Resort:** Sh. Fuad Zikry, Tel. 068 335 13 21, www.swissinn.net, DZ ab 90 US-$/Nacht mit obligatorischer

Halbpension und Mindestaufenthalt von 2 Nächten. Das einstige Oberoi hat den Glanz der Edelhotelkette nicht ganz mit in die Gegenwart retten können, liegt aber – immer noch bestes Hotel am Ort – sehr schön am Strand.
Einfach – **Sinai Beach Hotel:** Sh. Fuad Abu Zikry, Tel./Fax 068-336 17 13, DZ ab 200 LE. 3-Sterne-Hotel mit Balkonzimmern, einem Restaurant und Café.

Essen & Trinken

Empfehlenswert sind die **Hotelrestaurants,** und rund um den Midan Baladiya servieren lokale **Imbissbuden** *ful* und *ta'amiya.* Am Strand gibt es im **Basata-Restaurant** frisch zubereiteten Fisch. Die Strandlokale sind bis Sonnenuntergang geöffnet, die Imbissbuden tgl. ca. 7–22 Uhr.
Brauchbar – **Swiss Inn El Arish:** Sh. Fuad Zikry, Tel. 068 335 13 21. Hauptgericht ab 50 LE. Gut zubereitete Spezialitäten, ägyptische Küchenklassiker, auch Hamburger.

Einkaufen

Beduinenmarkt – **Suq al Chamis:** Donnerstags im Süden der Stadt. Eine lokale Besonderheit: Obwohl auch der Beduinenmarkt durch Touristen allmählich zu einem Ramsch-markt verkommen ist, verkaufen Beduinenfrauen hier noch immer ihre traditionell handgefertigte Kleidung mit feinen Stickereien, für die der Nordsinai bekannt ist.

Infos & Termine

Tourismusbüro/Notfall
Tourist Information: Sh. Fuad Zikry, Tel. 068 336 37 43, Sa–Do 9–17 Uhr.

277

Suezkanal und Mittelmeerregion

Tourist Police: Sh. Fuad Zikry, Tel. 068 36 10 16.

Verkehr
Bus: Mehrmals tgl. nach Kairo, Suez via Ismailiya; Busbahnhof 3 km südöstlich des Zentrums (man muss sich durchfragen!), Tel. 068 332 59 31.
Servicetaxis: Unregelmäßig nach Kairo, Ismailiya, Suez; Abfahrt am Busbahnhof.

Termine
Kamelrennen: Im März/April und im Sept./Okt. finden in El Arish Kamelrennen statt. Zahlreiche Besucher strömen zu den Rennen – denn hier erwarte sie ein ganz besonderes Schauspiel. Jockeys bringen Kamele auf Trab. Die Daten werden kurzfristig festgelegt, daher muss man sich vor Ort erkundigen. Die Hotels sind normalerweise informiert.

Nicht nur beim Kamelrennen spielt das Wüstenschiff in El Arish eine wichtige Rolle

Rafah ▶ F 1

Vergangene Kolonialzeit und moderne Nahostgeschichte symbolisiert der 43 km östlich von El Arish gelegene Ort Rafah. 1906 hatten die Engländer die ägyptisch-israelische Grenze willkürlich durch den kleinen, nicht sehr einladenden Ort Rafah gezogen, dessen einzige bescheidene Sehenswürdigkeit heutzutage ein samstäglicher Beduinenmarkt darstellt, der noch ursprünglicher ist als der in El Arish.

Die Presse berichtet häufig über die Palästinenser in Rafah. Der von einer internationalen Bewachertruppe gesicherte Übergang zum Gazastreifen ist meist geschlossen. Einzig der ägyptisch-palästinensische Schmugglerverkehr scheint reibungslos zu funktionieren. Immer wieder werden von Militärs grenzunterschreitende Tunnel und Waffenlager ausgehoben. Der Erfolg ist bescheiden. Lebensmittel, sogar Esel und zerlegte Autos, darunter nicht wenige Luxuslimousinen, wechseln hier unterdisch die Grenze. In der Stadt hört man Angriffe der israelischen Luftwaffe auf die Palästinenserlager von Rafah, hört in der Ferne Bulldozer Häuser wahllos einebnen: der Nahostkonflikt – hautnah. Falls jemals Frieden kommt, in Rafah wird man es zuerst spüren.

Über den Alltag in Rafah berichtet Mohamed Omer auf seiner Website **www.rafahtoday.org.** Als Israel im Krieg gegen die Hamas 2009 keine Journalisten in den Gazastreifen ließ, lieferte er wertvolle Informationen aus erster Hand. Seine Website ist aber auch in ruhigeren Zeiten lesenswert.

Infos

Tourismusbüro/Verkehr
Tourist Information: Tel. 068 330 22 26 (an der Grenzabfertigung).
Servicetaxis: mehrmals tgl. von/nach El Arish.

Grenzübertritt
Wenn es die politischen Verhältnisse zulassen, dann wird der Grenzübergang zu Israel gelegentlich zwar geöffnet, meist aber nur für Bewohner aus dem Gazastreifen, die solche Zeitfenster für Einkäufe des Nötigsten und für Artzbesuche nutzen.

Sprachführer

Die Schwierigkeiten des Arabischen im Einzelnen zu erklären, würde zu weit führen. Doch keine Scheu. Wichtig ist, dass man versteht, was Sie wollen. Mit ein paar Floskeln Ägyptisch-Arabisch, das sich vom Hoch-Arabischen stark unterscheidet, können Sie schon einen Pluspunkt verbuchen.

Aussprache

H (z. B. in ahlan) ist ein kräftig gehauchtes h (kein ch!), es dient nicht zur Dehnung des Vokals. Gh wird fast wie ein deutsches r gesprochen, das R hingegen sehr kehlig (wie in karg). W changiert nach u wie in englisch water. Kh entspricht in der Aussprache dem deutschen ch, G einem deutschen dj, Z einem s und Th annäherungsweise dem englischen th. Eine Besonderheit ist der Buchstabe Ain: ein kehliger Knacklaut, der wie ein gewürgtes a klingt.

Grußformeln und Redewendungen

Willkommen	ahlan we sahlan
(Antwort:)	ahlan bîk
Guten Morgen	sabah el cher
Auf Wiedersehen	ma'asalama
Guten Tag (wörtl.:	assalamu aleikum
Friede sei mit dir)	
So Gott will	insha'alah
bitte (zu Mann)	men fadlak
bitte (zu Frau)	men fadlek
danke	shukran
Entschuldigung	assif
nein	la'
ja	aiwa
Ich heiße …	esmi …
Ich möchte …	ana aues (m) …
Ich möchte nicht(s)	mish ausa (f)
Wo ist …?	fên …?
Gehen Sie!	Emshi!
Einverstanden, OK!	Mashi!
Prost, zum Wohl!	Fi sehettak!
Los, auf geht's!	Yalla!
Ich (m/w) möchte	Ana aues/ana ausa
mit … sprechen	atkallem ma'a …

Unterwegs

Können Sie mir helfen?	Momken tesa'edni?
Wo ist die Touristen-information?	Fen maktab el iste'alamat el siahi?
Haben Sie (m/w) einen Stadtplan?	andak/andik chari-tet el madina?
Können Sie mir ein Taxi rufen?	Momken tetlubli taxi?
Was kostet das Taxi für einen Tag/ nach …?	Ogret el taxi fi yom kamel/ lehad …?
Wo ist der Weg nach …?	El tarik le … essai?
Stadt	el madinah
Dorf	el karyah
Wüstenstraße	el tarik el sahraui
Landstraße	el tarik el zera'i
Straße	el sharia
Platz, Kreisverkehr	el midan
Moschee	el masjid
Museum	el mathaf
Tempel	el maabad
Kirche	el kenisah
rechts	jemin
links	shemal
geradeaus	alatul
Osten	sharq
Westen	gharb
Süden	ganoub
Norden	shemal
Tankstelle	bensinah
Benzin…	bensin
… Normal	tamanin
… Super	tesse'in
… Diesel	diesel
Der Reifen ist platt.	El agala naymah.

Unterkunft

Haben Sie ein Zimmer frei?	Fi oda fadia?
… mit Dusche und Toilette?	… be dosh we tualet?
… mit Frühstück?	… be fetar?
Kann ich das Zimmer sehen?	Momken ashuf el oda?

280

Haben Sie ein anderes Zimmer?	Fi oda tanya?	heute	elnaharda
		morgen	bukra
Ich möchte mein Zimmer wechseln.	Awes aghayar el oda.	gestern	embareh
		Sonntag	yom el hadd
Haben Sie (m/f) eine deutsche Zeitung?	Andak/andik garida almaneyah?	Montag	yom el etnen
		Dienstag	yom el talât
Einzelzimmer	oda singel	Mittwoch	yom el arba'a
Doppelzimmer	oda lefarden	Donnerstag	yom el chamîs
ein extra Bett	serir edafi	Freitag	yom el goma'a
Die Toilette ist kaputt.	El tualet bayes.	Samstag	yom el sabt

Notfall

Es gibt kein (warmes) Wasser.	Mafish maya (suchna).
Ich brauche frische Tücher, bitte.	Awes feuat nedifa men fadlak.
Würden Sie mich um ... Uhr wecken?	Momken tesahini el sa'a .. men fadlak?

Ich bin krank.	Ana ayan.
Ich habe Durchfall.	Andi es-hal.
... Kopfschmerzen.	Andi sudaa.
... Magenschmerzen.	Andi batni wagani.
... eine Allergie.	Andi hasaseyah.
Es gab einen Unfall!	Kan fi hadsah!
Ich brauche einen Arzt (dringend)!	Aucs doktor (halan)!
Zahnarzt	doktor senan
Rufen Sie einen Krankenwagen an!	Etlobli arabeyet esaf!
Wo ist das nächste Krankenhaus?	Fein a'arab mostashfah?

Einkaufen

das Geschäft	el mahall
der Markt	el suk
Haben Sie (Wechselgeld)?	fî andak (fakkah)?
Gibt es ...?	Fî ...?
Wo ist eine Bank?	Fen hina bank?
Wo kann ich Geld wechseln?	Fen makan letaghyir el felus?
Wo kann ich ... telefonieren?/ eine Telefon- karte kaufen?	Fen momken ... a'amil telefon?/ ashteri kart te- lefon?
Ich nehme es.	Ana hachud dah.
Geben Sie mir bitte ... ... 1 kg Bananen/ ... 2 kg Orangen	Ed-dini men fadlak/ fadlek kilu moos/ etnen kilu burtua'an
Wo gibt es ...?	Alaaih fen...?
Wieviel kostet das?	Be kaam dah?
teuer	ghali
Das ist zu teuer.	Dah ghali aui.
Gibt es das in einer anderen Farbe/Größe?	Alaaih fi lon tani/ ma'as tani dah?

Zeit

Wie spät ist es?	El sa'a kaam?
Wann ist ... geöffnet?	... maftuh emta?

Zahlen (werden wie bei uns von links nach rechts gelesen)

1	wâhed	17	saba'atâshar
2	etnen	18	tamantâshar
3	talâta	19	tessatâshar
4	arbâ'a	20	ashrîn
5	chamsa	21	wâhed we ishrîn
6	setta	30	talatîn
7	sabâ'a	40	arba'în
8	tamanya	50	chamsîn
9	tessa'a	60	settîn
10	ashara	70	sab'în
11	hidâshar	80	tamanîn
12	itnâshar	90	tesse'în
13	talatâshar	100	meyyah
14	arba'atâshar	200	miteen
15	chamastâshar	300	tultumeyyah
16	settâshar	1000	âlf

Kulinarisches Lexikon

Brot (aish)

aish balladi	Fladenbrot
aish afrangi	Weißbrot
boksomat	Brotstangen

Vorspeisen (mezze)

baba ghanug	Auberginenpüree mit Tehina-Creme
basterma	Trockenfleisch
besara	Bohnenpüree mit Kreuzkümmel
egga	Eier mit Zwiebel, Mehl, Petersilie
filfil mahshi	gefüllte Paprika
ful (medames)	Brei aus Bohnen
ful bil beid	Ful mit Ei
gibna beda bi tamatem	Salat mit Weißkäse und Tomaten
hummus	Kichererbsencreme
kirsha	Kutteln mit Reis
kobeba	Bällchen aus Hackfleisch und Burgul
mechalel	eingelegtes Gemüse
salata baladi	grüner Salat
salatet zabadi	Joghurt-Gurken-Salat
shatta	scharfe Chilisauce
tabulah	Tomaten-Petersilie-Salat
ta'amiya	Gemüsefrikadelle
tehina	ölige Sesamcreme
wara enab	gefüllte Weinblätter

Suppen (shorba)

shorbet ads	Linsensuppe
shorbet ferach	Hühnersuppe
shorbet tamatem	Tomatensuppe

Gemüse (chudar/khudar)

arnabit	Rosenkohl
bamya	Okraschoten
besella	Erbsen mit Möhren in Tomatensauce
bitingan mali	geröstete Auberginen
bitingan mahshi	gefüllte Auberginen
fasolia	grüne Bohnen

kharshuf	Artischocken
khobeza	eine Art Spinat
koromb mahshi	gefüllte Kohlblätter
kosa mahshiya	gefüllte Zucchini
kushari	Reis-Linsen-Nudel-Zwiebel-Gericht
moluchiya	Suppe aus spinatartigem Gemüse
ruz bil chalta	Reis mit Nüssen
rus mefalfel	Reis, halb gebraten
saneyet batates	Kartoffeln, Paprika, Zwiebeln, Tomaten
tamatem mahshi	gefüllte Tomaten

Fleisch (lahma/lakhma)

bat ma'ali	gebratene Ente
fatta	Lamm/Kalb mit Reis auf Brot im Fleischsud
ferach mashweya	gegrilltes Huhn
hamam mahshi	gefüllte Taube
hamam mashwi	gegrillte Taube
kalauwi	gegrillte Innereien
kebab	gegrillte Fleischspieße
kufta	gegrillte Hackfleischbällchen
makarona esbageti	Spaghetti
makarona fil forn	überbackene Nudeln
masaka'a	Auberginen mit Tomaten, Hackfleisch
mombar	Wurst gefüllt mit Reis, Paprika, evtl. Fleisch
saneyet gulash	Blätterteig mit Hackfleisch
shakshuka	Eier mit Gemüse
sharkaseya	Hähnchenbrust mit Walnusscreme
shawerma	ägyptisches Gyros
shish tawuk	Hühnerfleisch am Spieß
sogok	Würstchen

Fisch (samak)

arus	Nilfisch
bolti	panierter Nilfisch

buri	Meeresche
estakosa	Hummer
gambari	Shrimps
gandufli	große Muscheln
umm el kholul	kleine Muscheln
samak mashwi	gegrillter Fisch
samak makli	panierter Fisch
sayadeya	Fisch in Tomatensauce
sobhet (kalamri)	Calamares
tuna	Thunfisch

Käse (gibna)

gibna beda	weißer Weichkäse
gibna estambuli	gesalzener Weichkäse
gibna rumi	würziger Hartkäse

Nachspeisen (helul)

ara'a assal	Kürbiskern mit Honig
atayef	gefüllte Pfannkuchen
basbusa	Kuchen mit Nüssen
bataṭa mashwiya	gegrillte Süßkartoffeln
petifor	kleines Süßgebäck
gato	kleine Kuchenstücke
ghorayeba	süßes Gebäck
gilati	Eiscreme
halawa	Honig-Mandel-Gebäck
kahk	Gebäck mit Zucker
konafa	Nudel-Honig-Gebäck
mehalabeya	Reispudding
umm Ali	überbackenes Milch-Brot-Gemisch mit Nüssen und Rosinen
sahlab	süße Milch mit Vanille, Nüssen

Obst (fakha)

battich	Wassermelone
barkuk	Pfirsich
bortuan	Orangen
choch	Pfirsiche
enab	Trauben
faraula	Erdbeeren
gauafa	Guave
kometra	Birnen
harankash	Physalis
kantalup	kleine Honigmelone
manga	Mango
mishmish	Aprikosen
moos	Bananen
shamam	Honigmelonen
ruman	Granatäpfel
tin	Feigen
tofah	Äpfel
yustafandi	Mandarinen

Getränke (mashrubat)

ahwa sadah	Kaffee ohne Zucker
ahwa mazbut	mittelsüßer Kaffee
ahwa seyada	sehr süßer Kaffee
bira	Bier
erq sus	Lakritzgetränk
erfa	heißes Zimtgetränk
fakhfakhina	Früchtemix
hummus el sham	Kichererbsensud
karkadeh	Hagebuttentee (kalt)
maya	Wasser
nebit	Wein
laban	Milch
shai	Tee
tamr hendi	Dattelgetränk
shisha	Wasserpfeife

Im Restaurant

Ich möchte einen Tisch reservieren.	Awes ahgez tarabesah.	Nicht scharf!	Mesh harrak!
Sie wünschen?	Talabat hadretak eh?	Ich möchte etwas trinken.	Awes ashrab haga.
Ich möchte Frühstück/ Mittagessen/ Abendessen/	Awes aftar/ atghada/ at'asha/	Mineralwasser	maya ma'dahnija
		Guten Appetit!	Belhana wel shefa!
		Wo ist die Toilette?	Fen el tualet?
		Die Rechnung bitte!	El hesab, men fadlak!

Register

Abu Zenima 248
Ain Furtega, Oase 209
Ain Khudra, Oase 204
Ain Kid, Oase 195
Ain Musa, Oase 246
Ain Sukhna 19, 120
Ain Umm Ahmed, Oase 209
Al Qahira s. Kairo
Alexander der Große 70, 156
Alexander II., Zar 88
Alkohol 52
Amenmesse, Pharao 83
Amenophis, Pharao 79
Amenophis III., Pharao 156
Amr Ibn el As 187
Angeln 35
Anreise 23
Antonius aus Qoma 119
Antoniuskloster (Deir el Qaddis Antwan) 19, 119
– Geschichte 119
– Klosteranlage 122
Ärzte 52
Assmann, Jan, Ägyptologe 83

Bardawilsee 273
– Bird Watching 275
– Fischfang 275
Beduinen 100
Begin, Menachem 90
Behinderte 63
Beja (Nomadenvolk) 98
Berenice 19, 46, 170
Berg Sinai s. Gebel Musa
Biblische Schauplätze 78
Bittersee, Kleiner und Großer 21, 265
Blaue Wüste (Blue Desert) 242
Blue Hole 48, 195
Botschaften 54
Burckhardt, Johann Ludwig, Forscher 226

Camping 27
Chatillon, Renaud de 71
Codex Sinaiticus 88, 231
Coloured Canyon 20, 209
Coral Beach, Naturreservat (Israel) 217

Dahab 20, 47, 195
Dahar 141
Deir Anba Bula s. Paulus-kloster
Deir el Qaddis Antwan s. Antoniuskloster
Deir Sagheyar, Nonnenklos-ter 255
Delfinbecken (Israel) 218
Diokletian, Kaiser 84
Diplomatische Vertretungen 53
Djoser, König 70
Drogen 54

Echnaton, Pharao 83
Ecolodges 28
Einreisebestimmungen 22
Eilat (Israel) 20, 216
– Coral Beach 217
– Delfinbecken 218
– Geschichte 216
– Unterwasser-Observato-rium 217
El Arish 273
– Environmental Tourist Exhibition Center 277
Elektrizität 55
El Ghardaqa s. Hurghada
El Gouna 19, 126
El Qantara 268
– Mubarak Peace Suspen-sion Bridge 268
El Tur (Tur el Sinai) 256
Entfernungen 56
Essen und Trinken 29

Faruk I., König 71
Fatima 71
Fatimiden 71
Fawzy, Shahira, Forscherin 98
Fayed 265
Feiertage 49
Feilschen 58
Ferienwohnungen 28
Feste 49
Forest of Pillars 250
Fotografieren 56
Frauen 56
Fremdenverkehrsämter 14
Freud, Sigmund 82

Friedrich August I., König 88
Fuad I., König 71

Gastarbeiter 103
Gebel Fuga 251
Gebel Iti s. Gebel Musa
Gebel Katherina (Kathari-nenberg) 20, 234
Gebel Musa (Gebel Iti, Mosesberg, Berg Sinai) 20, 233
Gebel Serbal 233
Gebel Sukhn 203
Geld 57
Geschichte 70
Gesundheitsvorsorge 57
Geziret al Fara'un s. Pha-raoneninsel
Giftun Island 109, 150
Giza (Pyramiden) 189
Globalisierung 93
Golf 35

Hamamet Fara'un 248
Handeln 58
Hatschepsut, Pharaonin 157, 251
Haweitat (Beduinen) 100
Helena, Mutter Konstantins 223
Hotels 27
Hurghada (El Ghardaqa) 19, 43, 139
– Dahar (Downtown) 141
– Geschichte 139
– Hotel-Corniche 142
– Sigala 142
Hyksos 70

Imhotep 70
Impfungen 57
Informationsquellen 14
Infos im Internet 14
Islam 74
Ismail Pasha, Khedive 265
Ismailia 21, 266
– Ismailiya-Museum 267
– Kanalmuseum 266
– Timsah-See 267
Israel 72, 216

284

Register

Jones, Cyril, Abenteurer 81, 237
Joseph 78
Josephus Flavius 83
Jugendherbergen 27
Justinian, Kaiser 223

Kairo (Al Qahira) 186
– Ägyptisches Museum 187
– Islamische Altstadt 188
– Islamisches Museum 190
– Nightlife 190
– Pharaonic Village 191
– Pyramiden von Giza 189
– Zitadelle 190
Kambyses, Perserkönig 70
Kamel 106
Karten 16
Katharina, hl. 223
Katharinenberg s. Gebel Katharina
Katharinenkloster 20, 88, 222
– Basilika 227
– Bibliothek 231
– Gebeinhaus 232
– Glockenturm 230
– Ikonengalerie 232
– Moschee 230
– Mosesbrunnen 227
– Museum 227
Katrien (St. Katharina, Migla) 237
Kleidung 18
Kleopatra 70
Kloster Feiran s. Deir Sagheyar
Klima 17
Konstantin, Kaiser 89, 223
Kopten 84
Krauss, Rolf, Archäologe 83
Kriminalität 59

Leihwagen 26
Lesetipps 14, 48
Luxor 154

Makadi Bay 158
Mamelucken 71
Markus, Apostel 84
Marsa Alam 19, 45, 167
Medien 60

Menes 70
Mentuhotep II., Pharao 70
MFO (Multinational Force and Observers) 90
Mietwagen s. Leihwagen
Migla s. Katrien
Mohammed Ali, Pascha 71, 226
Mohammed, Prophet 74, 223
Mons Claudianus (Gebel Fatiri) 159
Mons Porphyrites (Gebel Abu Dukhan) 134
Moses 79, 82
Mosesberg s. Gebel Musa
Mountainbiking 35
Mubarak, Hosni, Politiker 73

Naama Bay 175
Nabatäer 253
Nabq Bay 193
Nahverkehr 26
Napoleon Bonaparte 71, 155, 226
Nasser, Gamal Abdel 72, 265
Nebukadnezar 82, 237
Notruf 61
Nuweiba 204

Octavian, Kaiser 70

Paulus von Theben 123
Pauluskloster (Deir Anba Bula) 19, 123
Pelusium s. Tell el Farama
Petrie, Flinders 254
Pharaoneninsel (Geziret al Fara'un) 20, 212
Polizei 61
Port Fuad 269
– Moschee 271
Port Ghalib 109, 167
Port Said 21, 269
– Kriegsmuseum 271
– Nationalmuseum 271
– Sh. Gumhurriya 271
– Suez Canal Building 271
Port Tawfiq 260
Post 63
Preise vor Ort 63

Ptolemäus II., Pharao 170
Ptolemäer 70

Quseir 19, 165

Rafah 279
Ramadan 49
Ramses II., Pharao 79, 156, 188
Ras Abu Galum, Nationalpark 20, 203
Ras Banas 170
Ras Mohammed, Nationalpark 46, 192
Ras Sudr 247
Red Sea Coastal Road 19, 118
Reiseveranstalter 21
Reisezeit 17
Reiten 36
Religion 74
Rommel, General 71
Rundreise 19

Sadat, Anwar el 72, 90, 243
Safaga 19, 45, 161
Salah el Din (Saladin) 71, 214
Salomo, König 81, 217, 237
Schnorcheln 40
Segeln 36
Semerchet, Pharao 253
Serabit el Khadem 250
Sethos I., Pharao 188
Sethos II., Pharao 83
Sharm el Sheikh 20, 46, 174
Sheik Suleiman 254
Shenuda III., Patriarch 86
Sicherheit 64
Sigala 142
Soma Bay (Ras Abu Soma) 160
Souvenirs 55
Sport 35
St. Catherine/St. Katharina s. Katrien
Suez (El Suweis) 19, 260
Suezkanal 20, 95, 264
– Ahmed-Hamdi-Tunnel 265
Suwarka (Beduinen) 100

285

Register

Taba 20, 212
Taba Heights 209
Tal der Könige (Wadi Meluk) 157
Tauchen 40
Tauchgründe 43
Telefonieren 64
Tell el Farama (Pelusium) 273
Theben 154
The Fjord (Marsa Murakh) 212
Thutmosis II., Pharao 188
Thutmosis III., Pharao 79
Tischendorf, Konstantin von, Theologe 88, 231
Tiyaha (Beduinen) 100
Touristeninformationen 65
Trekking 37
Trinkgeld 65

Tur el Sinai s. El Tur
Tutanchamun, Pharao 188
Tuwara (Beduinen) 100

Umweltschutz 108
Unterkunft 27

Verkehrsmittel 24

Wadi Araba (Israel) 219
Wadi Connection 20, 195
Wadi el Sheikh 255
Wadi Feiran 20, 249
– Geschichte 255
– Nonnenkloster 255
Wadi Gharba 239
Wadi Ginab 239
Wadi Iqna 254
Wadi Kid 195
Wadi Maghara 254

Wadi Mandar 194
Wadi Matalla 249
Wadi Mukattab 253
Wadi Nabq 20, 194
Wadi Nekheil 209
Wadi Sakait 170
Wadi Qanaia 254
Wadi Qnai 195
Wadi Quweis 240
Wadi Umm Misma 195
Wadi Watin 239
Wandern 37
Wassersport 37
Wellness 39
Wetter 17
Wracktauchen 48, 162

Zafarana 119
Zeit 65
Zeitungen/Zeitschriften 61
Zollbestimmungen 22

Zur Transkription der arabischen Begriffe
In der Reisekarte des vorliegenden Buches finden sich zum Teil Schreibweisen arabischer Namen und Orte, die leicht von denen im Text oder in den Karten des Innenteils abweichen. Der besseren Lesbarkeit zuliebe wurde im Text und in den Karten des Innenteils weitgehend auf diakritische Zeichen verzichtet und eine Transkription für arabische Begriffe verwendet, die die Orientierung und die Aussprache vor Ort möglichst leicht gestaltet.

Das Klima im Blick

Reisen bereichert und verbindet Menschen und Kulturen. Wer reist, erzeugt auch CO_2. Der Flugverkehr trägt mit einem Anteil von bis zu 10 % zur globalen Erwärmung bei. Wer das Klima schützen will, sollte sich für eine schonendere Reiseform (z. B. die Bahn) entscheiden – oder die Projekte von *atmosfair* unterstützen. *Atmosfair* ist eine gemeinnützige Klimaschutzorganisation. Die Idee: Flugpassagiere spenden einen kilometerabhängigen Beitrag für die von ihnen verursachten Emissionen und finanzieren damit Projekte in Entwicklungsländern, die dort den Ausstoß von Klimagasen verringern helfen. Dazu berechnet man mit dem Emissionsrechner auf *www.atmosfair.de,* wie viel CO_2 der Flug produziert und was es kostet, eine vergleichbare Menge Klimagase einzusparen (z. B. Berlin – London – Berlin 13 €). *Atmosfair* garantiert die sorgfältige Verwendung Ihres Beitrags. Klar – auch der DuMont Reiseverlag fliegt mit *atmosfair!*

Abbildungsnachweis/Impressum

Abbildungsnachweis

Corbis: S. 90 (Bettmann); S. 76/77 (Fleming); S. 92 (Lemmens/zefa); S. 9 (Nowitz)

dpa/picture-alliance, Frankfurt: S. 82/83 (akg-images); S. 218 (CHROMORANGE); S. 10 re.o., 128/129 (Huber); S. 58/59 (Huber/Huber); S. 172 li., S. 178 (Huber/Puku); S. 276 USA (epa-Elfiqi, Wakesha, USA); S. 65 (Letkey/maxppp); S. 261 (Ossinger); S. 248/249 (Thouard/DPPI); S. 88 (Universität Leipzig)

Getty Images, München: S. 258 re. (Desouki); S. 278/279 (Desouki/AFP); S. 66/67 (Garrett); S. 10 li.u., 32, 182/183 (Malkawi); S. 50 (Naamani)

i-stockphoto.com: S. 150 (aristotoo); S. 104/105 (Gevaert); 192/193 (Luniversa); S. 24/25 (Ostapenko)

Laif, Köln: S. 18 (Arnaud/hemis.fr); S. 85, 191 (Dailleux/VU); S. 221, 242/243 (Derwal); S. 168/169 (Desmier); S. 270/271 (Emmler); S. 259, S. 274 (Gonzalez); S. 10 li.u., 200/201 (Hilger); Titelbild, S. 42/43 (Hemispheres); S. 72 (Keystone France); S. 12/13 (Kirchgessner); S. 35, 106, 108, 120, 212, 244 li., 245, 250, 252/253 (Krause); S. 103, 137, 139 (Ludovic/hemis.fr); S. 186 (Orteo, hemis.fr); S. 81, S. 220 re.+li., 228,

230/231, 233 (Manaud); S. 136, re., 148 (Modrow); Umschlagrückseite, S. 111 (Reimer); S. 74 (Scagnetti/Reporters); S. 11 re.u., 116 li., 135, 144/145 (Selbach); S. 11 re.o., 206/207, 238 (Tophoven); S. 85 (VU)

LOOK, München: S. 62 (Dirscherl); S. 172 re., S. 198 (Greune); S. 154 (Oceanimages); S. 98/99 (O'Hara); S. 31 (Pompe); S. 38/39 (Seer); S. 173, 210/211, 236, 240 (Wothe)

Mauritius, Mittenwald: S. 55 (Bail/imagebroker); S. 36, 47 (imagebroker); S. 114/115, 116 re., 131 (Merten)

Rateb, Lamya: S. 8

Schapowalow, Hamburg: S. 258 li., S. 264 (Huber)

Transit, Leipzig: Umschlagklappe vorn, S. 10 re.u., 11 li o.+u., 78/79, 95, 96/97, 101, 117, li. 122/123, 124/125, 181, 214, 224/225, 234, 244 re., 256/257, 262/263, 266 (Eisler); S. 44/45 (Härtrich)

Waterframe, München: S. 162 (Dirscherl); S. 136 li., 160, 171 (Pölzer)

Kartografie

DuMont Reisekartografie, Fürstenfeldbruck
© DuMont Reiseverlag, Ostfildern

Umschlagfotos

Titelbild: Kamele auf dem Sinai
Umschlagklappe vorn: Steinwüste (White Canyon) bei der Oase Ain Kundra

Hinweis: Autor und Verlag haben alle Informationen mit größtmöglicher Sorgfalt geprüft. Gleichwohl sind Fehler nicht vollständig auszuschließen. Alle Angaben erfolgen ohne Gewähr. Bitte, schreiben Sie uns! Über Ihre Rückmeldung zum Buch und über Verbesserungsvorschläge freuen sich Autor und Verlag: **DuMont Reiseverlag,** Postfach 3151, 73751 Ostfildern, info@dumontreise.de, www.dumontreise.de

2., aktualisierte Auflage 2011
© DuMont Reiseverlag, Ostfildern
Alle Rechte vorbehalten
Grafisches Konzept: Groschwitz/Blachnierek, Hamburg
Printed in Germany